KB183377

트럼프 어게인

★ ★ ★ ★ ★

TRUMP AGAIN

트럼프 어게인

최병일 지음

책들의 정원

대한민국의 신화는 이대로 끝나는가

"뭐가 좀 보입니까?"

답답한 탑승객이 조종사에게 물었다.

"말 시키지 마세요. 그냥 해안선을 따라가는 겁니다."

조종사의 긴장된 목소리는 요란한 프로펠러 소리에 묻혀 제대로 들리지도 않았다.

해는 이미 바다 저쪽으로 넘어갔다. 섬은 칠흑 같은 어둠 속으로 사라지고 있었다. 조종사는 부서지는 파도가 만들어내는 해안선의 윤곽을 따라 혼신의 힘을 다해 헬기를 몰았다. 공항에서 목적지로 가는 길은 봉쇄되었고, 목적지에는 시위대가 경찰과 대치하고 있었다. 그 어두운 밤 헬기에 몸을 맡긴 이는 김종훈 한미 FTA 협상 수석대표였다. '검투사'란 별명을 얻은 그 김종훈이다.

2006년 10월 말, 한국과 미국은 제주 중문 컨벤션 센터에서 4차

협상을 앞두고 있었다. 협상장 주위는 한미 FTA를 반대하는 시위대의 촛불로 불타오르고 있었다. 한미 FTA에 반대하는 단체들은 제주도까지 원정 시위를 기획했다. 2006년 새해 벽두에 노무현 대통령은 한미 FTA 협상을 추진하겠다고 선언했고, 그의 지지자들은 격렬히 반대하는 요란한 함성을 외치며 거리로 나왔다.

"한국이 미국의 51번째 주가 된다!"

"외환위기 10배 이상의 고통이 몰려온다!"

"한국 농업 장례식 치른다!"

"문화가 미국에 종속된다!"

"투기 자본에 한국 기업 다 넘어간다!"

"미국 농산물에 제주 감귤 밀려난다!"

"수도료, 전기료가 수백 배 올라 서민 삶은 파탄 난다!"

"미국이 한국의 교육 평가 시장을 장악하고, 대학 입시 방식까지 바꾸려 한다!"

반대는 요란했고 치열했다. 모든 협상 장소에 시위대가 함께했다. 워싱턴 D.C., 서울, 시애틀, 제주, 몬태나…. 한국 협상단은 미국과 협상하랴, 반대 단체와 논쟁하랴 이중고에 시달렸다. 그렇게 시작한 한미 FTA였다.

그 한미 FTA가 다시 기로에 섰다. '무역 수지는 미국에 나쁜 것'이라는 도식에 매몰된 트럼프의 귀환 때문이다. 트럼프는 이미 그 위험한 생각을 행동으로 옮긴 전과가 있다. 이제는 '1기'라고 불리는 그의 첫 번째 대통령 임기 시절, 한미 FTA를 폐기할 것을 그의 참모들에게 지시했다. 그의 초강수에 한국 정부는 협상 테이블에 다시 앉았고, 미국의 무역 수지 적자를 줄일 수 있는 방향으로 한미 FTA는 개정되었다.

정치인은 때때로 경제 흐름을 자기 입맛에 맞춰 바꾸고 싶은 유혹을 느끼고 이를 위해 정치 논리를 끌어온다. 하지만 경제 논리는 정치인의 입김보다는 시장의 힘이 더 크다고 주장한다. 역사의 판정은 정치와 경제 중 어느 쪽으로 내려질까. 적어도 한미 FTA에 관해서라면, 정치 논리와 경제 논리가 치열하게 경쟁하고 있다. 격정적이던 정치의 시간이 끝나고 경제의 시간이 조용히 흐르고 있었는데, 정치가 다시 시장을 막아섰다.

트럼프 2기가 시작되는 2025년 1월 현재, 한국의 대미 무역 수지 흑자는 트럼프 1기 때와 비슷한 수준을 기록했다. 트럼프가 개정한 FTA에도 불구하고, 한국의 무역 수지 흑자 상황은 여전하다. 트럼프는 한미 FTA를 다시 도마 위에 올릴까? 한국은 노심초사하고 있다. 지금은 한미 FTA가 한국이 반드시 지켜내야 할 치명적이고 중요한 협정으로 여겨지지만, 처음부터 그런 대접을 받지는 못했다. 협상의 시작부터 타결, 그리고 발효에 이르는 6년의 시간 동안 한국은 내전을 방불케 하는 격전장이었다.

한미 FTA는 좌우 합작품이었다. 좌파 정부가 시작하고 우파 정부가 완결한 합작품. 노무현 대통령은 자신의 지지자들이 거리로 쏟아져나와 "망국적인 한미 FTA 협상을 중단하라"며 격렬히 반대했음에도 끝까지 협상을 추진했다. 정치적 리더십을 가지고 대한민국의 미래만 바라보며 포기하지 않고, 설득하고, 돌파했던 순간이었다. 그가 마치지 못한 숙제를 받아든 이명박 대통령 역시 모든 것을 다 걸어야 할 만큼 위험한 시간을 극복하고 그 숙제를 끝냈다. 압도적인 대선 승리로 시작한 그의 정권 첫해, 미국산 소고기 수입 반대 촛불 시위로 다시 나라가 쪼개졌다. 벼랑 끝 위기에 몰리면서도 이명박 대통령은 한미 FTA 완성을 포기하지 않았다.

소고기라는 숙제를 풀고 나니 자동차가 앞을 가로막았다. "한국은 수십만 대의 자동차를 미국에 수출하는데, 미국이 한국에 파는 자동차는 고작 4,000~5,000대도 안 된다"고 몰아치는 미국의 오바마 대통령을 상대해야 했다. 2010년 12월, 자동차 분야 추가 협상이 마무리되었다. 2007년 4월 타결되었던 한미 FTA는 3년 8개월 후 추가 협상을 거친 후에야 비로소 미국의 최종 관문을 넘어설 수 있었다.

한국 내 비준 과정은 육탄전이었다. 국회 비준 절차는 처음부터 마지막 단계까지 고성, 몸싸움, 폭력으로 얼룩졌다. 마지막 본회의 비준 동의안 표결장에서는 최루탄이 터졌다. 2011년 11월 22일은 대한민국 국회가 헌정사상 초유의 최루탄 테러를 당한 날로 기록되었다. 그리고 2012년 3월 15일, 한미 FTA가 발효되었다. 끝까지 극렬했던 반대를 뚫고 완성된 한미 FTA. 분열과 대립으로 얼룩졌던 한미 FTA는 그렇게 좌우 합작의 상징이 되었다. 그 한미 FTA를 이제 한국은 지키려고 한다.

2025년의 벽두에 굴곡과 반전의 역사를 가진 한미 FTA를 떠올린 것은 무엇 때문인가. 분열과 대립의 정치로는 대한민국호를 덮치려 미친 듯이 달려드는 성난 파도를 가르고 생존을 보장하기 어렵다는 절박감 때문이다. 그 파도는 신新냉전이 만들어내는 네 개의 파도다. 무역전쟁, 기술전쟁, 가치전쟁, 군사전쟁의 파도. 미국과 중국의 패권경쟁이 벌어지는 21세기의 전장들이다.

2019년 1월, 미국 의회에 제출된 미국 정보국의 세계 위협 평가 보고서는 군사적으로 민감한 자본 집약적 고기술 분야에서 미중 간의 격차가 급속한 속도로 줄어들고 있다고 지적했다. 세계 최고의 수준이라는 중국의 얼굴 인식 기술은 빅데이터와 딥러닝으로 그 정확도를 더 높여가고 있다. 중국의 얼굴 인식 기술은 다른 권위주의 국가 통치자에게 신비밀병기로 수출되고 있다. 팬데믹의 긴 겨울을 통과하면서 그 기술은 더욱 날카롭게 완성되었다.

디지털 대전환기의 흐름에 올라탄 중국은 미국의 달러 패권에도 도전하고 있다. 법정 가상화폐를 만들겠다는 구상을 공개한 것이다. 가상화폐란 국가 공권력에 대한 불신에서 시작된 사이버 화폐가 아니었던가. 공권력을 독점한 국가가 주도하여 가상화폐에 권위를 부여하려는 중국의 발상은 그렇기에 역설적이다. 사이버 공간에서 중국 정부의 통제력은 어디를 한계로 하는가 하는 두려움을 부른다. 조지 오웰의《1984》가 이런 모습이던가.

중국이 더 개방되고 개혁되리라는 세상의 기대는 배반되었다. 인터넷이 정치적 자유를 가져와 중국 정치 체제가 여론에 더 민감한 연성 정치로 변화할 것이라는 기대 역시 빗나갔다. 공산당 독재국가지만 세계 경제와의 연결고리가 강해지면 중국이 정치적으로 유연해질 것이라는 기대로 가득했던 '중국 포용론'은 경제 원조로 핵을 포기시킬 수 있다던 '햇볕정책'처럼 허망한 희망 고문으로 판명되었다. 미국과 중국이 세계 경제 위기, 기후 변화, 테러와의 전쟁 등 글로벌 문제를 위해 협력할 공간을 모색하던 G2 시대는 이제 역사의 기억 속에만 있다. 중국은 기술 강국, 군사 강국의 야욕을 노골화하고 있고 미국은 그런 중국의 굴기를 제압하려 한다.

'Chimerica China+America'라고 불리던 미국과 중국의 경제적 상호 의존성은 해제되고 붕괴되고 있다. 무역, 투자, 기술, 과학, 인력 교류 곳곳에 장벽이 세워지는 중이다. 최대의 수출 시장, 핵심 기술 공급처이자 인력 양성과 과학 기술 학습 기지였던 미국의 높은 장벽 쌓기는 중국 굴기의 최대 위협이다. 미국에서 중국 자본의 인수 합병을 통한 기술 획득은 경계와 제재의 대상이 되었다. 미중 경쟁이 현실화되면서 중국과 미국을 연결한 글로벌 가치 사슬은 분리되고 무너질 운명이다. 미국의 초강경 압박에 중국은 '결사 항전'을 다짐한다. 중국은 미국의 압박을 어떻게 여기는가. 구조적 하강기에 접어들어 불안해진 중국 경제에 대한 내적 불만을 외부로 표출할 수 있는 '중화 민족주의 고양의 계기'로 삼겠다는 계산이다. 중국 대륙 전역에 붉은 깃발이 휘날리고 있다.

미중 패권경쟁은 자유주의 규범의 다자 체제를 와해시키고 있다. 미국과 중국이 자신의 목표를 위해 기존의 규범과 제도를 무시하고 힘으로 상대국을 몰아붙이는 신냉전 시대. 미국을 안보 동맹으로 두고, 중국을 최대 무역 상대국으로 두어 생존과 번영을 구가하던 '안미경중' 패러다임은 지속 가능하지 않다.

《트럼프 어게인》은 시진핑이 도발하고 트럼프가 맞받아치며 막을 연 미중 패권경쟁의 시작과 향후 궤적을 전망했던 책 《미중전쟁의 승자, 누가 세계를 지배할 것인가? 미국 편》의 후속작이라고 할 수 있다. 트럼프가 떠난 후 권력을 이어받은 바이든이 중국과의 화해를 모색했다면 패권경쟁은 휴전 상태에 돌입했겠지만, 역사는 그런 방향으로 흘러가지 않았다. 2016년 영국의 EU 탈퇴와 미국에서 벌어진 트럼프 당선을 떠올려보라. 제2차 세계대전 이후 미국이 주도하고 영국이 응원 대장으로 나서며 앞에서 끌고 옆에서 당겨 구축하고 확대되었던 자유주의 국제 질서는 2016년부터 운전사 없는 버스가 되어버렸다. 그때는 운전사의 일탈일 것으로 세상이 믿었다. 아니, 믿고 싶었다. 새로운 운전사, 더 경험 많은 운전사로 교체하면 버스는 다시 정상 궤도로 진입하리라. 정치 경력의 대부분을 국제 무대에서 보낸 노련한 바이든이 운전석에 올랐지만, 그는 정상 궤도 재진입이 위험하다는 판단을 내렸다. 미중 패권경쟁은 계속되었다. 2024년 대선에서 트럼프가 다시 승리했다는 사실은 지금 역사의 최전선이 2016년의 연장선에 있다는 것을 일깨워준다.

《미중전쟁의 승자, 누가 세계를 지배할 것인가? 미국 편》에서 나는 "무역전쟁은 끝나도 기술전쟁은 계속된다"는 결론으로 책을 마쳤다. 트럼프와 시진핑이 관세전쟁, 무역전쟁 끝에 긴 협상을 이어가며 1단계 합의라는 불안정한 휴전을 이끌어 내었을 때의 전망이었다. 《트럼프 어게인》은 여기서 시작한다. 뼛속까지 사업가인 트럼프와 달리 처음부터 끝까지 정치인인 바이든이 미중 패권경쟁의 진지를 어떻게 더 깊숙이 구축했는지, 가치를 공유하는 동맹국들과 연계하면서 중국 그리고 러시아를 어떻게 압박했는지, 그리하여 본격적인 신냉전으로 어떻게 변화시켰는지를 추적했다. 그 과정에서 한국과 신냉전이 연결되는 지점을 밝히고 싶었다. 트럼프의 귀환은 그가 시작한 신냉전에서 결정적인 승기를 잡을 수 있는 시간과 공간을 의미한다. 《트럼프 어게인》은 그 결정적 승부처가 어디일지를 내다보려는 시도다. 놀랍게도 그 승부처는 한국의 미래와 만날 운명이다.

트럼프가 백악관의 주인으로 처음 입장했던 2017년의 세상과 트럼프가 귀환한 2025년의 세상은 완전히 달라졌다. 21세기 신냉전은 중반전으로 치닫고 있다. 전선도 확대되었다. 트럼프 1기에 미국과 반목하던 유럽은 러시아와 중국의 위협에 화들짝 깨어났다. 대만은 중국 대륙의 중화인민공화국과 대립각을 세우는 민진당 정부를 2024년 선거에서 다시 선출했다. 자유 민주주의와 시장 경제를 받아들인 대한민국의 입장은 또 어떠한가. 오늘의 우크라이나는 내일의 대만일 수 있다. 그리고 오늘의 대만은 내일의 한국일 수 있다.

트럼프의 귀환은 미국의 가치 중심 동맹 외교의 지속 가능성을 시험대에 올릴 것이다. 한미일 연계에서 가장 약한 고리인 한일 관계는 다시 기로에 설 것이다. 트럼프 2기가 미국 시장을 중세의 성벽으로 둘러싸려 한다면 한국은 그 성벽 안에 먼저 들어가서 기다리든지, 아니면 그 성벽을 넘어갈 수 있는 사다리를 만들어야 할 것이다. 그 사다리를 한국 혼자 힘으로 만들 수 있을까? 아니면 같은 상황에 처한 여러 국가와 연합한다면 만들 수 있을까? 힘을 모을 상대는 누구일까? 트럼프 2기 이후에도 세상은 계속될 것이다. 그렇다면 우리는 그의 집권 4년을 넘어서 그 다음까지 내다보며 생존 전략을 세워야 한다. 냉정한 거래의 법칙이 지배하는 국제 관계를 낭만적 정서로 접근한다면 비극은 시작된다.

2024년 12월 느닷없는 계엄령이 선언되었고 해제되었다. 이후 이어진 탄핵 정국은 한국의 위기 대처 역량과 준비 태세를 심각하게 훼손하고 있다. 불확실성이 사람들의 마음을 짓누르고, 시장을 혼동 속으로 몰아넣고, 동맹국을 충격에 빠뜨리고 있다. 세계는 한미일

12

공조의 미래에 대해 촉각을 곤두세우는 중이다. 불확실성은 시장이 가장 싫어하는 것 아니던가. 환율은 출렁이고, '셀 코리아' 패닉 뒤에는 1997년 외환위기의 그림자가 일렁인다. 정책 당국자들은 시장 안정을 위해 모든 수단을 다 동원하며 분투하고 있지만, 시장의 의구심과 힘겨운 겨루기를 하고 있다. 세계는 한국이 스스로 초래한 정치 위기를 법과 제도의 틀 안에서 어떻게 극복해 나갈지 주시하고 있다.

경제와 안보가 연결되는 각자도생 시대. 미국, 유럽, 일본, 중국 등 경쟁국들은 보조금을 앞세운 산업 정책으로 반도체와 배터리 같이 미래를 결정지을 산업 생산 기반 확충에 사활을 건 경쟁을 벌이고 있는데, 한국 정치는 '산업 정책이란 대기업만 혜택받는 정책'이라는 우물 안 개구리가 되어 아까운 시간을 놓치고 있다. 세계와 경쟁해야 하는 한국 기업에 불리하게 기울어지고 있는 운동장을 편평하게 되돌리려는 초당적 노력을 한국 정치에 기대할 수는 없는 것일까. 경제가 정치에 인질로 잡힌 상황이 얼마나 우려스러웠던지, 첨단 반도체의 절대 강자로 군림하고 있는 TSMC의 창업자 모리스 창까지 경쟁사인 삼성전자 걱정을 하게 만들고 있다.

한국의 경제 체력은 이미 심각하게 허약해졌다. 국내외 기관들은 한국의 잠재성장률이 2% 저지선을 뚫고 1%대로 추락할 것이라는 섬뜩한 예측을 쏟아내고 있다. 혁신이 실종된 선진 경제의 추락하는 모습은 이런 것일까. 경제 체력은 갈수록 떨어지는데, 분배의 정치가 모든 것을 삼키면서 위기감은 실종되었다. 산업화, 민주화, 선진화라는 기적의 역사를 써 내려간 대한민국의 전성기는 여기까지인가.

일찍이 경험하지 못했던 겨울이 오고 있다. 초당적 국가 전략을 세우지 못한다면 한국은 이리저리 내몰리고 시달릴 것이다. 정부는 민간에 책임을 미루고, 민간은 각자도생해야 한다면, 국가는 왜 존재하는가. 전략적 모호성이란 이름 아래 더 이상 숨을 수도 없다. 최악은 오지 않을 것이라는 막연한 희망만으로 혹독한 겨울을 견딜수는 없다.

트럼프의 귀환과 21세기 신냉전의 미래. 우리가 알던 미국은 희미해지고 있다. 우리가 알던 중국은 이제 없다. 미국은 한국이 무엇을 해도 언제든지 너그러운 동맹일 수 있을까. 중국은 한국이 계속 인내하고 숙인다고 해서 한국이 원하는 거래를 하게 해줄까. 한국의 시각으로만 미국과 중국을 바라본다면 실패는 예고되어 있다. 지금 우리에게 필요한 질문은 이것이다. "미국에 한국은 무엇인가. 중국에 한국은 무엇인가." 한국은 세계와 단단하게 연결되지 않고서는 생존과 번영을 담보할 수 없다. 그런데 지금은 미국에 휘둘리고 중국에 추격당하며 신냉전의 단층선 위에 위태롭게 놓여 있다. 우리는 대한민국의 좌표를 냉정하게 파악해야 한다. 그래야 이 폭풍을 뚫고 나갈 단 하나의 길을 발견할 수 있다.

충격과 혼돈의 깜깜한 겨울밤을 지새우며 이 책을 써 내려갔다. 지칠 때마다 희망의 미래를 꿈꾸는 수많은 눈동자를 떠올렸다. 위기는 두렵지만, 공포에 질릴 필요는 없다. 위기의 실체를 알게 되면 그 속에서 기회의 공간을 찾을 수 있다. 그 기회는 잡으려는 의지를 가질 때만 살아 숨 쉰다. 대한민국의 신화는 아직 끝나지 않았다고 믿는 모든 이에게 이 책을 바친다.

2025년 1월
겨울의 한가운데서 봄을 생각하며
최병일

차례

PART 1 트럼프라는 시대정신

PART 2 세계 질서를 재편하는 신냉전

PART 3 더욱 격렬해지는 미중 패권경쟁

PART 4 동맹국에 내미는 청구서

PART 5 2028 트럼프 이후의 세상

PART 6 트럼프 스톰 앞에 선 한국

★ ★ ★ ★ ★

PART 1

트럼프라는
시대정신

거부할 수 없는 압도적 힘

그가 돌아왔다

트럼프가 휘두르는 관세 채찍의 공포가 세상을 뒤흔들고 있다. 트뤼도 캐나다 총리는 추수감사절 연휴를 보내고 있는 트럼프 미국 대통령 당선인의 플로리다 마러라고 저택으로 날아왔다. 셰인바움 멕시코 대통령은 트럼프에게 보내려는 편지를 텔레비전 중계로 공개했다.

트럼프가 취임 첫날인 2025년 1월 20일 멕시코와 캐나다에는 관세 25%, 중국에는 대선 유세 기간에 자신이 공약한 추가 관세에 10%의 관세를 더 부과하는 내용의 행정 명령에 서명하겠다는 예고가 불러온 파장이다. 관세 부과 이유가 트럼프 1기 때 거론했던 '무역 수지', '일자리'가 아니라는 것이 눈길을 끈다. 트럼프는 멕시코, 캐나다 국경을 통해 유입되는 이민자들이 범죄와 마약 문제를 일으킨다고 주장하고, 멕시코 정부와 캐나다 정부에 이 문제를 해결할 때까지는 관세 채찍을 맞을 것이라고 으름장을 놓았다.

현직 대통령인 바이든이 백악관에서 집무 중이지만, 정권 인수위가 차려진 마러라고 저택에서 트럼프는 실질적인 권력을 행사하고 있다. 자유민주주의 국가들의 권력 이양기에서 볼 수 있는 확정된 미래 권력자의 자제와 신중함은 트럼프에게는 기대하기 어렵다.

역사의 시계를 8년 전으로 돌려보자. 2016년 11월, 에어컨 제조 기업 캐리어(Carrier, 이 회사가 만든 에어컨은 한국에서도 많이 팔렸다)는 미국 인디애나주에서 멕시코로 공장 이전 계획을 발표했다. 대선에서 승리한 지 얼마 되지 않은 당선자 신분의 트럼프는 제조업 일자리가 멕시코로 사라지는 것을 막기 위해 움직였다. 미국 국방부와 오랜 기간 전투기 판매를 해온 프랫앤휘트니Pratt&Whitney가 캐리어의 모회사인 유나이티드 테크놀로지스United Technologies Corporation의 계열사임을 파악했다. 트럼프는 유나이티드 테크놀로지스 회장에게 전화를 걸었다. 만약 캐리어가 멕시코로 이전한다면 프랫앤휘트니의 국방 계약은 순조롭지 못할 것임을 암시했다. 트럼프의 협박에 화들짝 놀란 회장은 캐리어의 멕시코 이전 계획을 백지화했다. 멕시코로 이전할 경우 사라질 1,000개의 일자리가 살아남았다.

캐리어가 멕시코로의 공장 이전 계획을 철회한 후, 트럼프는 부통령 당선자인 마이크 펜스를 대동하고 인디애나로 날아갔다. (펜스는 부통령 후보에 지명되기 전까지는 인디애나 주지사였다.) 몰려온 지지자들 앞에서 트럼프는 대선 유세 동안 마법의 주문이었던 'Buy America, Hire American(미국산을 구매하라, 미국인을 고용하라)'을 외쳤다. 그의 '채찍과 당근'을 동원한 '팔목 비틀기식, 제조업 일자리 미국 내 잡아 두기'의 위세에 눌려 눈치 빠른 글로벌 기업들은 미국으로의 투자를 약속하기에 바빴다. 켄터키주의 자동차 공장을 폐쇄하고 멕시코로 이전하겠다던 포드Ford Motor는 계획을 백지화했고 멕시코로 이전을 예고했던 토요타, 혼다 역시 백기 투항했다. 삼성, 현대도 미국에 투자 시기를 앞당기겠다며 트럼프 비위 맞추기 행렬에 동참했다.

대통령에 취임하기도 전, 트럼프는 민간 기업의 경영을 좌지우지할 수 있다는 것을 보여준 것이다. 아직 공식적인 권력도 가지지 않은 그가 그런 시도를 한다는 것 자체가 놀라울 따름이었다. 설령 트럼프가 현직 대통령이라 하더라도 민간 기업의 투자 결정에 노골적으로 개입한다는 것은 자유민주주의 시장경제 체제의 정경 분리 원칙을 정면으로 거스르는 것이다. 미국 언론은 미국 정치 사상 초유의 일이 벌어지고 있음을 개탄하는 기사들로 도배했다. 그러나 트럼프 지지자들에게 트럼프의 그런 행보는 대선 공약이 말로만 그치는 것이 아니고 행동으로 보여주는, 일찍이 경험하지 못했던 신선한 것으로 보였다. 그들에게 트럼프의 이런 행보는 트럼프가 진짜 러스트 벨트의 일자리를 지켜줄 수호신일지도 모른다는 생각이 들게 만들었다.

트럼프의 파격 행보는 기존 정치에서 법으로 명문화되지는 않았지만 지켜왔던 관례, 관습들이 자신에게는 아무런 구속이 되지 않는다는 것을 보여주었다. 기존의 규범과 규칙에 매이지 않고 자신만의 방식으로 정치 무대에서 자신이 원하는 것을 획득하려고 시도할 것임을 암시한 예고편이었다. 캐리어의 멕시코 공장 이전 계획을 뒤집은 트럼프는 사업가로서 평생 해온 자신의 거래 법칙을 다시 확신하게 되었다.

'내가 가진 힘을 믿어라. 상대에게 그 힘을 보여주어라. 상대를 압박하라.'

2016년 11월 미국 대통령에 막 당선된 트럼프가 미국 기업을 상대로 자신의 거친 협상 능력을 과시했다면, 8년 후 다시 대통령에 당선된 트럼프는 그의 협상 능력이 녹슬지 않았음을, 더 과감하고 더 뻔뻔해졌음을 캐나다와 멕시코 정부를 상대로 보여주었다. 트뤼도 총리는 트럼프의 관세 폭탄 예고 당일 즉시 트럼프와 통화했고, 며칠 후 플로리다행 비행기에 몸을 실었다.

트럼프와 트뤼도는 세상이 다 아는 '견원지간'이다. 둘의 악연은 2018년 6월 캐나다 퀘벡에서의 G7 정상회의로 거슬러 올라간다. 미국, 영국, 독일, 프랑스, 이탈리아, 캐나다, 일본으로 구성된 G7 정상회의는 자유민주주의 선진시장경제 국가들로 구성된, 이른바 '가치 공유국'들이다. 트럼프는 캐나다 퀘벡에서 G7 정상회의가 열리는 그해 3월에 미국이 수입하는 모든 철강에 25%, 알루미늄에 10% 관세를 추가적으로 부과하는 조치를 선언했다. 미국의 안보를 위협한다는 명분이었다. 동맹국이 수출하는 철강, 알루미늄이 어떻게 미국의 안보를 위협하느냐는 맹렬한 비난과 반발이 뒤따랐다. 자유무역의 가치를 수호하려는 EU가 가장 격렬하게 반대한 것은 당연한 일. 최대 무역 상대국 미국과 국경을 나란히 하고 있는 캐나다도 반발했다.

트럼프는 빗발치는 비난에도 아랑곳하지 않았다. "미국으로부터 엄청난 무역 흑자를 누리는 독일, 일본은 독재자인 시진핑, 푸틴, 김정은만큼 나쁘다"고 한 발 더 나갔다. 미국의 오랜 동맹국들 간에 반목과 불신의 골이 깊어지는 상황에서 퀘벡 G7 정상회의가 개최되었다. 회의에서 메르켈 독일 총리를 중심으로 유럽 국가들은 트럼프에게 시대착오적인 동맹국을 겨냥한 보호주의를 철회하라는 목소리를 높였다. 그러나 트럼프에게는 마이동풍이었다. 국가 간의 무역은 "수출하는 만큼 수입해야 상호적이고 공정한 것"이라고 트럼프는 역정을 냈다.

회의는 아무런 성과 없이 끝났다. 트럼프는 다른 일정을 핑계로 회의장을 먼저 떠났고, 남겨진 유럽 국가들과 초청국인 캐나다는 분통과 울분을 터뜨렸다. G7 정상회의가 파국으로 끝나자 트뤼도 총리는 정상회의에서 보여준 트럼프의 행동은 "동맹국에 대한 모욕"이라고 분노의 말들을 쏟아내었다. 캐나다를 떠나는 비행기 안에서 트뤼도의 발언을 전해 들은 트럼프는 화를 참지 못했다. "정직하지 못하고 나약해 빠진 트뤼도." 트럼프의 트위터는 세상을 향해 전송되었다. 최대 우방이자 최대 교역국인 미국과 캐나다의 최고 정치 지도자들이 서로 얼굴을 붉히면서 비외교적인 단어들을 세상이 다 알게끔 주고받는 상황은 가상의 정치 드라마가 결코 아니었다.

총리 7년째, 지지율이 바닥으로 떨어지고 있던 트뤼도는 과거의 악연에 매여 있을 여유가 없었다. 캐나다 수출의 70%가 미국으로 향하고, 캐나다 GDP에서 수출은 35%를 차지한다. 미국이 25% 관세를 부과한다면 코로나19 위기에서 벗어나 힘겹게 정상 경제 궤도로 회복을 시도하는 캐나다 경제에는 치명상일 수밖에 없다.

자신의 정치 생명을 구하기 위해 트뤼도는 멀리 플로리다까지 날아갔다. 그러고는 트럼프에게 바짝 몸을 낮추었다. "그렇게 관세가 무서우면 미국의 51번째 주가 되든지"라는 섬뜩한 농담까지 받아내야 했다. 추수감사절 연휴를 즐기는 사람들로 가득한 마러라고 리조트의 저녁 식사 자리에서 말이다.

멕시코 정부는 불법으로 미국 국경을 넘어가려던 이민자 5,000여 명을 체포하며 역대 최대 규모의 펜타닐 단속 사실을 발표했다. 트럼프의 '관세 폭탄 위협' 후 정확히 일주일 만이다. 관세 폭탄 으름장만으로도 트럼프는 자신의 핵심 공약이었던 불법 이민 문제를 해결하고 있다. 개봉 박두 'Make America Great Again(미국을 다시 위대하게)' 시즌 2!

얼마든지 뻔뻔해질 각오가 되어 있다

캐나다와 멕시코는 미국과 국경을 접하는 이웃 국가이며 최대의 무역 상대국이다. 1990년대 초반 NAFTA(North American Free Trade Agreement, 북미자유무역협정)가 체결되어 공동 경제권이 탄생하였다. 미국보다 값싼 임금, 저렴한 공장 부지를 찾아 미국의 기업들은 멕시코, 캐나다로 자신들의 공급망을 확장하였다. 자유무역협정의 혜택을 노리고 세계 최대의 미국 소비자 시장을 겨냥한 외국 기업의 투자가 임금이 싼 멕시코로 몰려들었다.

대표적인 것이 자동차 산업이다. NAFTA 덕분에 자동차 산업은 '캐나다 소재 부품 공급-멕시코 생산-미국 소비'의 역동적인 분업 생태계가 조성되었고 날로 성장해 갔다. 미국의 시민단체가 노동이나 환경 기준을 강화해야 한다고 요구하고 미국 정치권이 긍정적으로 응답할 때마다 더 많은 투자가 미국을 빠져나가 멕시코로 흘러 들어갔다.

미국 내 자동차 산업의 일자리가 계속 멕시코로 이전되는 상황에서 최대 승자는 자본가와 소비자였다. 디트로이트를 중심으로 하며 미국을 대표하던 자동차 기업의 노동자는 최대 피해자였다. 전통적으로 민주당의 표밭이던 미국 중서부 지역의 노동자들은 자신들이 선거 때마다 몰표를 던진 민주당이 시간이 지날수록 그들을 위해 해준 것이 없다는 박탈감으로 좌절하고 있던 참에 트럼프가 나타났다.

"지금 당신들이 겪고 있는 경제적 고통은 당신들이 잘못했기 때문이 아니라 지금까지의 미국 정치가 엉터리였기 때문이다. 그들이 추진해 온 자유무역 정책 때문이다. NAFTA, 중국의 WTO(World Trade Organization, 세계무역기구) 가입 때문이다. 이 잘못을 바로잡겠다"는 트럼프에 그들은 위로받았고, 투표장에 달려가 표를 몰아주었다.

NAFTA가 미국의 제조업 일자리를 빼앗는다는 트럼프는 백악관에 입성한 후 잘못된 NAFTA는 차라리 폐기하겠다는 협박으로 캐나다와 멕시코를 재협상 테이블에 끌어냈다. 자동차의 원산지 규정을 개정하고 임금 조항도 새로 만들었다. 미국 협상가들은 자동차의 전체 부가가치에서 멕시코가 차지하는 비중이 너무 높지 않도록 모책을 강구했다. 미국으로 수입되는 제품이 멕시코에서 너무 싼 가격으로 제작되지 않도록 협정에 못질을 하고 싶었다. 싼 가격을 찾아 멕시코로 이전한 자동차 산업의 투자가 다시 미국으로 돌아오기를 희망하는 시도였다. 무역 협정에서 국가의 임금 수준에 합의한 것은 유례가 없다. 자유무역협정이 아닌 '관리무역협정'이 탄생했다. 협정의 명칭도 바뀌었다. 트럼프의 'America First(미국이 우선이다)'를 반영하여 USMCA US-Mexico-Canada Agreement로 재탄생했다. 협정 명칭에서 'trade(무역, 교역)'가 사라졌다. 트럼프의 힘으로 밀어붙인 새로운 무역 협정의 탄생이었다.

4년의 공백을 건너뛰고 백악관에 다시 돌아오는 트럼프는 자신이 재협상을 주도했던 USMCA도 필요하면 언제든지 무시할 태세다.

트럼프 2기 취임 첫날 25% 관세가 USMCA 위반이라는 반박에 그의 충성스러운 관료들은 어떤 명분이라도 만들어낼 뻔뻔함을 가지고 있다.

관세는 사전에서
가장 아름다운 단어

중국은 깡패 국가?

트럼프의 귀환은 '관세맨tariff man'의 부활이다. 선거 유세에서 그는 전 세계를 상대로 10~20% 보편 관세, 중국을 겨냥한 60% 관세를 주문처럼 외고 다녔다. 그 숫자들이 현실화될 것인지, 그렇다면 그것이 언제일지, 상대를 협상으로 끌어들이기 위한 수순일 뿐인지를 두고 세상은 갑론을박을 하며 추운 겨울을 뜨겁게 달구고 있다. 트럼프 2기 각료 인선이 끝나기를 기다렸다는 듯 그가 '첫 번째 날Day 1'에 예고한 관세는 세상이 예견할 수 있는 방식으로 전개되지는 않을 것임을 보여주었다.

트럼프는 2차 세계대전 이후 등장한 미국 대통령 가운데 처음으로 관세를 일상화한 대통령이다. 2016년 미국 대선에서의 공화당 후보로 지명되는 과정, 그리고 대통령이 된 후 '트럼프=관세'라고 할 만큼, 관세는 그가 문제를 해결하는 전가의 보도였다.

2016년 대신 과정에서 트럼프는 '중국이 미국의 일자리를 강탈해 가고 있다'며 날을 세웠다. 그의 통상 분야 공약은 대중국 통상 전쟁 선언이었다. 미국 전체 무역 수지 적자의 거의 절반을 차지하는 중국을 '불공정한 깡패 국가'로 치부하며 맹렬히 공격했다. 중국이 외국 제품의 수입을 제한하고, 자국 기업에 유리하도록 외국 기업을 차별하고, 지적 재산권을 도용하며 기술 이전을 강요하고, 통화 가치를 조작했다는 것이다. 강경한 대중 무역 공세는 미국 중서부의 쇠락한 공업 지역의 '앵그리 화이트(angry white, 저학력 및 저숙련 백인 노동자)'의 지지를 이끌며 트럼프의 백악관 입성을 가능하게 했다.

대통령이 된 후, 트럼프는 어느 미국 대통령도 하지 못한 방법으로 중국을 협상장으로 나오게 하는 데 성공했다. 트럼프가 꺼내든 카드는 관세였다. 관세 인상으로 중국을 압박하여 스스로 협상장에 나오도록 만든 것이다. 미국의 대중국 관세 인상에 중국이 맞대응으로 나오더라도 중국의 미국 수출액이 미국의 중국 수출액보다 압도적으로 많기 때문에 중국은 미국의 요구를 순순히 들어주든지 아니면 협상장으로 나올 것이라는 것이 그의 생각이었다. 관세 인상에는 명분이 필요하므로 미국은 중국의 지적 재산권 위반 조사를 2017년 여름에 시작했다. 중국이 미국의 지적 재산권을 지속적이고 조직적이며 대규모로 도용했다는 조사 보고서가 나온 2018년 3월, 미국은 대중국 무역전쟁을 선포하였다. 트럼프는 미국을 무역 수지 적자로 만든 국가와 무역전쟁을 벌이는 것은 선한 것이라고 말한다. 또한 그 전쟁은 쉽게 이길 수 있다며 의기양양하게 자신의 트위터에 올렸다.

> '미국이 거의 모든 나라와 무역에서 수천억 달러 적자를 기록하고 있는 상황에서 무역전쟁은 좋은 것이다. 그리고 쉽게 이길 수 있다. 예를 들어 미국이 어느 국가와의 무역에서 1,000억 달러 적자를 보고 있을 때 그 국가와 무역을 중단하면 우리는 이긴다. 얼마나 쉬운가!'

긴 역사의 눈으로 보면, 미국의 관세는 지속적으로 낮아져 왔다. 1930년대 파멸적인 대공황을 그렇게 오랜 기간 지속시킨 이유가 미국 의회에서 시작된 관세 장벽 쌓기였고, 여기에 주요국들이 관세 성벽 쌓기로 맞대응하면서 세계 무역이 축소일로의 어두운 터널 속으로 빠져들었다는 인식 때문이다. 대공황을 극복하기 위한 뉴딜 정책을 내건 루즈벨트 대통령 이후 2016년 버락 오바마Barack Obama 대통령까지 80여 년 동안 어느 당의 후보가 대통령에 당선되든지 개방되고 자유로운 무역이 미국의 번영을 이끈다는 합의가 있었다. 그 중심에는 낮은 수준의 관세 유지가 있었다. 추가적인 관세 인하를 위한 국제 협상이 지속적으로 추진되었다. 상대국의 덤핑, 보조금으로 인한 불공정 무역을 막기 위해 반덤핑 관세anti-dumping duty와 상계관세countervailing duty가 발동되었지만, 어디까지나 기울어진 운동장을 평평하게 하려는 예외적인 수단이었다.

2017년 집권한 트럼프는 80년간 지속되었던 정치적 합의를 깬 이단아였다. 놀라운 것은 2021년 집권한 민주당의 바이든 대통령이 전임자인 공화당의 트럼프가 쌓은 중국을 겨냥한 고율의 관세를 그대로 유지했다는 것이다. 2025년 백악관으로 귀환할 트럼프는 더 전면적이고 높은 관세 장벽을 예고하고 있다. 관세 장벽을 쌓으면 무역수지 적자가 해소되고, 고관세를 피해서 외국 기업들이 미국에 투자하여 공장을 짓고 일자리를 만들 것이라는 트럼프의 주장. 전문가들은 그 주장의 실현 가능성에 심각한 의문을 제기한다.

트럼프가 쌓고 바이든이 유지했던 대중국 고관세에도 불구하고 중국의 대미 무역 흑자는 2023년 3,400억 달러를 기록했다. 트럼프가 중국을 상대로 관세전쟁을 시작한 2018년과 거의 변화가 없다. 중국도 보복 관세로 맞대응했고, 가격 경쟁력이 있는 중국 제품은 고관세에도 불구하고 미국 시장에서의 점유율이 그렇게 많이 내려가지 않았다. 관세 인상은 국내 소비자에게도 부정적인 영향을 준다. 관세가 인상되면 수입업자들은 높아진 수입 가격을 소비자 판매 가격 인상으로 대응할 가능성이 높다. 결국 관세 증가는 미국 소비자를 향한 가격 부담 전가와 물가 상승 압력으로 이어질 수 있다.

관세 인상을 견디지 못한 외국 수출 기업이 미국에 공장을 짓는 경우도 있겠지만, 얼마나 많은 공장이 지어질지는 쉽사리 예측할 수 없다. 그런 일이 생긴다고 하더라도 트럼프 임기 중에 그 공장이 생산까지 시작하는 경우는 얼마나 될까. 그래서 트럼프가 약속한 새로운 일자리는 미래 진행형일 것이다. 관세 인상이 가져올 불확실한 경제적 효과, 무역전쟁의 발생 가능성, 정치적 불안정과 경제적 충격 등 심각한 우려에도 불구하고 트럼프는 개의치 않을 것이다. 자신의 집권 1기의 경험으로부터 그는 관세 폭탄이 얼마나 위력적인지 잘 알고 있다. 트럼프에게 관세는 경제 문제, 이민 문제, 국경 문제, 마약 문제… 온갖 복잡한 문제를 푸는 요술 방망이다. 트럼프는 첫 번째 대통령직을 수행하면서 자신을 '관세맨'이라고 불렀고, 이번 유세 과정에서는 "관세는 영어 사전에서 가장 아름다운 단어"라고까지 했다.

트럼프의 관세 폭탄에 중국은 '우리도 역으로 관세 폭탄을 사용해 맞대응한다'는 수준을 넘는 조치를 취할 수 있다. 트럼프의 표밭인 미국 농민에게 불리하도록 농산물을 표적으로 보복 관세를 부과하거나, 희토류 등 핵심 원자재 수출을 통제하고, 미국 기업과 개인에 대한 제재 조치를 강화하는 것 등이다. 무역이 확대되어 국가 간의 상호 의존도가 높아질수록 양국 관계가 평화롭고 안정적으로 진화하던 시대는 막을 내리는가. 상호 의존을 무기화하는 시대가 본격적으로 개막하는가.

경제에서 무역이 차지하는 비중이 높고, 미국과 중국 시장의 무역

의존도가 높은 소규모 개방 경제 국가들에는 요란한 천둥과 번개를 동반한 짙은 먹구름이 몰려오고 있다. 파격과 힘의 논리에 의존하며 일방주의를 사랑하는 트럼프의 귀환은 여러 불확실성을 불러왔다. 그가 내건 파괴적인 관세 인상 공약이 그대로 이행될 것인가 하는 불확실성, 주요 상대국은 어떻게 대응할 것인가 하는 불확실성, 만약 무역전쟁이 격화될 경우 분절화를 시작한 글로벌 공급망은 쪼개지고 나뉠 텐데 이 경우 세계 경제는 얼마나 그 충격을 감당할 수 있을지에 대한 불확실성으로 가득하다.

불확실성 시대의 개막

트럼프의 귀환은 그가 임기를 시작하기도 전에 이미 세상을 혼돈과 논쟁으로 몰아넣었다. 세상의 이런 논란과 혼동을 트럼프는 즐긴다. 그는 이런 상황을 자신이 원하는 것을 얻어내는 데 활용한다. 트럼프는 게임이 끝날 때까지 상대방이 자신에게 끌려왔다는 인상을 세상에 보여주고 싶어한다. 4년 만에 백악관에 귀환하는 트럼프의 첫 번째 관세 폭탄이 멕시코, 캐나다로 향할 것을 예상한 사람들은 얼마나 될까. 이민과 마약을 핑계로 삼을 것을 내다볼 수 있었을까. 미국의 달러 패권 유지를 위해서라도 트럼프는 관세 폭탄을 발사할 준비가 되어 있다. 최근 그는 중국, 인도, 브라질 등 비서구 거대 경제 국가들의 연합체인 브릭스BRICS를 겨냥해 관세 부과를 경고했다. "새로운 브릭스 통화를 만들거나 미국 달러를 대체할 다른 통화를 지지하지 않겠다고 약속하라. 그렇지 않으면 100% 관세에 직면할 것"이라는 협박을 서슴지 않았다.

트럼프는 어디로 튈 줄 모르는 풋볼 공과 같다. 트럼프 그 자체가 불확실성이다. 한 가지 분명한 것은 관세가 '미국 우선주의America First'를 추구하는 트럼프 대외 정책의 핵심 수단일 것이라는 점이다. 바이든 행정부의 보조금에 기댄 외국 기업의 미국 투자 유인 정책을 트럼프는 맹비난했다. 유세 기간 내내 관세 채찍을 휘두르면 관세 수입이 증대할 것이고, 관세 채찍이 두려우면 그들이 미국에 투자해서 일자리가 늘어날 것이라고 공언했다. 선거 직후인 11월 말 한경협과 피터슨 연구소가 연 세미나에서 미국 측 참가자는 "관세 장벽으로 요새화되는 미국fortress America에 투자하는 것이야말로 한국이 살길"이라고 트럼프의 손을 들어주었다. 바야흐로 '닥치고 투자'의 시대가 열리는 것인가.

대통령 당선인으로 신분이 바뀐 후 첫 번째 관세 관련 언급에서 관세는 이민과 마약 문제를 해결하는 수단으로 변신했다. 이쯤 되면 "관세는 영어 사전에서 가장 아름다운 단어"라는 그의 관세 예찬론은 허풍이 아니다. 재무장관으로 지명된 베센트 역시 관세를 협상 무기로 활용해서 미국에 불리하게 기울어진 운동장을 편평하게 하고 중국의 안보 위협에 대응할 수 있다는 주장을 펼치고 있다. 무역

대표부 대표로 낙점된 그리어도 관세 채찍의 신봉자이다.

미국과 소련의 냉전이 최고조로 치달을 때 만들었던 1962년 무역확장법의 국가 안보 조항을 꺼내어 수입산 철강에 25% 관세를 투하했던 트럼프를 세계는 기억하고 있다. 어떻게 동맹국이 수출하는 철강이 미국의 안보를 위협하느냐는 비난과 반박에도 그는 오히려 더 기세등등했다. 백악관에 푸른색 작업복을 입은 철강 노동자들을 초대하여 자신의 정책이 미국을 다시 위대하게 만든다고 열변을 토했다. "미국을 상대로 무역 흑자를 누리는 독일, 일본, 한국은 시진핑, 푸틴, 김정은만큼 나쁘다"고 했던 트럼프 아니던가. 미국의 경제 안보를 보호한다는 핑계로 동맹국인 한국, 일본, 캐나다, 유럽 국가에 관세 폭탄을 투하하던 트럼프는 1기 때 실행하지 못했던 자동차를 정조준하고 있다는 관측이 무성하다.

트럼프의 파격적인 관세 인상을 상대국들이 순순히 용인할 수 있을까. 미국과 패권 경쟁을 하는 중국은 트럼프 1기 때 트럼프의 관세 폭탄에 같은 크기의 관세 폭탄으로 맞대응했다. 국가 안보를 명분으로 내세운 트럼프의 철강 관세에 EU도 보복 관세 카드를 꺼냈다. 동맹과 비동맹을 가리지 않고 퍼붓는 트럼프의 철강 관세를 막으려고 대한민국은 미국에 수출할 수 있는 철강 물량의 한도를 설정하는 타협을 택했다. 자유무역으로 성공한 대한민국이 자유무역의 원칙을 스스로 파기하고 트럼프에 굴복했다는 비난이 전 세계에서 날아들었다.

그때와 지금은 다른 세상이다. G2 국가들이 서로 관세 폭탄을 쏘면서 무역전쟁을 하고, 전통적인 동맹인 미국과 EU가 무역 갈등으로 얼굴을 붉혀도, 경제는 정치 갈등을 소화할 여유가 있었다. 코로나19 이전 세상이었다. 하지만 코로나19의 공포가 세계를 질식시키면서 세계 경제는 그 충격에서 완전히 탈출하지 못하고 있다. 정치적 갈등은 고조되는데 경제 체력은 약해지고 있다. 2016년 미국을 금방이라도 추월할 듯하던 중국의 성장세는 주춤하고 있다. 2016년까지 미중 패권 경쟁을 바다 건너 불구경하던 EU는 중국에 대한 경계심으로 재무장했다. 2022년 푸틴의 우크라이나 침공으로 러시아 에너지에 의존하면서 기후 변화에 대응하는 녹색 경제green economy로의 전환을 꿈꾸던 독일의 구상은 산산이 조각났다.

유럽 대륙에서 전쟁의 공포는 권위주의 체제 대 자유민주주의 체제의 경쟁의식을 불러왔다. 냉전이 막을 내린 후 개점 휴업 상태였던 나토NATO가 잠에서 깨어났다. 2022년 나토 정상회의는 한국, 일본, 호주, 뉴질랜드 등 아시아 태평양 국가들을 초대했다. 그 회의에서 채택한 보고서에서 나토는 '중국'이라는 단어를 거명했다. 속전속결로 끝날 줄 알았던 푸틴의 기대와는 달리 우크라이나 젤렌스키 대통령의 결기와 집념, 서방 세계의 지원은 전쟁을 2년 반이 지난 2024년 12월까지 끌고 왔다. 서방의 경제 제재로 혼란에 빠질 것으로 예상했던 러시아 경제는 버티고 있다. 중국 덕분이다. 서로의 예상이 모두 어긋나는 세상. 경제 전문가는 정치를 몰랐고, 정치인은 경제를 무시했다. 지금 세상은 정치와 경제가 서로 얽히고설켜 복잡한 '경제 안보'라는 복합체로 지구촌 곳곳에 그 모습을 드러내고 있다.

20세기 초 세계 최대의 경제 대국으로 부상한 미국. 그 경제력을 세계 정치 무대에 투시하기를 주저해왔던 미국은 20세기 초반 두 번의 비극적인 세계대전을 겪으면서, 자유민주주의 시장경제 체제의 수호자로 자임해왔다. 20세기 후반 냉전이 자유민주주의 체제의 승리로 끝난 이후, 국경 없는 세계화를 주도했던 미국이 아니던가. 중국의 WTO 가입, 많은 국가와의 FTA(Free Trade Agreement, 자유무역협정) 타결, 더 큰 규모의 FTA 추진…. 시장을 열고, 자본을 자유롭게 이동하고, 이민을 수용하고, 권위주의 체제의 도전을 응징하고. 이 모든 것에 미국은 깃발을 들었다. 2016년 트럼프의 미국 대통령 당선은 질주하던 세계화에서 미국의 일탈을 예고했다.

2020년 대선에서 가치 공유 동맹과의 연대에 기반한 국제 질서를 내세우는 바이든이 현직 대통령인 트럼프를 이겼을 때, 트럼프의 일탈은 역사와 기억 속으로 사라지는 듯했다. 그런데 그 트럼프가 기적처럼 살아 돌아왔다. 선거 결과를 부정하며 벌어진 폭력적인 의사당 난입, 투표 결과 조작 혐의 등 그에게 제기된 그 많은 불법 혐의에도 불구하고 그는 불사조처럼 생환했다. 그것도 압도적인 지지를 받으며! 이제 트럼프는 1기 때 자신이 다 이루지 못했던 'Make America Great Again'을 완성시키려 한다. 그는 세상을 어디까지 바꾸려고 하는가. 게임은 트럼프가 생각하는 대로 흘러갈까. 2028년 트럼프 2기가 끝났을 때, 세상은 어떤 모습으로 변해 있을까.

미국에는 적이 필요하다

2016년 미국 대선으로 돌아가서

언제부터 미국은 중국을 향해 노골적으로 경계심을 드러내기 시작했을까. 2016년 미국 대선이 그 시작이다. 2016년 미국 대선에서 민주당의 힐러리 후보와 공화당의 트럼프 후보 모두, 중국과의 무역에 대해서는 초강경한 입장을 내세웠다. 민주당 및 공화당 강령을 보면 하나같이 중국을 국제 통상 질서를 위반하고 미국의 국익을 침해하는 깡패 국가, 불량 국가로 규정하고 있다. 미국의 여야 모두 그들의 최대 무역 상대국인 중국을 불량 국가로 낙인찍는 사태가 발생한 것은 수교 후 처음 있는 일이었다.

집권당인 민주당은 중국이 불공정 무역으로 미국과의 무역 환경을 중국에 일방적으로 유리한 '기울어진 운동장'으로 만들었다고 비난했다. '값싼 제품으로 미국 시장에 덤핑을 일삼고 국영 기업에 보조금을 주고 경쟁 우위를 확보하기 위해 통화 가치를 조작하고 미국 기업들을 차별'하는 것이 기울어진 운동장의 실체라고 민주당 강령은 주장한다. '이런 상황은 중단되어야만 한다. 민주당은 중국의 책임을 묻기 위해 모든 무역 수단을 사용할 것'이라고 선언하기까지 했다. 힐러리를 대선 후보로 선출한 민주당은 '모든 불공정하고 불법적인 보조금을 없애는 무역 협정'을 추진하고, '자유롭고 개방된 인터넷free and open internet'을 보호하겠다는 강력한 의지를 천명했다. 그 상대는 바로 중국이다.

도전자인 공화당은 '승리하는 무역 정책a winning trade policy'으로 무역 분야 정강을 명명했다. 민주당 오바마 행정부 8년의 무역 정책이 승리하는 정책이 아니었다는 의미이다. 정계의 이단아 트럼프를 대선 후보로 선출한 공화당은 '미국을 우선에 두는 통상 협정을 체결'하겠다는 의지를 불태운다. 그 내용을 들여다보자.

"외국 정부가 그들의 시장에는 미국의 진입을 제한하면서 미국의 기술, 디자인, 특허, 상표를 탈취해가는 것을 허용해서는 안 된다."

"중국이 계속해서 통화 가치를 조작하고 공공 조달에서 미국 제품을 배제하고, 자국 기업에는 보조금을 주면서 미국 기업을 몰아내는 것을 허용해서는 안 된다."

중국을 향한 날 선 공격이다. 나아가 트럼프의 공화당 강령은 향후 무역 정책이 어떤 방향으로 추진될지 예고하고 있다.

"현 오바마 행정부가 이런 세계 무역 체제를 위반하는 불법 행위를 다루는 방식은 자살에 가깝다. 우리 공화당은 판을 깰 각오가 있어야만 무역 협상에서 상대를 다룰 수 있고, 이길 수 있다는 것을 잘 알고 있다."

"공화당이 대선에서 승리하면 그 대통령(트럼프)은 상대 국가에 동등함partiy을 요구할 것이다. 만약 상대가 거부하면 언제든지 보복 관세를 부과할 것이다."

> "공화당은 공정함과 투명성을 중시하는 미국의 가치를 공유하는 국가들과만 통상 협상을 추진하겠다."

민주당, 공화당 모두 2016년 대선 강령은 중국을 상대로 한 무역전쟁 선포식을 방불케 했다. 2016년 미국 대선에서의 집권당과 야당 모두 '중국 때리기China bashing'에는 마치 합의한 듯했다. 민주당은 그들의 전임 대통령인 클린턴이 중국의 WTO 가입을 후원했던 그 정당이다. 공화당은 자유무역의 수호자로 자임해 오던 정당이다. 대선에서 승리를 목표로 하는 것이 정당의 존재 이유임을 비추어볼 때 민주당과 공화당 모두 중국 때리기에 열광했다는 것은 그만큼 유권자인 미국 시민들이 중국에 화가 단단히 났다는 것을 감지했기 때문이다.

보호주의의 거센 바람

2016년 미국 대선에서 집권당인 민주당 후보, 야당인 공화당 후보 모두 보호무역주의의 깃발을 높이 든 것은 제2차 세계대전 이후 미국 정치 역사에선 처음 목격하는 장면이었다. 전통적으로 민주당은 공정 무역을, 공화당은 자유무역을 주장하면서 선명한 대비를 이루어왔기 때문이다. 1992년 대선 때 빌 클린턴Bill Clinton 민주당 후보는 NAFTA를 재협상하겠다고 했다.

2008년 대선에서 오바마 민주당 후보는 한미 FTA를 불공정하다고 비판했다. 1992년 재선을 노리던 조지 부시George Bush 대통령은 NAFTA를 지지했다. 2008년 공화당 존 매케인John McCain 후보는 한미 FTA를 한미 동맹의 상징이라면서 지지했다. 그런 공화당이 2016년 대선에서 보호주의를 주장하는 이단아 트럼프를 그들의 대선 후보로 채택했다. 자유무역의 진원지인 공화당을 보호주의자 트럼프가 접수한 것이다.

트럼프가 공화당 대선 후보 경선에 나설 때만 해도 사람들은 그가 중도 하차할 것이라고 확신했다. 트럼프의 초기 지지율은 바닥이었다. 트럼프는 억대 부동산 사업자였고 사교계에서는 이미 유명했지만(혹은 악명이 높았지만) 아무런 정치 경험이 없는 그야말로 '이단아'였다. 역대 미국 대통령들은 의회 또는 주지사를 거치면서 정치에 입문하고 경력을 쌓은 사람들이었다. 이 때문에 트럼프의 대선 도전을 신선하게 바라보는 사람들도 있기는 했다.

억대 부동산 사업가로 명성을 날리던 트럼프는 2004년 NBC 리얼리티쇼 〈어프렌티스The Apprentice〉를 진행하면서 자신의 과업을 제대로 수행하지 못하는 출연자에게 "You are fired(당신은 해고야)!"란 고압적인 표현을 사용함으로써 유명세를 탔다. 워싱턴의 기성 정치에 신물이 난 유권자들에게 트럼프는 기성 정치를 청산할 수 있는 신선한 선택으로 보이기도 했다.

하지만 지난 세월 동안 트럼프의 복잡한 사생활이 뿌려놓은 먼지는 그의 대선 도전에 의해 다시 들쑤셔졌고 그의 독특한 헤어스타일은 조롱거리였다. 일부에서는 트럼프가 자신의 사업을 위한 마케팅으로 대선을 이용한다고 분석했다. 한마디로 말해 트럼프를 심각하게 생각한 사람은 없었다.

그런 트럼프가 공화당 대선 후보가 되고 모든 여론조사에서 압도적으로 우위를 달리면서 철옹성처럼 강력할 것만 같은 힐러리를 누르고 대통령에 당선되었다. 도대체 미국 정치에서 무슨 일이 벌어지고 있었다는 말인가.

2016년 미국 대선 가도에서 '중국 때리기'는 갑자기 생겨난 돌출 현상이 결코 아님에 주목해야 한다. 트럼프는 미국 제조업이 몰려 있는 중서부 지역 유세에서 "중국이 미국을 겁탈하고 있다China is raping us"라는 도를 넘어선 막말을 쏟아내었다. 또 다른 유세에서 그는 '세계화는 정치인들에게 정치 헌금을 갖다 바치는 금융 엘리트들만 부자로 만들었다. 세계화는 수백만 미국 노동자에게는 빈곤과 두통거리만 가져다주었다. 수조 달러의 돈과 수백만 개의 일자리가 외국으로 빠져나갔다. 이런 재앙은 중단되어야 한다'라고 목소리를 높였다. 이쯤 되면 억만장자인 부동산 재벌 트럼프의 목소리인지 2008년 미국 월가Wall Street에서 시작된 금융 위기 때 '(탐욕덩어리) 월가를 점령하라Occupy Wall Street'던 시위대의 함성인지 구분이 되지 않는다.

트럼프는 기존의 미국 정부가 추진해왔던 대표적인 통상 정책을 모두 악으로 치부했다. 공화당 부시 대통령이 추진 및 체결하고 민주당 클린턴 대통령 때 의회를 통과시켜 발효한 미국-캐나다-멕시코의 NAFTA, 클린턴 행정부가 추진한 중국의 WTO 가입, 부시 대통령 때 시작하여 오바마 대통령 때 적극 추진하고 타결시킨 TPP(Trans Pacific Partnership, 환태평양 경제 동반자 협정)는 트럼프에게 미국 노동자들의 일자리를 빼앗아 가는 '나쁜' 협정으로 낙인찍혔다. 그는 한미 FTA마저 한국이 무역수지 흑자를 낸다는 이유로 일자리를 도둑질하는 나쁜 협정의 반열에 올렸다.

트럼프의 머릿속에 든 공식은 간단명료했다. '무역수지 적자=일자리 도둑질!' 과거 행정부의 대표적인 무역 협정을 적폐로 모는 트럼프의 유세에 중서부 노동자들은 열광했다. 중국, 멕시코, 한국, 일본, 대만의 제조업과 힘든 경쟁을 벌이면서 경제적 지위가 지속적으로 침체되어 있던 그들에게 트럼프는 메시아였다. 정말 그들의 일자리를 위협하는 것은 자동화로 대표되는 기계이지 외국 노동자라는 인간이 아니라는 것이 불편한 진실이지만…. 동서고금을 막론하고 남 탓하는 것은 정치적으로 인기가 있나 보다.

공화당이 과거를 부정하는 극단적인 우파 포퓰리스트right wing populist 트럼프에 의해 장악되고 있을 때 집권당인 민주당에도 거센 보호주의 바람이 불고 있었다. 유력한 대선 주자인 힐러리는 예상 외로 민주당 경선 마지막 날까지 70대 고령의 버니 샌더스Bernie Sanders에게 고전을 면치 못하고 있었다. 논란의 중심은 같은 당 오바마 대통령이 심혈을 기울여 추진하고 타결한 TPP였다.

미국과 일본 등 아시아-태평양 지역 12개 국가 간의 자유무역협정인 TPP는 오바마가 중국을 견제하기 위해 추진한 거대 무역 협정이다. 중국의 부상을 견제하려는 민주당이라면 당연히 찬성하고 지지해야 마땅한 것 아닌가. 오바마가 TPP를 추진하는 과정에서 다수의 민주당 의원들은 반대했다.

그가 TPP를 추진할 수 있었던 이유는 자유무역을 지지하는 절대 다수의 공화당 의원들 때문에 가능했다. 그런데 이 무슨 운명의 장난인가. 오바마는 8년 임기 내내 끌어오던 TPP 협상을 2015년 10월 극적으로 타결시켰지만 미국 의회 비준이란 고비를 앞두고 2016년 임기 마지막 해를 맞이했다. 이미 미국은 대선 열기로 가득했고 그의 레임덕lame duck은 시작되었다. 자신의 당에서조차 강력한 지지를 받지 못하는 거대 무역 협정인 TPP가 그 민감한 정치의 계절에 처리될 수가 있겠는가. 이 과정에서 불똥이 튄 사람은 힐러리였다.

힐러리는 오바마 정부의 초대 국무장관이었다. 오바마 정부는 중국을 견제하는 '아시아로의 회귀'를 대외 정책의 핵심으로 내걸었고 TPP를 핵심 전략으로 추진했다. 국무장관인 그녀는 TPP를 적극 지지했다. 국무장관 힐러리는 TPP가 '아시아로의 회귀'의 핵심이라 역설했고 TPP를 '무역 협정의 완벽한 모델gold standard'이라고 높이 평가했다. 이후 국무장관에서 퇴임한 힐러리는 자서전에서 'TPP는 완벽한 협정은 아니지만 발효되고 이행된다면 미국 기업과 노동자들에게 도움을 주는 높은 수준의 협정'이라고 기술했다.

힐러리는 대선 후보 경쟁이 시작되면서 말을 바꾸기 시작한다. 2015년 10월 TPP 타결 직후, 'TPP는 내가 세웠던 높은 기준을 충족시키지 않는다'라고 한 발 물러섰다. 대선 경쟁이 가열되자 자서전의 문고본을 출판하면서 TPP 관련 부분을 모두 삭제했다. 경선에서 이길 가능성이 거의 없었음에도 불구하고 버니 샌더스는 힐러리 클린턴이 TPP에 대해 부정적인 입장을 취하도록 압박하기 위해 끝까지 후보직을 사퇴하지 않았다. 궁지에 몰린 힐러리 클린턴은 TPP에 대한 긍정적인 입장을 거두고 비판적인 입장으로 전환해야 했다. 힐러리의 변신은 미국 정치의 바닥 인심을 적나라하게 보여주었다.

2016년 미국 대선 과정을 지배한 트럼프의 확신에 찬 보호주의, 힐러리 클린턴의 기회주의적인 태도 표변, 버니 샌더스의 집요함은 모두 미국 경제의 분배 상황과 깊숙이 연계되어 있다. 1970년대 이후, 미국의 실질 소득 중간값과 하위 90%의 과세 대상 실질 소득은 전혀 증가하지 않았다. 상위 10%와 나머지 90% 간에는 거대한 간격이 생겼다. 하위 90%의 평균 실질 소득은 1972년에 비해 2013년에 더 낮아졌다. 40년간 하위 90%의 삶은 후퇴한 것이다.

그들의 분노와 좌절이 트럼프라는 우파 포퓰리스트, 샌더스라는 좌파 포퓰리스트를 통해 분출되었다. 그들의 불행이 잘못된 무역 정책, 잘못된 이민 정책 때문이라는 트럼프의 연설에 미국 중서부 지역 백인 노동자들은 환호했다. 기득권을 옹호하는 워싱턴의 기성 정치를 뒤엎어야 한다는 샌더스의 연설 역시 미국의 젊은 지식인들을 열광시켰다. 정반대로 보이는 두 명의 후보자지만, 모두 포퓰리스트라는 점에서는 동일했다.

쇠락의 상징 러스트벨트

트럼프의 통상 로드맵

2016년 대선 유세에서 트럼프는 가는 곳마다 무역 문제를 이야기했다. 중국, NAFTA, 무역수지 적자. 이런 것들이 노동자의 삶을 얼마나 황폐화하고 있는지 구구절절이 웅변조로 연설했다. "위대했던 미국이 언제부터 이렇게 침몰했습니까. 그것은 바로 잘못된 무역 정책 때문입니다. 저는 반드시 오래된 이 역사적 잘못을 바로잡고 말겠습니다." 연설 도중, 그는 수시로 자신의 슬로건인 'Make America Great Again(다시 한 번 미국을 위대하게)'을 외치며 주먹을 불끈 흔들었다.

대선의 승부처의 하나로 알려진 펜실베니아는 그가 유독 공을 들인 곳이다. 20세기 초반 미국이 세계 최고의 경제 대국으로 부상하는데 기여한 철강산업의 고향인 펜실베니아는 이제는 아시아 국가에 경쟁력을 빼앗겨 쇠락한 '러스트벨트(녹이 슨 지역)'라는 표현이 실감 나는 지역으로 바뀌었다. 그 영욕의 역사를 간직한 피츠버그 외곽 모네센 유세에서 트럼프는 '미국의 경제 독립 선언'이라는 제목을 내걸고 '일자리 되찾아올 일곱 가지 방안' 공약을 제시했다. (2016년 6월 28일 유세)

1. 미국은 환태평양 경제 동반자 협정에서 탈퇴한다.

2. 미국의 노동자를 위해 싸워줄 터프하고 스마트한 무역 협상가를 임명해야 한다.

3. 상무부 장관에게 '미국 노동자에게 해를 끼치는' 외국의 무역 협정 위반 사례를 모두 철저하게 조사하라고 지시하여 외국의 모든 불법 행위를 적법한 모든 수단을 동원하여 막는다.

4. 미국 노동자들에게 유리하게 북미자유무역협정 개정 협상을 추진한다. 상대국이 거부할 시 북미자유무역협정을 중단한다.

5. 재무부 장관에게 중국을 '환율 조작국'으로 지정하라고 지시한다.

6. 미국 무역대표부의 대표에게 중국 제소를 지시하여, 중국의 불공정 보조금을 중단시킨다.

7. 대통령에게 주어진 모든 권한을 총동원하여 중국의 불법 무역

정책을 저지하겠다. 1974년 무역법의 201조, 301조, 1962년 232조가 부여한 관세 조치를 활용하겠다.

자신이 집권했을 때 통상 정책의 로드맵을 트럼프는 세상에 공개했다. 대통령이 된 트럼프는 이 모든 공약을 하나도 빠짐없이 실행에 옮겼다.

중국의 오판

2016년 미국 대선에서 도널드 트럼프가 힐러리 클린턴을 누르고 당선되자 중국은 쾌재를 불렀다. 버락 오바마 대통령 때 국무장관으로 '아시아로의 회귀Pivot to Asia'와 아시아-태평양 지역 12개국 간의 FTA와 TPP를 추진하여 중국의 아시아 지역 패권 국가 부상을 저지해온 클린턴이 당선되는 것을 중국은 두려워했던 것이다. 반면 부동산 개발업자로 시작해 사업가로서 경력을 쌓아 온 트럼프와는 협상과 타협이 가능하리라는 것이 중국의 계산이었다. 트럼프가 대선 유세에서 중국을 불공정하고 속임수를 쓰는 불량 국가로 몰아붙이며 기울어진 운동장을 편평하게 하기 위해 중국산 수입품에 45% 관세를 부과하고 환율 조작국으로 지정하겠다고 외친 공약에 대해서는 그저 선거용이라고 중국은 판단했다.

2017년 트럼프는 미국 대통령으로 취임하기가 무섭게 TPP에서 미국을 탈퇴시켜 버렸다. 대신 그가 공약했던 대 중국 45% 관세는 없었고, 환율 조작국 지정도 없었다. 〈뉴욕타임스〉 칼럼니스트이자 퓰리처상 수상자인 토머스 프리드먼Thomas Friedman이 '트럼프는 중국 간첩이 분명하다'라는 충격적인 제목의 칼럼을 썼을 정도였다.

백악관의 주인으로 입성한 첫해, 트럼프 대통령은 대선 공약과 달리 중국에 강경한 통상 정책 카드를 꺼내 들지 않았다. 하지만 집권 2년 차인 2018년에 접어들면서 상황은 급변했다. 2018년 3월 트럼프는 중국의 경제 침략에 대항할 것을 지시했다. 7월에는 500억 달러의 중국 수입품에 25% 관세를 부과하는 조치를 단행했다. 중국도 즉시 500억 달러어치의 미국 수입품에 25% 관세 부과로 맞섰다. 중국이 맞대응하면 더 강력한 관세 폭탄을 투하하겠다고 공언했던 트럼프는 2,000억 달러의 중국 수입품에 10% 추가 관세를 지시했다. 중국 공산당의 공식 여름 휴양지 베이다이허北戴河区에 모인 중국 지도자들은 '우리가 트럼프를 잘못 판단했다'라며 당혹감을 감추지 못했다.

세계 경제 규모 1, 2위 국가가 이 정도의 관세 조치를 동시에 주고받는 것은 사상 초유의 일이다. 중국의 대미 수출이 5,000억 달러 규모, 미국의 대중 수출이 1,300억 달러 규모인 점을 생각한다면 중국의 대미 수출액의 10%, 미국의 대중 수출액의 39%를 목표로 관세 핵폭탄을 서로 투하하는 것은 '무역전쟁trade war' 이외에는 달리 적절한 표현이 없다. 트럼프는 왜 중국을 상대로 무역전쟁을 하기로 결심했던 것일까?

'1%만의 세계화'에 뿔난 유권자

'밀려오는 파도는 모든 배를 띄운다.' 세계화의 긍정적인 효과를 설명하는 비유다. 주류 경제학이 자유무역을 옹호하는 것은 상호 호혜적 거래 관계가 성립할 수 있기 때문이다. '자유무역이 윈윈win-win'이라는 명제는 무역을 하는 두 국가의 무역 이전과 이후, 두 가지 상황을 비교 분석하여 증명된다. 경제 전체가 누리는 효용이 무역 이후가 이전보다 더 크다는 것을 증명하면 된다.

대학 강의실에는 해마다 학생들 앞에 그 사실을 입증하는 그래프가 펼쳐진다. 물론 한 사회 내에 승자와 패자는 있을 것이다. 내수 산업 종사자들은 외국 수입 상품과의 경쟁으로 어려워질 수 있다. 하지만 시장은 그 충격을 생산적인 에너지로 변화시킬 수 있다. 경쟁력이 떨어지는 산업에 몰려 있는 노동력과 자본은 시장 메커니즘의 보이지 않는 손을 통해서 다른 산업 분야에 투입될 것이다.

정부는 초기 충격을 흡수하고 직업 훈련 프로그램 등을 통해 자원의 재분배 과정을 용이하게 할 것이다. 이런 것까지 고려해 전체적으로 보았을 때 자유무역으로 얻는 것이 그 손해보다 크다는 사실은 경제학도에게는 절대적인 믿음이다. 이러한 믿음은 보호주의에 대한 최대의 방어였다.

하지만 2016년에는 달랐다. 과거와 달리 TPP에 대한 학계의 지지는 줄어들고 있었다. 세계화에 대한 지지는 확연히 후퇴했다. 1993년 미국 의회에서 NAFTA 비준은 보호주의자들과 세계화주의자들 간의 전투였다. '미국에서 멕시코로 일자리가 대거 유출된다'는 보호주의자들의 주장에 대해 세계화주의자들은 '더 많은, 더 양질의 일자리가 미국에 생길 것'이라고 반박했다.

그때에는 주류 경제학자들이 NAFTA로 인해 미국 내에 더 많은 일자리가 생길 것이라는 주장을 지지했다. 하지만 시간이 지남에 따라 그러한 지지는 약해졌다. 무역으로 인해 일자리가 대량으로 유출되면서 더 좋은 일자리로 대체되지 않는 경우가 많다는 연구들이 속속 등장하고 있다. 나아가 무역이 불평등을 심화하는 데 일조했다는 주장마저 힘을 얻고 있다.

세계은행The World Bank의 컨설턴트인 크리스토프 래크너Christoph Lakner와 룩셈부르크 소득연구센터의 선임 학자인 브랑코 밀라노비치Branko Milanovic가 2013년 세계은행에 실은 논문을 보면, 1988년부터 2008년까지 세계 소득 분배에 기반해 선진국의 중층 및 하층은 무역의 '패자'며 상대적으로 개발도상국인 아시아 국가들의 중층 및 상층과 세계 극상위 1%만이 세계화의 '승자'라고 표현했다. 더불어 2016년 언론의 주목을 받았던 그래프인 '코끼리 곡선Elephant Curve'은 앞서 언급한 밀라노비치가 만들었는데 이 곡선이 그러한 양상을 띠고 있다고 말한다. 코끼리 곡선은 미국의 경우 '밀려오는 파도가 고급 요트만을 밀어 올린다'는 우스갯소리를 증명하는 것으로 활용된다.

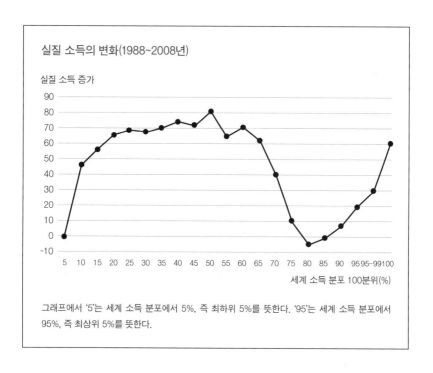

실질 소득의 변화(1988~2008년)

그래프에서 '5'는 세계 소득 분포에서 5%, 즉 최하위 5%를 뜻한다. '95'는 세계 소득 분포에서 95%, 즉 최상위 5%를 뜻한다.

어떤 평론가들은 코끼리 곡선이 개발도상국의 경제 성장이 선진국의 서민층을 제물 삼아 이루어졌다는 것을 보여주는 증거로 해석한다. 이 해석은 가난한 개발도상국과의 무역이 미국 서민층에게 나쁜 영향을 준다는 견해를 널리 퍼뜨렸다. 2016년 대선에서 그 표적은 중국이었다.

차이나 쇼크

무역이 선진국 제조업의 일자리 감소나 소득 불균형의 주요 원인이 아니라는 것은 경제학계의 공통된 견해였다. 이 견해를 뒷받침하는 논리는 경쟁력이 떨어지는 분야에 투입된 노동력은 다른 분야로 재분배될 수 있으며, 무역으로부터 얻는 효용을 모두 더하면 단기든 장기든 플러스일 것이라는 데 있었다. 중국의 급속한 부상은 이러한 기존 생각들에 의문을 던졌다.

통계, 보고서, 논문들은 중국으로부터의 수입이 미국 시장에 예상보다 큰 악영향을 주었다는 것을 밝혀내고 있다. 무역으로 인한 일자리 감소는 예상보다 오래 지속되었으며, 양극화도 무시할 수 없는 수준으로 나타났다. 시장의 조정 기능은 경제학자들이 예상한 것만큼 효과적으로 작동하지 못했다. 미국은 1970년대 일본의 급속한 부상에 따른 도전에 직면했지만 결국 극복했다.

하지만 중국의 부상은 다른 양상을 보여주고 있음에 경제학계는 주목하고 있다. '그 어떤 국가도 중국만큼 풍부한 노동 인구에, 저임금에, 정부의 전방위적인 지원에, 평가절하된 통화에, 생산성을 겸비

한 적이 없었다'라는 어느 언론의 평가는 미국이 당면한 '차이나 쇼크'를 적나라하게 표현하고 있다.

1979년에서 2016년 동안 미 제조업계의 일자리는 1,900만 개에서 1,200만 개로 줄었다. 제조업 일자리는 2000년경 1,800만 개 정도에 머물고 있었는데 2001년부터 급감하기 시작했다. 2000년부터 2010년까지 560만 개의 일자리가 사라졌다. 이는 미국 제조업 고용 역사에서 가장 큰 감소이다.

중국산 수입품이 급증하면서 2001년 미국 제조업 고용이 급감했다. 정치권 활동가들은 무역을 이면의 원인으로 지목한다. 학계에서는 무역이 고용에 미치는 영향에 대한 관심이 늘고 있다. 2013년 데이비드 오터David Autor, 데이비드 돈David Dorn, 고든 핸슨Gordon Hanson이 발표한 논문인 〈차이나 신드롬: 수입 경쟁이 미국 노동시장에 미친 영향The China Syndrome: Local Labor Market Effects of Import Competition in the United States〉은 1990년부터 2007년까지 진행된 미국 제조업계 고용 감소의 4분의 1이 중국산 수입품으로 인한 것이라고 추산했다.

2014년 미 연방준비제도이사회의 연구원인 저스틴 피어스Justin Pierce와 예일대 교수인 피터 쇼트Peter Schott가 발표한 논문 〈미 제조업의 대단히 빠른 고용 감소세The Surprisingly Swift Decline of U.S. Manufacturing Employment〉에는 2001년부터 계속되어 온 미국 제조업계의 내리막이 미국이 중국에 PNTR(Permanent Normal Trade Relations, 미국으로부터 부여받는 항구적 최혜국 대우) 자격을 인정함으로써 다른 WTO 가입국과 마찬가지로 최혜국 대우(MFN, Most Favored Nation treatment)를 부여하기로 한 결정 때문이라고 주장한다.

미 세조입의 일자리 감소를 무역보다 기술에 그 원인을 찾는 연구도 많다. 예를 들어 볼 주립대Ball State University 경제리서치센터의 마이클 힉스Michael Hicks와 스리칸트 데바라지Srikant Devaraj가 2015년 발표한 논문 〈미 제조업의 신화와 현실The Myth and the Reality of Manufacturing in America〉에는 2000~2010년 사이 일어난 미국 제조업의 고용 감소가 무역보다 기술 변화로 인한 영향이 더 크다고 분석되어 있다.

그들의 분석에 따르면 이 기간 동안 고용 감소에는 기술 요인이 85%, 무역 요인이 13.4% 작용했다. 2000년 수준의 생산성을 유지하면서 2010년 수준의 생산량을 생산하려면 2,090만 명의 노동자가 필요했을 것이라 추정하기도 했다. 실제로는 2010년 생산량을 감당하는 데 1,210만 명만으로 충분했다. 기술 변화로 인한 생산성 증대 때문에 880만 명의 노동자를 줄일 수 있었다.

하지만 거시적인 면만을 바라보는 것은 초점을 흐릴 수 있다. 마이클 힉스와 스리칸트 데바라지의 추산에 따르면 중국과 같은 개발도상국으로부터의 수입 상품과 경쟁하는 분야에서는 무역이 고용 감소에 큰 역할을 했다는 것이다. 가구와 의류 분야에서는 무역 요인이 고용 감소의 40% 이상을 차지했다.

이 분야의 노동자들은 수출 분야 노동자들에 비해 현저히 낮은 임금을 받는다. 2012년 모든 생산직의 평균 노동 생산성은 14만

9,299달러였는데 이는 의류 및 피혁 상품 생산직의 4만 5,930달러에서부터 정유 및 석탄 제품 생산직의 73만 3,861달러까지 넓게 분포된 생산성의 평균이다.

싼 수입품은 많은 미국 제조업체의 생존을 위협했다. 특히 중서부 러스트벨트와 남부에서 충격이 컸다. 이 지역들에서 보호주의가 목소리를 높여가는 것은 전혀 놀라운 일이 아니다. 우려스러운 것은 이 분야의 노동자들이 악순환에 빠져들고 있다는 것이다. 직장을 잃으면 동일한 분야의 비슷한 일자리를 얻고, 또 얼마 지나지 않아 직장을 잃고, 또다시 비슷한 분야에서 일자리를 찾아다닌다. 이것은 그들이 다른 분야에서 일자리를 찾기에는 제대로 된 기술 또는 훈련을 충분히 받지 못했기 때문이다. 통계를 보면 '학력 프리미엄(교육 수준에 따른 임금 차이)'이 얼마나 증가했는지를 확인할 수 있다. 1979년에는 30% 가량이었는데 2000년에는 거의 50%로 증가했다. 2014년 데이비드 오터 교수는 교육 수준에 따른 실질 주급의 변화를 추적해 석사 학위 이상을 가진 노동자는 '190'으로 증가했으며 학사 학위를 가진 노동자는 '140'으로 증가했지만 다른 노동자들의 경우 '100~110' 사이에서 정체되어 있었음을 밝혔다.

2016년 미 대선에서 미국은 세계화의 최선두에 서 있던 미국이 아니었다. 제2차 세계대전이 끝나고 세계 경제의 안정과 번영을 위해 규범에 기초한 자유무역 체제를 설계하고 확장해온 그러한 미국이 보이지 않았던 것이다. 더 이상 세계화를 주도하는 것이 미국에

도움이 되지 않는다는 정치인들의 모습은 생경하기 이를 데 없다. 미국은 더 이상 다른 어떤 국가도 넘볼 수 없는 절대적인 힘을 가진 그런 미국이 아니기 때문이다.

복음인 줄 알았던 세계화는 잘나가는 극소수 계층의 지갑만 두둑하게 만들었고, 자유무역은 한때 세계를 호령했던 미국의 전통적인 중서부 공업 지대를 유령 도시로 만들었다는 비난에 미 기득권은 제대로 된 대답을 내놓지 못했다. 세계화, 자유무역의 근본적 결함이라기보다 부작용을 최소화하는 정책의 실패이지만 그러한 실패는 정치 체제의 산물이기도 했다.

정치는 늘 손쉬운 방식을 채택하는 것에 익숙하다. 바로 '남 탓하기!' 그 대상은 바로 중국이었다. 미 대선에서 무역이 핵심 쟁점으로 부상한 것도 초유의 일이지만, 보호무역을 외치고 기존 모든 무역 정책을 적폐로 모는 후보를 대통령으로 선출한 것은 미국이 자신이 주도해 온 세계화의 운전석에서 내려오려는 신호였다. 자유무역 체제의 최대 수혜자인 중국, 그 중국을 자유무역 체제에 끌어들인 미국. 이 둘은 이제 서로 다른 길을 가기로 결심했다.

세계 최대의 시장과
세계 최대의 공장

중국 없는 아이폰?

아이폰. 스티브 잡스가 인류에게 건넨 최고의 선물로 평가받는다. 애플의 아이폰은 중국에서 조립되고 미국으로 수출된다. 미국 관세청은 중국에서 수입되는 아이폰에 관세를 부과할 수 있다. 하지만 WTO 회원국인 중국은 미국으로부터 최혜국 대우 원칙을 적용받아 왔다. 미국은 중국으로부터 수입하는 상품에 대해 다른 WTO 국가로부터 수입하는 동일한 상품에 부과되는 관세보다 높은 관세를 책정할 수 없다. 더 높은 관세를 부과한다면 최혜국 대우 원칙에 정면으로 위배되기 때문이다. 미국과 다른 WTO 회원국들이 스마트폰을 포함한 IT 제품에 대한 관세 철폐에 합의했기 때문에 중국에서 조립된 아이폰은 미국에 무관세로 수출될 수 있다.

그런데 만약 중국이 WTO 가입국이 아니라면 아이폰은 어떻게 될까? 애플은 아이폰을 중국에서 계속 조립하고자 할까? 상식적인 CEO라면 비용과 편익을 비교하려 할 것이다. 물론 중국에서 아이폰을 조립하는 것의 비용과 편익이 비교 대상이 될 것이다. 중국이 WTO 가입국이 아니라면 미국은 중국 수입품에 대해 최혜국 대우 대우를 해서 무관세 혜택을 줄 아무런 이유가 없다. 중국에서 조립하는 비용은 미국의 스마트폰에 대한 수입 관세에 따라 달라질 것이다. 미국의 수입 관세가 높을수록 중국에 공장을 유지하는 데 대한 비용은 커진다. 관세 수준이 상당하기에 애플은 아이폰의 최종 조립 공정을 다른 국가로 옮길 수도 있다. 어느 국가가 그 후보군에 들까. 당연히 미국이 무관세 혜택을 주는 WTO 회원국일 것이다. 풍부한 저임금의 젊은 노동력으로 제조업의 생산 기지화 전략을 추진하고 있는 베트남도 그중 하나일 수 있다. 방대한 인구를 가지고 제조업 강국의 꿈을 꾸는 인도도 생각해볼 수 있다.

중국이 WTO 가입국이 아닌 상황을 가정해본 사고 실험은 중국이 WTO 회원국인 것이 얼마나 대단한지를 보여준다. 최혜국 대우 대우가 주는 이득뿐만 아니라 예측 가능성이라는 측면도 중요하다. 중국이 WTO 체제 밖에 있다면 무역 환경에 불확실성과 위험이 클 것이다. 미국을 포함한 중국의 무역 상대국들은 중국 물품에 높은 관세를 물릴 수도 있을 것이다. 이러한 관세는 몇 배로 뛰며 높은 수준에 이를 수도 있다. (물론 중국은 관세를 부과하거나 다른 비관세 장벽을 이용하여 보복할 것이다.)

이러한 불확실성은 상식적인 경영자라면 최대한 피하고 싶어 할 리스크다. 비용에 민감한 CEO는 중국이 WTO 회원국이 아니라면 중국에 주요 조립 공정을 설치하지 않으려 할 것이다. WTO 가입 국 자격이 없다면 차별과 불확실성은 불 보듯 뻔하기 때문이다. 결국 WTO에 가입함으로써 중국은 그 부정적인 요소들을 제거해 무역 의 바다를 순조롭게 항해할 수 있게 되었다.

만약 중국이 WTO 미가입국이라면 아이폰 제조가 어떻게 될 것 인지에 대한 분석이 제시하듯 조립 기지 유치에는 수요 측면이 중요 할 것이다. 중국이 제조 공정을 얼마나 효율적으로 운영하든 간에 세계에서 가장 큰 소비 시장인 미국에 대한 시장 접근이 불리하고 예측 불가했다면 '세계의 공장'으로서의 중국이 가능했을까?

미국의 결심이 없었다면 중국이 세계 무역 체제에 편입될 수 없었 을 것이고 중국이 세계의 공장으로 자리매김하는 거대한 제조업 국 가로의 전환도 불가능했을 것이다. 아무리 싸고 좋은 물건을 만들어 내어도 내다 팔 시장이 없으면 그 제품을 만들어낸 노동자의 임금 지불도 어렵고 공장을 확장하는 것은 더구나 어려울 것이다. 물론 수요가 불확실한데 투자가 이루어지긴 어려운 법이다.

근대 경제학의 창시자로 추앙받는 애덤 스미스가 1776년 《국부 론》에서 '시장의 규모는 수요에 따라 정해진다Division of labor is limited by the extent of market'라고 한 통찰은 21세기인 지금도 유효하다. 이런 관점에서 보면 미국은 중국의 경제 기적 역사의 공동 저자라 해도 그리 과장된 표현이 아니다.

중국의 WTO 가입, 15년의 대장정

2001년 12월 10일 카타르 도하 WTO 각료회의장. 중국의 WTO 가입이 확정되었다. 15년의 길고 긴 협상 끝에 중국이 드디어 WTO에 가입한 것이다. 1978년 개혁개방으로 선회한 후 세계와의 무역으로 중국 인민을 빈곤에서 탈출시키는 데 성공한 중국으로서는 감격스러운 순간이 아닐 수 없었다.

"15년은 긴 시간이었다. 만약 중국이 수월하게 가입했더라면 지금과 같은 시장화와 현대화는 이루지 못했을 것이다. WTO 가입은 동전의 양면과 같다. 이제는 성장 엔진을 유지한 채 중국의 경제 체제를 글로벌 스탠더드에 맞추는 것이 시급하다."

감회에 젖은 스광성石廣生 중국 대외무역경제합작부장의 소회는 중국의 WTO 가입과정의 어려움을 토로하면서 중국이 풀어야 하는 숙제가 무엇인지도 보여주었다. 중국인이 꼽은 중국 현대사의 가장 중요한 사건은 당연히 중화인민공화국의 수립이다. 그렇다면 두 번째로 가장 중요한 사건은 무엇일까? 바로 중국의 WTO 가입이다. 정말 놀랍지 않은가.

문화혁명이나 천안문 사건보다 WTO 가입을 더 중요하게 생각한다는 것이 의외이지만 이것은 중국을 이해하는 열쇠이기도 하다. 1950년대 후반 대약진 운동의 참담한 실패와 1960년대 중반 문화혁명을 거치면서 파탄 직전에 이른 경제를 1970년대 말 개혁개방으로 방향을 급선회하여 도시화 추진, 제조업 부흥으로 경제를 회생시키는 과정에서 결정적인 역할을 한 것은 바로 외국인 투자와 외국 시장이었다. 외국인 투자가 있었기에 산업화를 추진할 수 있는 공장 건설이 가능했고, 외국 시장이 있었기에 그 공장에서 생산한 제품을 수출할 수 있었다. 문제는 중국 제품을 수입하는 국가들이 관세를 매기는데 그 관세가 중국 제품과 경쟁하는 다른 국가 제품의 관세보다 높다는 것이었다. 공산주의 중국과 외교 관계를 수립하지 않은 국가에 이것은 너무나 자연스러운 것이었다.

중국이 세계 시장에 자신의 상품을 분주히 실어 나르던 20세기 후반, 그때를 지배하던 국제 무역 시스템은 GATT(General Agreement on Tariffs and Trade, 관세 및 무역에 관한 일반 협정) 체제였다. GATT 체제의 핵심은 회원들 간 무역 거래에 적용되는 최혜국 대우 원칙이다. 최혜국 대우는 상품을 수입할 때 모든 회원국에 똑같은 관세를 적용한다는 것이다.

예를 들어 미국이 야구공을 수입하는데 일본산 야구공에 10% 관세를 매긴다면 한국산 야구공에도 10% 관세를 매긴다는 것을 의미한다. 중국은 GATT 회원국이 아니기 때문에 미국은 50%를 매길 수도 있고, 100%를 매길 수도 있고, 미국과 정치 체제가 다르기 때문에 아예 중국으로부터 야구공 수입을 금지할 수도 있다. 야구공뿐만 아니라 모든 중국산 상품의 수입을 금지할 수도 있다. 미국이 중국산 상품을 얼마나 수입할지, 수입을 허용한 각 상품마다 얼마의 관세를 물릴지는 수입하는 미국 마음이다. 그러니 세계에서 가장 큰 미국 시장을 중국이 외면하고 무역을 통한 경제 성장을 추구할 수는 없는 노릇이 아닌가. 미국의 지렛대는 세계 최대의 소비 시장이다.

밀린 빨랫감 해치우기

타이베이의 중화민국을 버리고 베이징의 중화인민공화국을 정식 외교 파트너로 선택한 리처드 닉슨 대통령 이후 미국으로의 수출 길이 열리긴 했으나 관세에 관한 결정은 오롯이 미국이 쥐고 있었다. 미국은 중국과 1979년 정식 수교한 이후 GATT에 가입하지 않는 중국에 GATT 회원국에만 적용하는 최혜국 대우를 준용하는 결정을 하면서 매년 갱신 여부를 심사했다. 찬밥, 더운밥 따질 처지가 아니었던 중국은 이마저 감지덕지로 받아들였지만 중국의 눈부신 성장이 계속되면서 미국의 이런 국내 정치적인 절차는 중국에 귀찮은 존재이자 자존심을 손상시키는 존재로 바뀌게 된다.

1989년 천안문광장 민주화 시위를 중국 정부가 무력으로 진압하면서 미중 관계가 급냉각되고 미국 내에서 중국의 인권 문제에 대한 강력한 압박이 제기되면서 미국 정부는 중국을 다른 GATT 회원국과 동등하게 취급할지, 즉 미국법이 규정하는 NTR(Normal Trade Relations, 정상 무역 관계)을 부여할지 여부를 매년 의회에서 심사하게 된다. 매년 중국에 최혜국 대우를 갱신할 때마다 중국의 인권 상황 개선이 뜨거운 감자가 되었다. 중국은 내정 간섭이라고 강력하게 반발하면서 미중 관계는 갈등 국면으로 치달았다. 매년 봄 미국 수도 워싱턴의 벚꽃이 화려하게 물들 때마다 최혜국 대우와 인권 개선을 연계해야 한다는 인권 단체와 무역 관계가 지나치게 정치화하는 것을 원치 않는 중국과 거래 관계에 있는 기업 간의 난타전이 벌어졌다.

베이징으로서는 워싱턴의 이러한 야단법석이 결코 반가울 리 없었다. 매년 자신의 인권 상황이 세계인의 주목을 받게 되는 상황을 베이징은 피하고 싶었다. 중국이 이런 골칫거리를 근본적으로 해결하는 해법은 GATT 가입이었다. 중국은 1980년대부터 GATT 가입 의사를 본격화하기 시작했다.

중국의 GATT 가입이 확정된 것은 2001년 12월이었다. GATT에 가입 신청서를 제출한 1986년 10월부터 무려 15년의 세월이 지난 후였다. 정확하게 말하면 2001년 12월 중국은 GATT 아닌 WTO에 가입했다. 중국이 애초 목표로 삼았던 것은 1986년 출범한 우루과이라운드가 종료될 때까지 가입 협상을 마무리 짓는 것이었지만 그 의도는 달성되지 못했다. 중국은 1947년 GATT가 태동할 때 서명한 최초 23개국 중 하나였다. 이때 협상에 참여한 중국은 장제스蔣介石의 국민당 정부였는데 1949년 중국 공산당이 중국을 통일하고 국민당이 대만으로 패주하면서 국민당의 중국은 1950년 GATT에서 탈퇴를 선언했고 중국은 GATT 체제 바깥에 머물게 된 것이다.

우루과이라운드가 타결되고 그 결과 1995년 1월 WTO가 출범했지만 중국은 새로 출범하는 WTO 다자 체제에 승선하지 못했다. WTO 체제는 1948년 출범한 GATT 외에 우루과이라운드에서 새로 타결된 서비스 교역에 관한 일반 협정(GATS, General Agreement on Trade in Services)과 무역 관련 지적 재산권 협정(TRIPs, Trade Related Intellectual Properties)까지 포함하는 광범위한 다자 협정 체제였다. 상품 분야 협상만을 하던 중국은 WTO 가입을 위해 서비스 분야 협상도 하고 지적 재산권 협정도 수용할 수 있도록 국내 제도를 개혁해야만 했다.

GATT 가입에서 WTO 가입으로 목표가 수정된 중국은 훨씬 더 광범위한 분야의 협상을 준비해야 했고 국내 제도를 정비하고 개혁해야 하는 이중 과제에 봉착하게 되었다. 더 높은 산을 넘어야 했고 새로운 강을 건너야 했다. 관세, 비관세 장벽, 금융 서비스, 보험, 통신, 노동 기준, 국영 기업, 투자, 농업, 중국의 국내 법규 체계 등 많은 쟁점들이 협상 의제가 되었다.

중국과 가입 협상을 하는 국가들은 자국 기업들이 중국 시장에서 경험하고 있던 모든 어려움을 밀린 빨랫감처럼 고스란히 협상 테이블에 쏟아부었다. 중국은 그 많은 빨랫감을 다 세탁할 수는 없다고 버티었다. 빨랫감 중 그들이 세탁할 수 있는 것, 세탁하고 싶은 것만 골라내고 싶었다. 가장 많은 빨랫감을 쏟아낸 미국은 그 빨랫감들 모두 다, 그것도 오늘 중으로 다 세탁하라고 다그쳤다.

미국은 중국의 WTO 가입 협상을 중국의 개방을 확대하고 국내 제도를 국제적 기준에 부합되게 투명하고 합리적으로 변화시킬 수 있는 절호의 기회로 삼았다. 미국의 강력한 통상 압력은 중국 개혁파들이 국내 개혁을 적극적으로 추진할 수 있는 명분을 제공했다. 중국은 1995년 11월 WTO에 새로운 가입 신청서를 제출했고 WTO 기존 가입 주요 국가들과의 협상을 거쳐 2001년 12월 WTO의 143번째 회원국으로 인정받았다.

중국의 개혁개방은 '지도 없는 여정'이었다. 1989년 천안문 민주화 시위를 공산당이 무력으로 진압한 이후 중국은 위기에 처했다. 세계는 중국에 대한 제재를 가하기 시작했고 중국 집권 세력 내부에서는 개혁개방 노선에 대한 회의론이 고개를 들면서 이념 갈등이 격화되었다. 중국이 가야 할 길이 불투명해진 암울한 상황에서 1992년 덩샤오핑은 선전, 주하이 등 남방 경제 특구를 찾아가 지속적인 개방과 개혁의 중요성을 강조하는 담화를 발표하면서 공산당 지도부를 압박했다. 머뭇거리던 중국은 다시 뚜벅뚜벅 개혁과 개방의 길을 걸어 가기로 결정했다. 개혁과 개방의 모멘텀은 간신히 유지되었다. 그 길은 2001년 중국의 WTO 가입으로 이어졌던 것이다.

중국은 분명 다른 개도국보다 더 큰 폭의 시장 개방을 요구받았고 그 때문에 WTO 가입을 추진하는 과정에서 내부적인 갈등도 적지 않았다. 미국이 개방 요구 폭과 범위가 중국이 생각한 것보다 훨씬 깊고 넓었기 때문에 중국 강경파들의 반발도 거세었다. 개혁 성향의 주룽지朱鎔基 총리의 과단성 있는 리더십이 아니었다면 판은 뒤집어질 뻔했다. 협상이 막바지로 치닫던 1999년 5월 미국이 세르비아의 수도 베오그라드의 중국 대사관을 잘못 폭격하여 세 명의 중국 기자들이 사망하는 상상하기 어려운 돌발 사태 때문에 파국으로 치닫는 우여곡절을 겪기도 했다.

WTO 가입 협상 과정에서 반드시 넘어야 하는 큰 산인 미국과 EU는 중국에 더 많은 즉시 개방을 요구했고, 중국은 일부 즉시 개방, 대부분은 가입 이후 단계적 개방 전략으로 맞섰다. 중국은 수입 관세를 평균 17%에서 9% 수준으로 인하하고 WTO의 대원칙인 비차별, 투명성을 중국의 규제 제도에 도입할 것을 약속했다. 외국 기업을 중국 국내 기업과 차별하지 않고, 모든 규제는 공표되며 공개된 법령 등 규정에 따라 이루어질 것을 약속했다. 지적 재산권 보호, 수입할당제도 폐지, 자의적 기술표준선정 금지 등 WTO 협정의 기본 의무를 준수한다는 약속도 가입 협정에 명문화했다. 도매, 소매 등 유통 서비스 분야도 개방되어 외국의 대형 유통 매장이나 가구 업체들의 중국 진출 길이 열렸다.

고속도로를 달리는
중국을 막아라

미국은 중국의 WTO 가입을 후회하는가

중국의 WTO 가입을 사실상 결정지었던 미중 합의를 의회에서 비준시키는 데 성공한 클린턴 대통령은 중국의 WTO 가입을 "1970년대 중국이 국제무대로 나온 이후 중국의 긍정적인 변화를 가져올 수 있는 가장 의미심장한 기회"라고 주장했다. 2000년 중국과의 무역 관계에 PNTR(Permanent Normal Trade Relations, 항구적 정상무역 관계)을 부여하는 법안에 서명하면서, 클린턴 대통령은 중국 국영 산업들의 보호막이 약해지면서 중국은 중국 공산당 권력의 원천인 국가 주도 경제 체제로부터 급속하게 이탈할 것이라고 희망을 피력했었다.

그로부터 17년이 흐른 2017년, 그의 말에 동의하는 미국 정치인은 얼마나 될까. 중국의 국가 주도 경제는 급속한 이탈은커녕 오히려 강화되고 있다. 중국 공산당은 후퇴는커녕 경제의 모든 부분에 장악력을 강화하고 있다. IT 분야 등 몇몇 분야에서 민간 기업의 경이로운 성장에도 불구하고 중국 경제 체제의 구조적 본질은 조금도 변하지 않았다.

중국은 처음부터 개방과 개혁을 지속하여 시장경제화로의 길을 갈 생각이 아예 없었던 것일까? 중국의 WTO 가입 협상을 지휘했던 미국 무역대표부 샬린 바르셰프스키Charliene Barshefsky는 이렇게 회고한다. "그러한 희망은 2006년부터 희미해지기 시작했다. 이때쯤부터 중국은 개혁과 변화에 등을 돌리고 정부 주도 체제를 강화하고 외국 기업을 차별화하는 중국 모델을 본격화했다."

첫째는 중국의 퇴행, 둘째는 미국의 미온적인 대처 때문이었다. 이 둘이 합쳐 지금과 같은 상황에 이르렀다는 것이 바르셰프스키의 진단이다. 중국이 개혁과 변화의 길에서 후퇴하고 WTO 가입 당시 약속을 위반함에도 미국과 다른 국가들이 미온적으로 대처했음을 지적했다. 강제 기술 이전, 시장 교란 행위 등 중국 특색의 불공정 행위들을 면밀하게 검토하고 본격적으로 대처하지 못한 탓에 사태가 악화되는 것을 키웠다는 것이 그러한 평가이다.

또한 오바마 행정부 8년 동안 미국은 중국의 퇴행적인 변화를 저지하는 데 실패했다. 오바마는 중국에 대해 미온적이었다. 2016~2017년 중국의 WTO 이행 보고서의 결론을 대비해 보면 오바마와 트럼프의 차이는 극명해진다. 2016년과 2017년 사이에 중국의 불공정 무역 행위가 본질적으로 변한 것은 없다. 중국은 이미 수년 전 클린턴이 희망했던 '정부 주도 경제에서 멀어지고 시장경제의 길로 변화하는' 개혁과 개방을 사실상 중단했다.

공산당은 경제의 전면에 나서기 시작했고, 공급 과잉의 주범인 국영 기업들은 퇴출은커녕 더욱 존재감을 키워갔다. 당의 국영 기업 통제와 장악은 더욱 강해졌다. 미국이 바라고 희망했던 중국의 시장 경제화가 허망한 꿈이었다는 사실은 이미 오바마 행정부 때 판명 났다. 그럼에도 불구하고 2016년 미국 무역 대표부의 중국 WTO 이행 보고서는 '대화와 WTO를 통해 문제를 해결하겠다'는 결론을 내놓고 있다.

반면 2017년 보고서는 판이한 결론에 도달한다.

"WTO 규정만으로 중국의 시장 왜곡 행태를 제지할 수 없음은 이제 분명해졌다. 중국 정부의 문제 소지가 있는 정책과 행태들이 WTO에 제소되고 중국이 패소해서 중국이 WTO 규정을 위반하고 그들의 약속을 방기하고 있음을 밝혀내긴 하지만 대부분의 무역 마찰은 WTO 규정이나 중국의 가입 약속으로는 규율할 수 없는 것들이다. 불편한 진실은 WTO 규정이 중국 같은 정부 주도 경제를 염두에 두고 만들어진 것이 아니라는 점이다. 중국의 WTO 가입 약속은 중국이 WTO에 가입하던 2001년 그때 당시 중국의 정부 주도 정책과 행태를 일정 부분 변화시켰지만 그후 중국은 더 교묘하고 정교한 정책과 행태를 도입하면서 정부 주도 체제를 더욱 강화했다."

"지난 15년 이상 동안 미국은 중국의 국가 주도, 중상주의적 무역 체제의 의미 있고 근본적인 변화를 추구하기 위해 중국과 협력적인 고위급 대화에 의존해왔다. 이런 평화적인 노력은 실패했다. 이제 미국은 앞으로 나아가기 위해 이행에 노력을 쏟을 계획이다. WTO 분쟁 해결 절차 이외에 미국 무역법 체계에서 허용되는 다른 필요한 방법을 모두 동원할 것이다. 미국은 너무 오래 참았다."

트럼프의 미국은 중국과의 무역 갈등을 WTO를 통해 해소할 수 있다는 생각을 집어 던졌다.

"중국 정부가 진정으로 시장 중심 경쟁 체제에 확신이 없는데 WTO 이행 조치만으로 경제 대국 중국의 변화를 가져올 수 있다고 믿는다면 그것은 너무나 비현실적이다. 미국과 중국의 무역 갈등을 WTO 제소만으로 해결할 수 있다는 발상은 좋게 말하면 순진하고, 나쁘게 말하면 정책 담당자들이 중국의 비시장 체제의 심각한 도전을 제대로 대응하지 못하게 만든다."

중국의 WTO 가입을 추진했던 미국의 정치 지도자들, 응원 부대였던 싱크탱크의 전문가들은 '우리가 중국 체제의 속성에 대해 너무나 무지하고 오만했다'는 고해성사를 하기에 이르렀다.

미국의 중국 봉쇄령

2001년 중국의 WTO 가입 이후, 중국의 대미 수출 증가세는 마치 비행기가 활주로를 날아올라 수직 상승하는 모습을 연상케 했다. 세계 최대 시장인 미국이 '다른 국가들과 같은 조건으로' 중국 상품의 수입에 시장을 열어준 결과였다. WTO 가입 이전에는 그 동등한 조건을 받아낼지의 여부를 미국 의회의 연례 심사에 맡겨두어야 했던 정치적인 위험이 사라지면서 중국은 '세계의 공장'으로 등극하게 되었다. 중국 제조업에 투자가 몰리고, 규모는 확장되고, 수출은 증가하고, 증가된 수출은 새로운 투자를 만들어 내고…. 확대재생산의 메커니즘이 작동하기 시작했던 것이다.

중국의 WTO 가입 후 중국 제조업은 독일을 제치고, 일본을 추월하고, 미국까지 넘어섰다. 중국은 세계 최대의 제조업 국가가 되었다. 중국을 최종 조립지로 하고, 기술과 핵심 부품은 미국, 독일, 일본, 한국 등에 의존하는 이른바 글로벌 가치사슬Global Value Chain이 만들어지고 확대되었다. 'Made in China'이지만 실상은 'Made in World'인 전 세계를 상대로 한 분업 구조가 만들어졌던 것이다.

이 세계적인 분업 구조에서 제품의 모든 공정을 처음부터 끝까지 책임지는 국가는 없다. 나라마다 가진 경쟁 우위 요소에 따라 공정의 일부가 이루어질 따름이다. 이 구도에서 중국이 가진 경쟁 우위는 노동력이었다. 그냥 노동력이 아닌, 거대한 노동력이었다. 저렴한 임금에 얼마든지 고용할 수 있는 노동력. 의류, 완구, 가구 등 노동 집약적 산업이 중국을 최종 조립지로 만드는 것은 너무나 당연한 일이었다. 일본, 한국, 대만의 제조업 자본과 경영 경험이 중국으로 몰려왔다. 이들 국가에선 이미 포화 상태에 도달한 의류, 완구, 가구 산업의 출구를 중국이 제공했던 것이다. 미국은 시장을 제공했다.

2001년 WTO 가입 후 중국의 무역 성장세는 거침이 없었다. 세계 최대 시장인 미국에 다른 국가들과 같은 조건으로 시장 접근을 획득한 중국은 질주에 질주를 거듭했다. 2007년 독일을 제치고 세계 3위 경제 대국으로 부상했고, 2010년 일본을 제치고 세계 2위 경제 대국으로 등극했다. 21세기가 시작될 때 미국 경제의 10% 규모이던 중국은 이제 65% 규모까지 치고 올라왔다.

21세기가 막 시작될 때 미국 경제는 세계 경제의 30%를 책임졌다. 중국은 단 3.5%였다. 그로부터 16년, 미국은 세계 경제의 25%, 중국은 15%를 책임진다. 불과 16년의 시간 동안 중국은 압축적으로 거대하게 팽창했다. 미국과 중국의 격차는 더 좁혀졌다. 그래서 미국은 맹렬히 추격해 오는 중국이 두려워지기 시작했던 것이다. 중국은 곧 미국을 따라잡을 수 있다는 자신감과 확신에 사로잡혀 있다. 중국의 어마어마한 자신감을 가능케 한 것은 미국이 지지한 중국의 WTO 가입이었다. 중국이 WTO 가입하게 되면 중국의 정치개혁을 촉발할 것이라던 클린턴 대통령의 장미빛 희망과는 달리, WTO가 깔아준 무역의 고속도로를 질주하면서 세계 최대의 무역 국가로 성장한 중국 경제의 기적은 중국 공산당의 일당 독재의 정당성을 오히려 강화시켜주었다. 미국은 WTO를 중국정치개혁의 트로이 목마가 되는 극본을 기획했는데, 중국은 WTO를 공산당 독재를 더 공고히 하는 수단으로 활용하는 자신만의 극본을 가지고 있었다. 미국 정치는 벼락을 맞은 듯이 장미빛 꿈에서 깨어났다. 중국은 더 이상 개발도상국이 아니라 미국의 패권을 위협하는 무서운 경쟁자로 등장했다.

미국의 불만은 그 고속도로가 쌍방향이 아닌 중국에서 미국으로만 열린 일방향이라는 것이다. 2016년 미국 대선에 투영된 중국의 모습은 불공정 대국이다. '열린 미국 시장'의 혜택을 마음껏 누리면서 자국 시장은 폐쇄된 국가인 것이다. 'I win, you win, we all win(내가 이기고, 당신도 이기고, 우리가 모두 이긴다)'이라는 국제 무역의 대원칙을 어기면서 'I win, you lose(나는 이기고, 당신은 진다)'를 추구하는 불공정 국가다.

세계 최대 시장인 미국 덕분에 세계 최대 수출국이 되었지만 미국 제품의 수입에는 인색한 국가. 한 해 미국에 5,000억 달러를 수출하는데 미국으로부터 수입은 고작 1,500억 달러인 국가. 그래서 연간 미국으로부터 무역 흑자가 3,500억 달러인 국가. 하루 평균 10억 달러의 무역수지 흑자인 국가. 이 규모는 미국 전체 무역수지 적자의 절반에 해당한다.

미국은 이제 와서 중국의 고속도로 진입을 후회하고 있다. 15년에 걸친 중국과의 가입 협상을 통해 비싼 통행료를 받아내었고 과속

운전, 반칙 운전을 하지 않겠다는 다짐까지 중국으로부터 받아내었다. 하지만 과속과 반칙을 적발해야 하는 경찰력은 무능하고 과태료는 터무니없이 싸고 범칙금 고지서를 발부해도 중국은 '당신들도 예전에 반칙했는데 왜 나만 못살게 구느냐'고 항변하면서 납부를 거부한다는 것이 미국의 생각이다.

트럼프 대통령은 고속도로에 더 많은 경찰과 순찰차를 투입하는 것으로는 중국의 난폭 주행을 막을 수 없다는 결론에 도달했다. 중국을 고속도로에서 끌어 내릴 수도 없다. 그래서 트럼프는 고속도로를 무용지물로 만들고 그와 생각을 같이하는 국가에만 진입을 허용하는 새로운 길을 만들려고 한다. 중국을 세계 통상 체제에서 고립시키는 것이 그 목표다.

어떤 헤어질 결심

'역사의 종언'의 종언

2017년 8월, 트럼프 대통령은 중국이 미국의 지적 재산권을 침해한다면서 301조Section 310 조사 개시를 명령한 이후 중국을 정조준해왔다. 6개월이 넘는 조사 끝에 2018년 3월 2일 내놓은 USTR 301조 보고서는 무려 215페이지에 걸쳐 중국의 위반을 조목조목 제시했다. 그 핵심은 다음의 네 가지로 요약된다.

1. 중국은 합작 투자, 외국인 지분 제한, 행정 심사, 허가 등 외국인 투자 제한 제도를 사용하여 외국 기업들로부터 기술 이전을 요

구하거나 압박한다.

2. 중국은 미국 기업이 중국 기업에 비정상적인 조건으로 기술을 허가하도록 강요한다. 중국 기업이 다른 중국 기업에 기술을 허가하는 조건보다 더 불리하게 강요한다.

3. 중국 정부는 첨단 기술과 지식재산권을 획득하여 중국 기업에 이전하기 위한 목적으로 중국 기업들의 해외 투자와 인수 합병을 조직적으로 추진하고 지시한다. 여기에는 중앙 정부, 지방 정부 모두 깊숙이 개입되어 있다.

4. 중국은 미국 기업의 전산망에 침투하여 민감한 영업 정보, 기업 기밀을 빼내간다.

미국은 중국의 만성적이고 천문학적인 무역수지 적자만을 노리는 것이 아니다. 중국의 기술 굴기를 막지 못하면 경제 패권이 위협받는다는 위기의식을 가지고 있다. 미국의 불만이 새삼스러운 것이 아니다. 오바마 행정부 8년 내내 미국은 같은 문제를 틈날 때마다 제기해왔지만 중국은 이런저런 핑계로 요리조리 빠져나왔다.

2018년 3월 백악관. "중국은 우리에게 5,040억 달러 규모의 무역수지 적자를 안겨주고 있다. 누구는 3,750억 달러라고도 한다. 세계 역사에서 이런 대규모 무역수지 적자는 유례가 없다. 이건, 정말, 말도 안 되는 것이다. 지적 재산권intellectual property 도둑질은 계속되고 있고 그 피해액은 수천억 달러가 될 것이다."

2018년 3월 22일, 백악관에서 트럼프 대통령은 기염을 토했다. 그날 미국 대통령은 '중국의 경제 침략 저지를 위한 대통령 각서Presidential Memorandum Targeting China's Economic Aggression'에 서명했다. 초봄의 기운이 물씬 풍기는 백악관에서 집권 1년 2개월이 지난 트럼프 대통령은 중국을 상대로 거침없이 말을 쏟아냈다.

"중국이 우리에게 자동차 관세 25%를 매기는데, 우리는 고작 2% 자동차 관세만 매긴다면 그것은 말도 안 된다. 중국은 이런 차이를 이용해서 경제를 발전시켰다. WTO 출범 이후 우리가 중국에 가져다준 그 엄청난 부는 미국에는 재앙이었다. 불공정하기 이를 데가 없다. 분쟁 판정도 무척이나 불공정하다."

"지금 우리가 미국을 위해 중국과 격돌하고 있는 것은 이전 정치 지도자들이 수년 전 이미 했어야 마땅한 것들이다. 내가 대통령으로 당선된 이유 가운데 하나이기도 하다."

"여기서 핵심은 상호주의이다. 그들이 우리에게 하듯이 우리도 똑같이 해야 한다. 지난 수십 년 동안 우린 그렇게 하지 못했다."

세계 최대 경제 대국인 미국이 세계 최대 무역국인 중국을 향해 경제 침략을 선언한 것은 영화의 한 장면이 아닌, 실제 상황이다. 미국 대통령은 중국을 상대로 관세 폭탄을 투하하겠다고 선언했다. 중국의 시진핑 주석 역시, 미국에 대항해서 똑같은 사이즈의 관세 폭탄을 미국으로 쏘겠다고 맞대응했다.

미국과 소련 간의 냉전이 1990년대 초반 소련의 붕괴와 동유럽 공산 체제의 몰락으로 막을 내리고 세계가 글로벌라이제이션 globalization이라는 시대적 물결을 타면서 끝없는 평화와 번영의 시대가 도래할 것이라는 믿음은 도전받고 있었다.

한때 G2라고 불리며 세계 경제를 견인하고 국제 통상 체제를 책임질 것으로 기대했던 미국과 중국은 서로를 향해 관세, 비관세, 투자, 인적 교류 폭탄을 쏘아대는 경쟁국으로 변화했다. 자본주의 시장경제의 승리로 체제 경쟁이 끝났다고 주장했던 'End of history(역사의 종언)'는 21세기 처음 20년이 끝나기도 전에 'End of end of history(역사의 종언의 종언)'로 뒤바뀌고 있었다.

신냉전의 초입에서

2018년 7월. 트럼프는 500억 달러의 중국 수입품에 25% 관세를 부과하는 조치를 단행했다. 그의 집권 첫해인 2017년 여름 시작된 중국의 지적 재산권 위반 조사 결과에 따른 조치라는 설명이 붙었다. 시진핑의 중국도 즉시 500억 달러어치의 미국 수입품에 25% 관세 부과로 맞섰다. 중국이 맞대응하면 더 강력한 관세 폭탄을 투하하겠다고 공언했던 트럼프 대통령은 2,000억 달러의 중국 수입품에 대한 10% 추가 관세를 지시했다. 한 걸음 더 나아가 그는 2019년 1월부터 10% 관세를 25%로 인상하겠다고 위협했다.

세계 경제 규모 1, 2위 국가가 관세 폭탄으로 상대를 폭격하는 초유의 사태. 무역전쟁trade war이라는 단어 외에는 달리 적절한 표현이 없다. 트럼프 대통령은 무엇을 원하는가? 그는 2016년 대선 유세 과정 내내, "중국이 미국을 겁탈하고 있다China is raping us"라고 목소리를 높여 왔었다. 중국의 천문학적인 대미 무역수지 흑자-하루 10억 달러, 한 해 3,650억 달러 수준(3,650억 달러 무역수지 흑자는 미국에서 중국으로 수출액의 거의 세 배와 맞먹는다)-를 미국의 일자리를 빼앗고 미국 경제를 침탈하는 행위와 동일시해온 트럼프는 무역수지 적자를 획기적으로 줄일 것을 요구하고 있다.

무역수지만이 문제는 아니다. 미국은 경기장이 중국 측에 유리하게 기울어져 있다고 주장한다. 기울어진 운동장uneven playing field에선 아무리 상대 진영을 향해 공을 차도 그 공은 다시 미국 측으로 되돌아온다. 경기하는 선수들에게 공정하게 규칙을 적용해야 할 심판도 중국 편만 유리하게 판정한다고 불만이다. 그 심판은 틈만 나면 중국 편에 유리하도록 공을 슬쩍 옮겨놓기도 한다고 미국 측은 잔뜩 화가 나 있다.

2018년 10월 4일, 마이크 펜스Mike Pence 미국 부통령은 워싱턴의 싱크탱크인 허드슨 연구소Hudson Institute에서의 연설에서 "40년간 미국의 대 중국 포용 정책은 실패했다"고 선언했다. 그는 중국이 각종 불법 행위로 미국 경제를 침탈하고 미국 안보를 위협하고 있다고 공개적으로 비난하면서 중국을 미국 경제와 안보를 위협하는 패권국가로 규정했다.

그의 인식은 트럼프 행정부가 집권한 첫해 2017년 12월 세상에 나온 국가안보전략National Security Strategy 보고서에서 중국을 미국과 경쟁하는 패권 국가로 규정한 인식의 연장선상에 있다. 부통령은 이 연설에서 중국학자와 유학생들이 미국 내 중국의 정치적 영향력을 강화하는 데 이용되고 있다고 주장했다. 이런 주장을 뒷받침하는 사례들은 수시로 미국 언론에 보도되곤 했지만 미국 권력의 최상층부가 공식적인 자리에서 공개적으로 작심 발언을 한 것은 대단히 이례적인 일이다. 2018년 10월 펜스 부통령의 연설은 미국의 대 중국 냉전 선언 포고문으로 평가된다.

연설에서 펜스 부통령은 "중국은 다른 미국 대통령을 원한다"라며 중국을 거칠게 몰아붙였다. '열린 사회open society'인 미국의 특성을 중국이 어떻게 활용하여 침투한 뒤 그들의 핵심 이익core interests을 선전하는지 펜스는 연설에서 구체적으로 설명했다. 중국 유학생과 중국 학자가 중국 공산당의 스파이일 수도 있다는 암시를 했다. 공해Open Sea인 남중국해를 항해하는 미국 군함을 중국 군함이 추격해 와서 밀어내려는 시도를 했고, 충돌할 뻔한 일촉즉발의 상황을 소개하면서 국제법을 위반하는 중국의 패권 추구 야욕을 맹렬하게 비난했다.

미국은 중국이 더 강력해지기 전에 그 기세를 꺾으려고 작심하고 있다. 과거와 같은 방식으로 중국을 다루면 중국의 난폭 운전, 광폭 질주는 계속될 것이고 어느 순간부터는 미국도 막을 수 없는 상황으로까지 내몰릴 것이라고 미국은 우려하고 있다. 이점에 대해서는 미국 내 초당적인 합의가 형성되어 있다.

중국을 '꿀이 흐르는 시장'으로만 바라보던 기업들의 시각도 변했다. '시장을 내어줄 테니 기술을 내어놓아라'는 중국식 거래 방식을 수용해온 미국 기업들은 더 이상 그런 거래에 참지 않을 태세이다. 더 큰 이익을 위해 중국의 상표 베끼기, 디자인 도용, 영업 비밀 침탈을 쉬쉬해온 그들은 이제 침묵을 깨고 증언대 위에 올라서고 있다.

중국은 시장을 도입했지만 그 시장의 핵심은 경쟁은 허용하지 않는 독특한 제도임을 미국은 이제야 깨달았다. 중국은 열린 미국 시장에서 미국 기술과 브랜드를 사냥해 가지만 중국 투자의 배후에는 중국 정부, 그 뒤에는 중국 공산당의 비밀스러운 계획이 있다는 의혹을 미국은 가지고 있다. 이런 불공정한 관계를 그대로 유지하는 한, 중국의 무한 질주는 계속되고 미국의 패권은 위협받는다는 생각이 미중 무역전쟁의 바닥에 깔려 있다.

트럼프 발 중국 고립 전략은 2018년 9월 말 타결된 '미국-멕시코-캐나다 협정(USMCA, United States-Mexico-Canada Agreement)'에서 극명하게 나타나 있다. 협정 32조 10항에 따르면, '미국, 멕시코, 캐나다 삼국 중 하나가 비시장경제국(NME, non-market economy)과 FTA

를 체결하는 경우, 다른 두 국가는 삼국 간의 협정을 종료하고 양자 간 FTA로 대체할 수 있다고 규정하고 있다. 물론 그 대상이 중국이라는 사실은 중국이 더 잘 알고 있다.

시진핑이 이끄는 중국은 미국과의 무역전쟁이 쉽게 끝나지 않을 것을 잘 알고 있다. 개혁개방 40주년을 맞이한 중국 지도부가 세계 통상 체제와의 연결고리를 더 단단하게 하는 개혁개방이 아닌, 자력갱생과 자립을 강조했다는 것은 미국과의 길고도 험난한 싸움을 중국 스스로 각오하고 있음을 의미한다. 미중 무역전쟁 발발 초기에 미중 간의 갈등이 무역 문제로 국한되길 희망했던 중국은 이제 없다. 중국은 미중 무역전쟁의 본질이 패권 경쟁임을 더 이상 숨기지 않는다.

★ ★ ★ ★ ★

TRUMP
AGAIN

★ ★ ★ ★ ★

PART 2

세계 질서를
재편하는 신냉전

무역전쟁의 시작:
관세 폭탄

미국이 중국에 요구한 항복 문서

트럼프는 어느 미국 대통령도 하지 못한 방법으로 중국을 협상장으로 이끌어내는 데 성공했다. 트럼프가 꺼내든 카드는 관세였다. 관세 인상으로 중국을 압박하여 스스로 협상장으로 나오도록 만드는 것이다. 미국의 대중국 관세 인상에 중국이 맞대응으로 나오더라도 중국의 미국 수출액이 미국의 중국 수출액보다 압도적으로 많기 때문에 중국은 미국의 요구를 순순히 들어주든지 아니면 협상장으로 나올 것이라는 것이 그의 생각이었다.

관세 인상에는 명분이 필요했다. 미국은 중국의 지적 재산권 위반 조사 개시를 2017년 여름에 시작했다. 중국이 미국의 지적 재산권을 지속적으로 조직적으로 대규모로 도용했다는 조사 보고서가 나온 2018년 3월, 미국은 대중국 무역전쟁을 선포하였다. 트럼프는 미국을 무역수지 적자로 만든 국가와 무역전쟁을 벌이는 것은 선한 것이라고 말한다. 또한 그 전쟁은 쉽게 이길 수 있다며 의기양양하게 자신의 트위터에 올렸다.

'미국이 거의 모든 나라와 무역에서 수천억 달러 적자를 기록하고 있는 상황에서 무역전쟁은 좋은 것이다. 그리고 쉽게 이길 수 있다. 예를 들어 미국이 어느 국가와의 무역에서 1,000억 달러 적자를 보고 있다면 그 국가와 무역을 중단하면 우린 이긴다. 얼마나 쉬운가!'

2018년 3월, 중국이 미국의 지식재산권을 조직적이고 지속적으로 심각하게 침해하고 있다는 미국 무역대표부의 301조 조사 보고서가 나오자, 미국은 즉시 행동에 돌입했다.

4월 3일 USTR은 중국산 수입 500억 달러 규모에 25% 관세 인상 계획을 발표했다. 중국은 기다렸다는 듯 즉시 보복하겠다고 경고했다. 트럼프 대통령이 대규모 관세 폭탄을 예고하자 시진핑 주석 역시 물러서지 않고 같은 규모의 관세 보복을 예고했다. 트럼프 대통령의 의도는 실제로 관세 폭탄을 투하하는 것이 아니라, 중국을 협상장으로 불러내어 미국의 요구 조건을 관철하는 것이었다. 시진핑 주석도 같은 규모의 관세 폭탄을 예고하는 것으로 맞대응 했지만, 실제 폭탄 투하는 부담스러운 것이었다. 중국 내부에 산적한 문제는 촌각을 다투는 상황이었기에 미중 무역전쟁으로 정치적 자산을 소진할 여유가 없는 중국은 미국과의 예고된 무역전쟁을 시작하지 않고 전쟁을 종식시킬 방법을 골몰하게 된다. 그래서 마련된 미국과 중국의 협상 테이블에 미국의 재무장관, 상무장관, USTR 대표 등으로 구성된 최고위급 협상단이 베이징으로 날아왔다.

미국은 늘 통상 협상에서 그러해 왔듯이, 중국을 향해 그들의 요구 조건을 기록한 문서를 던졌다. 5월 첫째 주, 베이징의 고위급 협상에 앞서 미국이 서면으로 제시한 여덟 개 요구 사항은 다음과 같다.

---

1. 무역 수지 적자 축소

- 향후 2년 내 무역 수지 규모를 2,000억 달러 감소(1년 단위로
  1,000억 달러씩 축소)

2. 미국 기술, 지식재산권 보호

- 과잉 생산 설비excess capacity를 조장하는 보조금 금지
- 강제 기술 이전 금지
- 사이버 보안

3. 미국 내 투자 제한

- 미국 안보 관련 분야 등 민감한 분야에는 중국인의 투자 제한

---

4. 중국 내 미국 투자 제한 철폐

- 최소한의 투자 규제

- 공정하고, 유효하며, 비차별적인 투자 규제

- 합작 투자 요구 등 투자 지분 제한 폐지

- 네거티브 리스트negative list 규제

5. 중국의 관세·비관세 장벽을 미국과 동등한 수준으로 하향 조정

- 미국이 요구하는 특정 분야의 비관세 장벽 철폐

- 미국은 중국제조 2025 관련 분야에 관세 등 수입 제한을 할 수 있다.

6. 중국의 서비스 시장 개방

7. 중국의 농산물 시장 개방

8. 이행

- 중국이 합의를 이행하지 않을 경우 미국의 보복을 중국은 용인해야 한다.

- 미국의 보복을 중국은 WTO에 제소할 수 없다.

미국의 요구 사항을 보면 단순한 무역수지의 적자 해소가 아니라는 것을 알 수 있다. 중국 주도의 비시장 경제 체제의 구조적 문제점을 해소하라는 요구가 서면 곳곳에 흐르고 있었다. 미국은 중국이 WTO에 미국을 제소한 모든 분쟁 케이스를 철회할 것을 요구했다. 미국은 협상장에서 더 고압적이고 구체적으로 요구했다.

· 미국 내 기업통신망에 대한 사이버 첩보 행위를 즉시 중단하고 중단했다는 것을 입증할 것.
· 특정 민감 분야를 제외한 모든 품목의 평균 관세를 중국은 미국과 같은 수준으로 인하(10% 수준에서 3.5% 수준으로)할 것.
· 매 4분기(석 달)마다 중국의 합의 이행을 점검하는 협의를 개최할 것.

중국이 그은 선

중국은 미국이 요구를 그대로 수용하지 않았다. 아니, 수용할 수 없었다. 무역수지는 논의 가능하지만, 구조적 문제는 중국의 시스템 문제이며 협상의 대상이 아니라는 입장을 견지했다. 트럼프와 시진핑이 서로 관세 폭탄을 쏘기를 예고한 긴박한 상황에 개최된 5월 협상에서 중국은 미국의 요구를 미국산 상품의 대규모 구매로 해결하려고 했다. 중국은 트럼프의 우선순위가 무역수지 해소일 것이라 보았기 때문에 이것만 들어주면 협상이 타결될 것이라는 계산을 한 것이다. 중국이 던진 미국산 상품 구매 리스트에는 농산물, 항공기, IT 제품 등이 포함되어 있었다. 중국은 수비와 동시에 공격도 했다.

"미국 제품을 대규모로 사고 싶어도 살 물건들이 마땅치 않다. 미국이 군사적으로 활용될 가능성이 있다는 이유로 많은 제품의 중국 수출을 통제하는데, 그 통제를 풀어 달라. 그래야 당신들이 원하는 규모의 절반이라도 채울 수 있다."

중국은 한 걸음 더 나아가 "미국 자동차 회사와 금융기업들의 중국 진출을 용이하게 해 줄 수 있다"고도 했다. 이는 2018년 4월 보아오 포럼(Boao Forum for Asia, 매년 4월 중국 하이난성 보아오에서 개최되는 아시아 지역경제 포럼)에서 시진핑 주석이 "자동차 분야의 외국인 지분 비율 제한 완화, 은행·증권·보험 업종의 외자 지분 비율 제한 완화, 보험업의 개방 과정을 가속화하겠다"고 연설했던 것을 확인시키는 제안이었다. 중국이 미국을 향해 그은 선은 명확했다.

1. 미국이 던진 많은 요구 조건 중 무역수지와 시장 개방만 협상

가능하다.

2. 무역 수지를 개선하려면 미국의 수출 제한 조치를 완화하라.

3. 시장 개방도 일부만, 그것도 중국이 대외적으로 천명한 부분에만 국한한다.

4. 중국제조 2025는 중국의 정당한 산업 정책이다. 협상의 대상이 될 수 없다.

무역전쟁의 확산

2018년 6월 15일 USTR은 2단계 25% 관세 인상안을 발표했다. 중국은 즉시 똑같은 규모의 2단계 보복 관세안으로 맞불을 놓았다. '눈에는 눈, 이에는 이'로 맞서는 중국에 자극받은 트럼프 대통령은 USTR에 중국이 실제로 맞대응하는 경우 2,000억 달러 규모의 중국 수입품에 10% 관세 폭탄 투하를 지시했다. 그리고 트럼프는 한 걸음 더 나아가, 이번에도 중국이 맞대응하면 추가 관세 폭탄을 투하하겠다고 경고했다. 여름이 오자 미국은 예고한 대로 중국을 향해 관세 폭탄을 쏘기 시작했다.

1단계: 7월 6일, 340억 달러 규모의 중국 수입품에 25%
관세 폭탄 투하

2단계: 8월 23일, 160억 달러 규모의 중국 수입품에 25%
관세 폭탄 투하

미국의 관세 폭탄이 떨어질 때마다, 중국은 즉시 동일한 크기의 관세 폭탄을 미국에 투하했다. 중국은 미국에 타격을 주기 위해 트럼프가 대선에서 승리했던 주州들의 수출품을 정밀 타격했다. 미국 중서부 농민들의 최대 수출품인 대두는 세계 최대의 대두 수입 시장인 중국에서 자취를 감추었다.

미국의 주요 중국 수출 품목(2017년)

	대두	반도체	LNG	항공기	원유
미국의 중국 수출(단위: 백만 달러)	$12,362	$6,077	$2,013	$16,266	$4,434
중국 전체 수입에서 차지하는 비중	31.1%	29.7%	13.7%	66.4%	2.8%
미국의 중국 수출에서 차지하는 비중	9.5%	4.7%	1.5%	12.5%	3.4%

미국과 중국의 경쟁적 관세 폭탄 투하

유효 날짜	관세	미국 → 중국	중국 → 미국
2018년 7월 6일	25%	340억 달러	340억 달러
2018년 8월 23일	25%	160억 달러	160억 달러
2018년 9월 24일	10%	2,000억 달러	600억 달러*
2019년 1월 1일**	10% → 25%		

* 관세 5~10%
** 1) 트럼프-시진핑의 합의에 따라 미국은 25% 관세 부과를 2019월 3월 2일로 90일 연기
　　2) 미중 협상이 진전되고 있다면서, 트럼프 대통령은 25% 관세 부과를 연기

시진핑은 왜 무역전쟁을 선택했나

트럼프의 관세 폭탄을 시진핑은 왜 피하지 않았을까? 그는 왜 트럼프가 쏘아 올린 폭탄과 왜 같은 크기의 관세 폭탄으로 맞받아쳤을까. 시진핑이 이끌고 있는 중국은 자신감, 공세적, 적극성 측면에서 확연히 다르다.

'도광양회'에서 벗어나 적극적으로 중국 영향력을 투사하고 패권을 추구하는 '신형 대국 관계'를 내세우면서 '태평양은 미국과 중국이 양분할 만큼 넓다'라며 야심을 숨기지 않고 있다. 21세기판 실크로드인 '일대일로'와 아시아인프라투자은행(AIIB, Asia Infrastructure Investment Bank) 설립 등 대담한 구상을 선언하고 실행을 위한 거침없는 행보를 보인다. 일대일로 구상은 미국이 주도하는 TPP에 대응

하는 중국의 서진 전략이며, AIIB는 미국이 주도하는 세계은행, 일본이 주도하는 아시아개발은행ADB 등 기존 국제 개발 금융 시스템에 대한 대항인 셈이다. 이러한 중국의 거대 전략이 가능한 이유는 중국 경제의 눈부신 부상 때문이다.

미중 무역전쟁이 지속된다면 미국 경제에도 상당한 피해가 있겠지만 중국 경제는 더욱 심각한 피해를 입을 수밖에 없다. 미중 무역전쟁 국면에서 시진핑의 중국은 무엇을 원하는가?

첫째, 중국은 이번 통상 전쟁에서 미국의 강압에 당당하게 맞서는 모습을 보여주려고 한다. 19세기 서세동점의 제국주의 시대, 서구 열강의 요구에 무기력하게 자국 영토와 주권을 유린당했던 그런 중국이 아님을 중국 인민에게 보여주어야 하는 역사적 의무를 시진핑은 잘 알고 있다.

둘째, 중국은 미국과의 통상 마찰이 전면적인 통상 전쟁으로 확전되는 것을 원하지 않는다. 왜냐하면 미국 시장은 너무나 크고, 중국 경제의 지속적인 발전을 위해 미국과의 협력 관계 구축이 당분간은 필요하기 때문이다. 지금으로서는 '공장은 시장을 이길 수 없다'는 것이 중국의 판단이다. 중국은 미국과의 협상을 통한 합의를 원한다.

셋째, 중국은 자국 핵심 이익에는 타협이 없다는 것을 분명히 하려고 한다. 중국의 기술 굴기를 표방하는 '중국제조 2025'는 정당한 산업 정책이며 미국의 지나친 간섭은 결코 용납할 수 없다고 선을 굿고 있다. 중국은 '숫자는 조정 가능하지만 시스템은 협상 대상이 아니다'라는 입장을 취하고 있다.

2018년 초, 주석의 임기 제한을 철폐하고 21세기 황제를 꿈꾸는 시진핑의 입장에서 미중 무역전쟁은 그의 정치적 사활이 걸린 문제이다. 중화인민공화국을 건설하여 농민과 노동자를 자본가에서 해방시킨 마오쩌둥, 중국의 개혁개방을 이끌어내어 농민과 노동자를 빈곤으로부터 해방시킨 덩샤오핑 같은 반열에 서려는 야심을 달성하기 위해서 내세운 21세기 중반 세계 최대 부국, 최강의 군사 대국 건설이라는 그의 '중국몽'을 실현해야 한다.

미중 무역전쟁이 시작되자마자 백기 투항하면 그의 정치적 미래는 사라진다. 전황이 불리할지라도 전쟁을 불사해야 휴전이 가능하다. 전장이 무한정으로 확대되어 상황이 그의 통제 범위를 벗어나는 것은 최악의 시나리오이다. 그래서 중국은 휴전을 원하고 시간을 벌기를 원한다. 미중 경쟁은 장기전이기 때문이다.

무역전쟁의 전개:
강대강

힘겨루기

미중 협상의 의제는 무역수지와 구조적 쟁점structural issues이라는 두 개의 큰 부분으로 나누어져 진행되었다. 무역수지 의제는 만성적인 거대 무역수지 적자의 해소 방안을 의미한다. 구조적 쟁점에는 강제 기술 이전, 지식재산권, 사이버 절도 안보, 농업, 비관세 장벽, 환율 조작까지 포함된다.

모든 협상은 의제 선정 단계에서부터 치열한 다툼을 벌인다. 씨름에서 유리한 자리를 차지하기 위해 샅바싸움을 하듯이, 협상에 임하는 협상가는 자국에 유리한 사안은 반드시 협상 의제에 포함시키고 불리한 사안은 협상 의제에서 제외하기 위해 처절한 대결도 불사한다.

미국이 중국에 무역 수지와 구조적 쟁점을 협상하기로 한 것은 일단 미국의 승리이다. 중국은 처음부터 "숫자는 협상할 수 있지만, 구조적인 문제는 협상 불가"라는 입장을 고수했다.

중국의 반대를 뚫고 미국이 중국의 구조적 쟁점을 협상 테이블에 올리기까지 트럼프의 무역전쟁의 위협, 시진핑의 맞대응, 예고된 전쟁을 중단할 수 있는 마지막 협상, 미국의 강력한 압박과 중국의 거부, 무역전쟁의 시작, 미국의 휴전 제의 등 우여곡절을 치렀다. 미국은 중국의 구조적 문제를 협상하지 않으면 무역전쟁을 계속할 수 있다는 의지를 중국에 보여주었고, 중국이 미국의 그런 의지를 읽었기 때문에 협상 테이블에 오를 수 있었다. 미국의 요구를 최소한 수용하면서 협상을 끝내기 위해 중국을 다음과 같은 전술을 구사했다.

1. 지연 작전. 미국의 요구를 미세한 작은 요구로 잘게 쪼개어서 대처한다. 미국이 중국 측에 제시한 52개의 요구를 중국을 142개로 쪼개어 대응하고 있다.
2. 어차피 해줄 수밖에 없는 '작은' 양보도 시간을 들여서 끈질기게 협상한 후 양보한다.
3. 수용하기 어려운 미국의 요구는 다른 것과 연계한다. 미국이 강공을 퍼붓는 보조금 문제는 미국과의 합의가 아닌 WTO 차원의 문제로 해결을 시도한다.

4. 이행 검증은 중국의 주권 사항. 미국이 이행 여부를 일방적으로
   판정하는 것은 수용할 수 없다고 버틴다.

불법 보조금 문제가 WTO로 넘어가면 미국의 손을 떠나게 된다. WTO 프로세스는 시간만 질질 끌 뿐, 중국의 방대한 불법 보조금은 사라지지 않는다. USTR 대표 라이트하이저는 이러한 함정의 위험성을 꿰뚫고 있었다. 중국의 WTO 가입 약속 불이행의 흑역사를 잘 알고 있는 그가 이행 검증 장치가 없는 합의에 동의할 리는 만무하다.

중국은 그들이 수용하고 싶지 않은 쟁점에 대해서는 끝까지 버티고, 밀리는 경우에는 실무자 간의 협상에서 대략 큰 틀을 합의해 두고, 구체적인 세부 사항은 트럼프와의 정상회담에서 해결하려는 심산이었다. 강경하고 까다로운 전문가보다는 정치적 판단을 하는 트럼프가 더 큰 양보를 할 것이라는 계산이다. 미국 협상단을 이끌고 있는 무역 전사 라이트하이저는 세부 사항을 구체적이고 세밀한 부분까지 모두 합의하기를 원했다. 트럼프에겐 선택지를 주고 싶어 하지 않는다. 트럼프가 어떤 엉뚱한 선택을 할지 알 수가 없기 때문이다.

미중 무역전쟁에서 유리한 협상 결과를 만들어내기 위해 중국은 옛날부터 전해지는 손자병법의 가르침을 실천하고 있다.

"兵者, 詭道也. 故能而示之不能, 用而示之不用, 近而視之遠, 遠而
示之近."

"전쟁이란 속이는 것이다. 나의 능력이 없는 것처럼 보이게 하고,
군대를 운용하지 않는 것처럼 보이게 하고, 가까운 곳을 보려 하면
먼 곳을 보는 것처럼 속이며, 먼 곳을 보려 하면 가까운 곳을 보는
것처럼 적을 속여야 한다."

파국의 위기를 딛고 합의로

유능한 협상가는 합의가 실제로 이행될지 고심한다. 아무리 멋진
합의를 이끌어내었다 한들, 상대국이 합의 내용을 인정하지 않으면
무용지물이다. 합의를 실천하기 위해 상대국이 새로운 규제 제도를
도입해야 하는 경우, 그 제도가 도입되고 발효되어 제대로 기능하는
지 파악할 때까지는 완전히 끝난 게 아니다. 상대국이 국내 정치적인
이유로 합의한 규제 제도 도입을 지연한다면 그것을 언제까지 인내
할 것인가. 상대국이 합의한 대로 규제 제도를 도입하지 않고 국내 산
업에 유리한 내용을 규제 제도에 슬쩍 포함시킨다면 어떡할 것인가.

제대로 된 협상가는 합의의 이행 여부에 신경을 곤두세운다. 문
제는 협상가가 합의문에 서명하면, 협상의 이행 여부는 그의 손을
떠난다는 것이다. 협상은 협상가 사이에서 국제적으로 이루어지지

만, 이행은 국내적으로 이루어지기 때문이다. 그래서 협상은 '끝나도 끝난 것이 아니다'라고 한다. 당신이 만약 협상가라면, 이 문제를 어떻게 해결하겠는가?

"중국이 협상에서의 합의했다고 그대로 이행될 것이라고는 절대로 믿지 마라."

미중 통상 협상의 역사가 주는 교훈이다. 지식재산권, 소고기 수입, 금융 서비스 개방, 사이버 보안⋯. 미국이 중국과의 협상을 통해 합의를 이끌어냈지만 아직까지 중국이 합의를 그대로 이행하지 않고 있어 비난받는 대표적인 분야이다. 그래서 같은 사안에 대해 이미 합의가 있었음에도 불구하고 십 년이 넘도록 협상에 협상을 거듭하고 있다.

같은 전철을 밟게 할 수는 없다며 미국은 절치부심한다. 그래서 미국은 강력하게 이행 여부를 감시하고 불이행 시 보복할 수 있는 제도적 장치를 마련해야 한다며 중국을 압박했다. 미국이 중국에 이행 점검을 요구하는 것은 그만큼 중국에 대한 불신이 강하기 때문이다. 그 불신은 역사적으로 누적된 경험에 의한 것이다.

2019년 5월 초까지 협상은 이어졌다. 마지막이라고 생각했던 협상이 베이징에서 열렸다. 이 협상에서 130여 페이지에 달하는 합의문 초안까지 작성되었다. 그러나 미국 협상단이 태평양을 건너 워싱턴으로 돌아오는 동안, 베이징의 기류는 완전히 바뀌었다.

그간 협상의 진행 과정에 대해 개략적인 보고를 받아왔던 중국 공산당 지도부는 합의문 초안을 두고 상세 보고를 받고 경악했다. 중국이 그렇게 중요하게 국가의 존엄, 위신은 어디에도 없었다. 중국 공산당 지도부의 관심은 개방의 범위와 방식이 중국 체제의 본질을 건드려서는 안 된다는 것이었다.

강제 기술 이전 금지, 지식재산권 보호 등 협상의 주요 쟁점에 관해 중국은 미국과 합의에 이르렀지만, 관건은 어떤 방식으로 약속을 지키느냐 하는 것. 그간의 모든 국제 협상에서 미국은 늘 그래왔듯이 상대국이 어떤 식으로 합의를 이행할지를 집요하고 꼼꼼히 챙겨왔다. 제대로 이행되지 못하는 합의문은 흰 종이 위에 검은 잉크에 불과하다는 것을 미국은 누구보다 잘 알고 있었다. 미국은 법제화를 요구했고, 중국은 행정부의 규정으로 이행할 수 있다고 주장했다. 미국은 최상위 법으로 제정되어야 믿을 수 있지, 수시로 바꿀 수 있는 행정부 규정으로는 불가하다는 입장을 고수했다.

중국에 이미 여러 차례 '속았다'고 생각한 미국은 어떤 방식으로 약속을 이행할지 뿐만 아니라, 제대로 이행하지 않는 경우 발생하는 분쟁을 어떻게 해결할지까지 강경하게 나왔다. 미국은 그들이 판단했을 때, 중국이 협정을 불이행하는 경우, 미국이 일방적으로 보복 관세를 매길 수 있어야 한다고 주장했다. 심지어 중국이 이런 미국의 보복 관세를 대해 WTO에 제소할 수도 없다고 명문화할 것을 요구했다. 중국으로서는 굴욕적인 요구가 아닐 수 없었다. 분쟁 해결은 쌍방이 합의해서 진행하는 것이 상식이지만, 중국에 대한 미국의 불신이 어느 정도 인지 가히 짐작할 수 있는 대목이다.

중국의 강경파들은 협정을 어떻게 이행할지는 중국의 주권 사항이지 미국이 이래라저래라 할 수 있는 것이 아니라고 열을 올렸다. 분쟁해결절차는 제국주의 시대를 방불케 한다고 흥분했다. 중국의 존엄과 국가 간의 대등한 관계에 어긋나는 합의는 불가하다는 목소리가 득세했다. 시진핑은 결국, 그 주장에 힘을 실었다. 눈앞에 보이는 듯 했던 합의는 봄철 신기루처럼 사라져 버렸다.

미국의 의도대로 합의가 결렬되자 트럼프는 다시 강수를 들고나왔다. 눈에 가시인 화웨이에 대한 미국 기술 제공 금지를 선언했다. 세계 스마트폰 시장에서 삼성, 애플과 3강 체제를 구축하고 있는 화웨이에 미국의 핵심 기술을 제공하지 못하게 되면, 화웨이 스마트폰은 핵심 소프트웨어 없는 먹통으로 전락하게 된다.

당장 거대한 고객에게 물건을 팔 수 없게 된 미국 기업들이 반발했다. 구글은 만약 안드로이드 운영 체계가 공급되지 않는다면, 화웨이가 언젠가는 자체 운영체계를 만들어내어 미국은 시장을 영구히 잃고, 기술 표준의 주도권도 잃게 될 것이라고 부정적인 견해를 피력했다. 그래서 타협안으로 화웨이에 대해 90일 유예 기간을 주기로 했다.*

당장의 절벽으로 내몰리지는 않았지만, 화웨이는 이제 미국의 전

---

* 90일 유예 기간이 끝나면 다시 연장 가능하다. 2020년까지 3차례 유예되어 왔다.

방위적인 압박에 처하게 되었다. 이때까지는 5G 장비에서 화웨이를 배제하려고 동맹을 압박해 오던 미국이, 이제는 전선을 확대하여 화웨이의 또 다른 주력 제품인 스마트폰에 대한 기술수출금지를 들고 나온 것은 중국을 더 압박하려는 전략이다.

2019년 5월 합의 직전 단계까지 갔던 협상이 깨지자, 협상파들은 어떻게 하면 다시 전기를 마련할 수 있을 것인지 골몰하게 된다. 6월 말로 예정된 오사카 G20 정상회담이 당연히 놓칠 수 없는 계기가 되었다. 오사카에서 트럼프와 시진핑은 미중 정상회담을 가졌다. 결렬 이후 고조된 갈등을 완화하고 다시 협상으로 가는 길을 열기 위한 실무자들의 노력으로 정상회담은 성사되었으나, 세상에서 기대했던 오사카에서의 합의는 없었다. 무덥고 습한 여름이 찾아왔다. 미중은 몇 차례 실무 협상을 진행했지만, 성과는 태풍의 북상 속도보다 느렸다.

그러던 8월 초, 미국은 '전가의 보도'를 꺼냈다. 환율 조작국 currency manipulator으로 중국을 지정한 것이다. 미국 달러 대비 중국 위안화의 가치가 7위안 이하로 내려가자 미국 재무부는 중국이 환율을 조작해서 무역전쟁에서의 피해를 불공정한 방법으로 만회하려 한다고 했다. 이미 중국과 관세전쟁, 기술전쟁을 치르고 있는 미국은 환율이란 무기까지 꺼내 든 것이다.

중국의 환율 조작국 지정에 대해 미국 내의 분위기는 뜨악했다. 중국이 10년 전에는 노골적으로 환율 조작을 했지만, 최근에는 그런

정황이 없는데 웬 환율 조작국 지정이냐는 것이 미국 주류 경제학계의 견해였다. 트럼프 특유의 압박 전술이라는 것이 중론이었다. 우여곡절 끝에 미국과 중국은 합의에 다다른다. 2019년이 끝나가기 전이었다.

무역전쟁의 현재:
최후의 승자를 가려라

1단계 합의는 미국의 승리인가

2020년 1월 15일 미국 워싱턴 백악관. 무역전쟁을 벌여오던 미국과 중국은 '1단계 합의Phase 1 Agreement' 문서에 서명했다. 이날 서명식은 뭔가 이상했다. 서명식 의자에 미국과 중국을 대표하는 두 사람이 앉았는데, 미국 측은 트럼프 대통령이지만, 중국 측은 시진핑 주석이 아니었다. 리커창 총리도 아니었다. 그 자리에는 그간 미중 고위협상의 중국 측 대표였던 류허 부총리가 앉았다. 격이 맞지 않는 서명식인 것은 분명했다. 제대로 격을 맞춘다면 류허의 협상 상대인 미국 무역대표부 대표 라이하이저였지만, 미중 무역협상의 공을 자신에게 돌리려는 트럼프의 공명심은 상식쯤이야 우습게 파괴해버렸다.

왜 시진핑은 그 서명식에 나타나지 않았을까? 이 질문은 미국과 중국이 무역협상에 임하는 속내, 1단계 합의에 대한 서로의 평가, 향후 벌어질 일에 대한 각오를 드러내는 질문이다. 외견상, 미국이 중국보다 얻어낸 것이 많다. 중국의 변화를 요구하는 의무 사항의 숫자를 따져보자. 협정문에서 '중국이 해야 한다shall'는 건수는 99건에 이른다. 반면 '미국이 해야 한다shall'는 5건에 불과하다. 이보다 수위가 낮은 '미국이 보증한다affirms'는 27건 발견된다. 미국이 공격하고, 중국은 수비하는 입장이기에 이런 결과는 당연하다. 이걸 두고 미국의 승리라고 판단하기에는 무리다.

협상의 성공과 실패를 측정하는 것은 상대와의 비교가 아니라 자신이 원래 설정한 목표와의 비교다. 폐쇄적인, 불공정한 중국의 경제 체제를 개방시키고, 투명하게 개혁시키고, 울퉁불퉁한 경기장을 편평하게 만들려고 무역전쟁도 불사했던 미국의 관점에서는 미국의 목표를 얼마나 달성했느냐가 더 중요하다.

1단계 합의의 주요 내용을 살펴보자. 1단계 합의의 핵심은 향후 2년간 중국의 2,000억 달러 규모 미국산 구매 계획이다. 제조업, 농산물, 에너지, 서비스의 4대 분야로 나누어, 제조업 777억 달러, 농산물 320억 달러, 에너지 524억 달러, 서비스 379억 달러의 향후 2년간 미국산 추가 구매를 중국이 약속했다.

이 합의의 의미는 무엇인가? 트럼프의 중국에 대한 일차적인 불만은 대중국 무역 적자였다. '무역 수지 적자=미국 일자리를 외국에 빼앗기는 것'이라는 등식에 사로잡힌 트럼프다. 'Buy American,

Hire American(미국산을 구매하고, 미국인을 고용하라)'라는 구호로 취임식을 도배했던 트럼프에게 중국의 대규모 미국산 구매 확대는 "오로지 나 때문"이라고 선전할 수 있는 대목이다.

이전에 중국을 향해 앞문 활짝 다 열어주고, 중국의 빗장은 열지 못해 불공정한 무역 체제를 만들어 놓고도 중국에 당하기만 했던 '겁쟁이' 전임 대통령들과 '최고의 협상가'인 자신은 다르다는 것을 입증하고 싶어 하는 트럼프에게는 그런 주장의 근거가 될 수 있다.

합의 내용을 담은 협정문의 상당 부분은 지적 재산권 보호에 할애 되었다. 협정문 첫 번째 사항이 지적 재산권 보호이고, 분량도 가장 많다. 미중 무역전쟁이 2017년 8월 중국의 지적 재산권 위반으로 시작되었으니, 당연한 결과이기도 하다. 기술 이전, 환율 등에 대한 내용도 담겼다. 기술 이전의 경우, 미국과 중국은 강제적 기술 이전이 우려의 대상이라는 점을 같이 인식하고, 기술 이전이 자발적이고 시장 조건에 따라 이루어지도록 보장하는 것이 중요하다는 점을 확인하였다. 2020년 4월까지 생명, 연금, 건강보험 관련 증권, 기금, 선물 등에서 외국인 지분 제한 등 개방 약속도 포함되어 있다.

이전과 비교할 때, 협정의 이행 점검 방식이 구체화되기는 했다. 지적 재산권의 경우, 중국 측은 합의 사항의 실행 방법, 시기를 구체화한 실천 계획을 공표하고, 실행 결과를 정기적으로 발표해야 한다. 그러나 기술 이전의 경우 중국이 여전히 강제적인 기술 이전은 없었다고 부인하는 상태에서, 기술 이전 중지를 어떻게 담보할 수 있을 것인지는 여전히 불투명하다.*

1단계 협정문은 중국이 합의를 제대로 준수하지 않을 경우 보복 관세를 즉시 재부과할 수 있는 권한을 미국만 가질 수 있도록 요구한 스냅백snap back 조항은 채택되지 않았다. 2019년 5월 거의 합의까지 도달했을 때, 중국이 끝까지 거부했던 조항의 하나였다.

중국이 얻어 낸 것은 무엇인가? 서명식 직전 미국은 중국에 씌웠던 '통화 조작국' 지정을 철회했다. 트럼프가 마음만 먹으면 이것은 언제든지 다시 지정할 수 있다. 중국은 미국의 더 큰 관세 폭탄을 피할 수 있었다. 2019년 12월 15일을 기해 아직까지 고율의 관세 폭탄의 바깥에 있던 전자제품 등 중국산 수입품 약 1,600억 달러 규모에 예정된 15% 관세 부과를 피할 수 있게 되었다. 2019년 9월 1일을 기해 미국이 중국산 수입품에 부과하던 15% 관세가 절반인 7.5%로 인하되었다. 그러나 미중 무역전쟁 과정에서 인상했던 나머지 수입품에 대한 관세 폭탄은 그대로 유지되었다.

---

* "중국의 방대한 시장을 가져가는데, 대신 기술은 제공해야 되는 것 아니냐"는 것이 중국이 기술 이전을 바라보는 시각이다. 그들의 주장에 따르면, 기술 이전은 중국 측이 강제한 것이 아니라 중국에 투자한 외국 기업이 자발적으로 이전해 주고 싶어 하는 것이다.

엇갈린 평가

트럼프 대통령과 미국 행정부는 1단계 합의를 대대적인 업적으로 홍보했다. '역사적historic', '획기적landmark', '거대한 전진huge step forward' 등 엄청난 형용사들이 총동원되었다. 중국은 어떤가? 시진핑 주석은 "1단계 합의는 미국과 중국이 서로 간의 갈등을 대화로 해법을 모색할 수 있음을 보여 주었다"고 평가했다. 서명식에 참가한 중국 측 대표 류허에게 전달된 서신에서 밝힌 내용이다. 중국의 공식적인 반응은 1단계 합의가 '호혜적이고 양측 모두 승리한 협정mutually beneficial and win-win agreement'이며, '향후 안정적인 경제 성장 및 세계 평화와 번영의 증진을 가져올 것'이라는 것이다.

1단계 합의는 빅딜이라고 평가하기엔 부족하다. 중국의 보조금에 대한 합의도 없다. 이행 검증 방식도 미국의 원래 계획보다는 후퇴되었다. 미국산 대량 구매에 합의해 주더라도 중국 특색 경제의 핵심인 '보조금과 국영 기업'은 합의하지 않으려는 중국의 계획이 맞아 떨어졌다. '숫자는 합의할 수 있지만, 시스템은 협상의 대상이 아니다'라는 중국의 마지노선을 미국을 무너뜨리지 못했다. 그래서 스몰딜에 더 가깝다.

야당인 민주당과 학계의 분위기는 "이 정도 수준의 합의를 하려고 미국 기업과 소비자들을 볼모로 잡고 야단법석을 떨었냐"는 것으로 요약된다. 미국 산업계는 무역전쟁이 더 이상 확전으로 치닫지 않고 일단 휴전하게 된 것에 안도하면서도, 중국의 보조금, 사이버 보안 문제 등을 그대로 둔 것에는 아쉬움을 표시하고 있다.

중국은 미국을 달래기 위해 어차피 미국산 대량 구매는 불가피하다고 처음부터 생각하고 있었다. 지적 재산권 보호는 기술 패권을 추구하는 중국 입장에서도 불법 복제를 일삼던 과거와 달리 이제는 보호해야 할 강한 정책 유인을 가지고 있다. 미국의 압박에 의해 지적 재산권 보호 수준을 높이는 것이 아닌, 중국 자신의 필요에 따라 높여야 한다고 미중 무역전쟁이 진행되는 와중에 중국학자들을 동원하여 홍보해 왔다. 1단계 합의에 포함된 나머지 부분들은 대부분 선언적인 성격이다. 구속력이 없는 내용이란 뜻이다. 이행 방식의 점검, 분쟁 해결 방식도 미국의 강경한 입장이 한층 약화된 것이어서 중국은 그들이 그토록 중요시 하던 주권과 존엄이 유지되었다고 주장할 수 있다.

1단계 합의는 트럼프 대통령이 당초 공언한 목표에 비해서는 상당히 초라한 결과이다. 2020년 대선 시계가 카운트 다운에 들어가자 대중국 압박이 성공했음을 내세울 수 있는 치적을 필요로 하는 트럼프 대통령의 정치적 동기가 결정적으로 작용해서 나온 결과이다.

트럼프는 재선을 위해 자신의 지지자들에게 내세울 수 있는 트로피를 얻었고, 중국은 치명적인 양보 없이 체면과 위신을 지키고 시간을 벌었다. 진짜 게임은 보조금, 국영 기업, 사이버 보안 등을 다룰 2단계 협상이다. 미중은 2단계 합의를 이루어 낼 수 있을까?

중국은 그간 미국과 많은 무역 협정을 맺었지만, 이행 실적은 초라하다. 가장 최근의 경우를 보자. 2015년 9월 미중 정상회담에서 시진핑 주석은 남중국해에 인공섬을 건설하고 군사시설을 설치하는 행위를 금지하겠다, 미국의 민간 기업 전산망에 침투하여 영업 비밀을 빼가는 것 금지하겠다고 오바마 대통령에게 약속하고 합의문까지 작성했지만, 그 이후 중국의 발걸음은 말과 달랐다. 이번에는 다를까?

중국이 추가 구매 약속한 향후 2년간 2,000억 달러, 그중 농산물 320억 달러는 그리 간단한 물량이 아니다. 지금까지 미국의 최대 대중국 수출액이 1,700억 달러, 농산물은 260억 달러였음을 생각해 보라. 무역전쟁 직전 2017년 미국의 대 중국 수출액은 1,280억 달러였다.

중국은 향후 2년간 이만큼 구매할 능력이 있을까? 미국은 이만큼 공급할 역량이 있을까? 중국에 이만큼의 물량을 밀어내면서 미국 스스로 중국의 향후 보복에 취약하게 만드는 것은 현명한 것일까? 미중 무역전쟁에서 트럼프가 계속 관세 폭탄을 구사할 수 있었던 이유는 미국의 중국산 수입액이 중국의 미국산 수입액에 비해 압도적으로 많았기 때문이다. 전쟁 초기에는 트럼프의 관세 폭탄에 같은 크기 폭탄으로 맞대응을 하던 시진핑은 어느 순간부터는 따라갈 수가 없었다. 만약 중국이 미국산 농산물 수입이 1단계 합의처럼 역사상 최고 수준으로 급증한다면, 미국은 중국의 덫에 빠질 수도 있다.

미국 농업 지대인 중서부는 트럼프의 표밭이기 때문이다. 금전적, 기술적, 전술적 의문이 꼬리를 문다.

두 번째 난관은 2단계 협상의 개시 여부다. 설령 합의가 제대로 지켜진다 해도, 1단계 합의는 조그만 한 걸음을 내디딘 것에 불과하다. 미국산 수입을 대폭 확대하기로 한 1단계 합의는 미국의 거대한 대중국 무역 적자 가뭄에 단비일 수 있지만, 근본적인 해결책이 아니다.

경제 인프라를 덩치 큰 국영기업들이 독차지하고, 그들에게 엄청난 보조금을 살포하고, 외국 기업에 대한 차별적 규제가 만연하는 기울어진 운동장, 즉 '중국 특색의 사회주의 경제 체제'가 시장 경제 체제와의 무역에서 필연적으로 발생할 수밖에 없는 구조적 문제를 풀 묘수는 1단계 합의에 없다.

중국은 무역전쟁 초기부터 "숫자는 가능하지만, 시스템은 협상의 대상이 아니다"라고 선을 그었다. 미국은 그 선을 무너뜨리려고 한다. 1단계 합의는 시작에 불과하다. 시스템의 문제를 다루는 2단계 협상으로 넘어가야 한다. 트럼프는 곧 2단계 협상을 시작할 것이라 큰소리를 치지만, 중국이 이런 미국의 요구에 호락호락 응하지 않을 것은 분명하다. 공개된 1단계 합의문 어디에도 2단계 협상이 언제 어떤 방식으로 시작될지 아무런 언급이 없다.

중국은 그들 경제 체제의 핵심인 보조금, 국영 기업, 사이버 보안 등을 다루는 2단계 협상에 결코 호락호락 임하지 않을 것이다. 모든 수단과 방법을 동원해서라도 협상 자체를 미루고 피하려 할 것이다. 이런 중국의 속셈을 모를 리 없는 미국은 어떻게 하면 중국을 협상 장으로 끌고 들어올까 묘안을 짜내야 한다.

미중 무역전쟁은 패권경쟁, 체제경쟁, 가치경쟁이란 거대한 빙산의 일각에 불과하다. 이 경쟁의 끝에는 어느 한쪽이 상대를 압도하든지, 아니면 둘이 팽팽한 균형을 유지하는 결말만이 기다리고 있다. 현재 우위에 있는 미국은 중국을 압도하려 하고, 중국은 그런 미국의 압박을 견디며 최후의 승자가 되려고 한다.

무역전쟁 못지않은 기술전쟁

멍완저우 체포

2018년 12월 1일, 캐나다 밴쿠버 공항. 태평양을 앞에 두고 뒤로는 흰색의 만년설 모자를 뒤집어쓴 산들이 장관을 이루는 캐나다의 서쪽 관문 밴쿠버. 스키 시즌의 개막을 맞이하여 세계 3대 스키장 중 하나인 휘슬러 블랙콤Whistler Blackcomb을 찾는 여행객들로 공항은 북적거렸다. 중국인들도 꽤 있었다. 밴쿠버는 홍쿠버라 불릴 만큼 홍콩계 중국인들이 많이 살고 있었다. 1997년 홍콩의 중국 반환을 앞두고 중국 공산당이 이끄는 홍콩의 미래를 우려한 많은 부유한 홍콩인들이 영국의 연방 국가인 캐나다로 이주민들이 몰렸다. 밴쿠버는 그중에서도 가장 인기 많던 곳이다. 이들과 섞여서 입국 심사를 기다리고 있던 중년의 중국 여성을 주목한 사람은 아무도 없었다. 그녀가 입국 심사대에 서는 순간, 경찰들이 나타나 그녀를 체포하는 순간까지는…. 그녀는 바로 중국 최고 통신 장비 기업인 화웨이의 최고재무책임자CFO 멍완저우孟晚舟였다.

그녀는 왜 경찰에 체포되었나? 그녀의 체포 영장을 발부한 곳은 미국 뉴욕 법원. 그녀가 체포당한 곳은 캐나다의 밴쿠버. 뭔가 이상하지 않은가? 미국 정부는 화웨이가 미국의 대 이란 제재 조치를 위반했으며, 멍완저우가 위반의 실체라는 물증을 확보하고서 체포 영장을 2018년 여름에 발부했던 것이다.

멍완저우는 이미 오래전부터 미국을 떠나 있었다. 그녀의 주 활동무대는 중국이었고 밴쿠버에 주택을 보유하고 있었기에 가끔 방문하던 차였다. 멍완저우가 11월 하순부터 12월 초 사이에 홍콩을 출발해 밴쿠버를 경유하여 멕시코로 향하는 업무 일정을 세우고 있다는 첩보를 알아낸 미국은 캐나다 정부에 그녀가 입국하면 체포해서 미국으로 인도해달라는 요청을 해두었던 것이다. 그리고 캐나다 정부는 멍완저우를 인도해달라는 미국의 요청을 수락한 것이다. 멍완저우가 중국을 대표하는 세계적 통신 기업 화웨이의 창업자 런정페이任正非의 딸이라는 사실, 그리고 그녀의 체포 시점이 미중 무역전쟁 와중에 벌어졌다는 점이 세상을 충격에 빠뜨렸다. 그녀가 체포되던 그 순간, 지구 반대편 아르헨티나의 수도, 부에노스아이레스에서는 무역전쟁을 벌이고 있는 도널드 트럼프 미국 대통령과 시진핑 중국 주석의 정상회담이 한창 진행 중이었다.

태풍의 눈이 된 화웨이

화웨이의 실질적인 후계자 체포 사태는 미중 간에 무역전쟁과 기술전쟁이 동시에 진행되고 있음을 보여준다. 미중 무역전쟁의 진검 승부는 결국에는 기술에서 판가름 난다. 화웨이는 그 한가운데에 있다.

화웨이는 통신 장비 시장에서 판매 1위에 오른 중국의 자존심이다. 2018년 2분기 스마트폰 판매량에서 애플을 제치고 세계 2위에 등극하면서, 1위인 삼성을 바짝 추격하고 있다. 1987년 창업 후 30년이라는 짧은 기간에 세계 최고의 통신 기업으로 수직 상승한 화웨이는 국수주의 냄새가 물씬 풍기는 '중국을 위한다'는 의미의 '화웨이华为'라는 기업 명칭에서부터 인민군 장교 출신 창업주인 런정페이의 경력에 이르기까지 필연적으로 제기되는 화웨이와 그 배후에 중국 정부 및 공산당과의 유착 관계에 대한 논란이 끊이지 않고 있다. 화웨이가 자력으로 지금의 위상을 성취했다고 믿는 사람은 아무도 없다.

화웨이는 중국 시장을 넘어 세계 시장을 공략하고, 나아가 선진국 시장에까지 진입하려고 전력으로 경주하고 있다. 세계 주요 공항을 도배한 화웨이 광고는 이제 익숙하기까지 하다. 화웨이의 야심은 디지털 혁명을 주도하는 5G에서 선두 주자가 되는 것이다. 통신 후발 주자인 중국이 5G 선도 경쟁에 뛰어들었다는 것은 미국, 한국,

독일, 일본 등 민주국가 진영 간의 기술 경쟁이 정치 체제가 다른 경제 체제들 간의 경쟁으로 판도가 변화했음을 의미하는 세계사적인 사건이다.

뜻하지 않게 캐나다 사법 당국에 체포된 멍완저우는 보석을 신청했다. 사흘에 걸친 치열한 법정 공방 끝에 풀려났다. 거액의 보석금, 자신을 24시간 감시하는 감시자, 전자 팔찌를 차고 밴쿠버 지역을 벗어나지 않는다는 조건 아래 석방된 것이다. 그녀의 시련이 끝난 것은 아니었다. 그녀는 캐나다 법정에서 미국으로의 인도 여부 판결을 기다려야 하는 운명에 처했다.

이것은 과연 우연의 일치인가. 멍완저우가 미국으로의 범인 인도 판결이 내려지는 시간표와 미중 무역 협상의 시간표는 같이 흘러간다. 멍완저우의 여정이 밴쿠버에서 중단된 직후, 중국 공안 당국은 중국 내에서 활동 중인 세 명의 캐나다인을 체포했다. 2019년 1월에는 마약 소지 혐의로 체포된 캐나다인에게 사형 선고를 내렸다. 주캐나다 중국 대사는 공개적으로 캐나다 정부가 멍완저우를 미국으로 인도할 경우, 상상하기 어려운 심각한 일이 발생할 것이라고 경고했다.

2019년 1월 라스베이거스에서 개최된 세계 최대 규모의 가전제품 박람회인 CESInternational Consumer Electronics Show에 화웨이는 참가하지 않았다. 창업주인 런정페이는 침묵을 깨고 화웨이 배후에 중국 정부가 있다는 의혹을 공개적으로 부정했다. 멍완저우는 미국으로 인도

될 것인가. 미국과 중국은 무역전쟁을 어떻게 끝낼 수 있을 것인가. 이 두 질문은 떼려야 뗄 수 없게 연결되어 있다.

미국의 화웨이 경계 경보

한국에서 4차 산업혁명으로 불리고 있는 디지털 대전환기. 인공지능, 빅데이터, 클라우드를 연결하여 자율주행차, 스마트 시티, 스마트 팩토리, 사물인터넷이 적용된 꿈의 세계를 구현하려면 핵심 통신 기반을 5G로 전환해야 한다. 5G는 지금까지 세상이 알고 있던 통신과는 전혀 다른 세상으로 안내할 것이다. 인간과 인간의 통신을 뛰어넘어, 기계와 기계, 기계와 인간 간의 통신의 신기원을 열 전망이다.

자율주행차가 다른 자율주행차나 인간이 운전하는 자동차들 사이로 안심하고 신속하게 도심을 누비려면 주변의 모든 기계, 인간들과 끊김 없이, 지체 없이, 신속하게 통신이 이루어져야 한다. 공상영화에나 나오던 기술이었지만 5G가 실현을 가능하게 만들고 있다. 5G를 두고 통신 기술의 진화evolution가 아닌, 혁명revolution이라는 말 하는 것이 결코 과장이 아니다.

5G 경쟁의 최선두에 있는 것은 미국, 한국, 중국이다. 중국의 화웨이가 5G 통신망 장비에서 선두 그룹에 있다는 사실은 미국을 고심하게 만들고 있다. 화웨이가 중국 정부의 요청에 따라 움직일 경

우 발생할 위협적인 상황에 대한 우려는 화웨이가 5G 기술의 선두 주자로 부각되기 전부터 미국 내에서 제기되어 왔다.

미국 하원 정보위원회가 2012년 발간한 '중국 통신업체 화웨이와 ZTE가 미국 국가안보에 끼칠 영향에 대한 조사 보고서'는 화웨이, ZTE가 중국 정부와 당의 지시를 따르며, 산업 기밀을 훔치고 지식 재산권을 침해하며, 적성국과 수상한 거래를 하고 있다고 주장한다.

2016년 미국에서 판매한 화웨이 스마트폰에서 중국 해커들에게 해킹 경로를 제공하는 '백도어back door'가 발견되자 미국의 우려는 더욱 커졌다. 화웨이의 배후인 중국 공산당의 짙은 그림자에서 화웨이 장비를 사용할 경우 감당할 수 없는 보안 리스크를 감지한 미국은 공공기관의 화웨이 장비 사용 금지령을 내렸다.

2019년 1월, 폴란드에서는 화웨이의 폴란드 직원이 스파이 혐의로 체포되는 사태가 발생했다. 화웨이 경계경보는 세계 대학가에도 파장을 몰고 왔다. 옥스퍼드대학교, UC버클리대학이 화웨이의 기부금 거부와 연구 협력을 중단했다. UC샌디에이고대학교, 위스콘신대학교도 대학 내에 설치되었던 화웨이 장비를 철거했다. 스탠퍼드대학교도 화웨이와의 연구 협력을 중단했다. 화웨이의 통신 장비가 스파이 활동에 쓰일 수 있다는 우려가 서구 민주주의 국가를 휩쓸었다. 영국, 독일, 프랑스, 캐나다, 일본, 호주, 뉴질랜드, 체코 등이 화웨이 장비 금지령을 내렸거나 금지를 검토하고 있다. '사기업으로 화웨이가 독립적으로 경영되는 것처럼 보이지만, 유럽과 북미에 있는 연구 기관에 투자하고 대학들을 지원함으로써 그들에게 기술을 빼내고 있다'는 주장이 공개적으로 제기되었다.

미국은 동맹국에 화웨이 장비 사용 거부에 동참할 것을 공개적으로 요구하고 있다. 고든 손들랜드Gordon Sondland 유럽연합 주재 미국 대사는 화웨이 통신 장비를 주요 인프라에 사용한 서방 국가는 불이익을 받을 수 있다고 경고했다. 2019년 2월 뮌헨 안보 회의에 참석한 마이크 펜스 미국 부통령은 뮌헨 안보 회의에서 화웨이를 위협 대상으로 재강조했다. 마이크 폼페이오 미국 국무장관도 헝가리 방문에서 "만약 화웨이 장비가 미국의 중요한 시스템이 있는 곳에 배치돼 있을 경우 미국은 그런 곳들과는 협력 관계를 맺기 어렵다"고 경고했다. 폼페이오 국무장관은 미국의 동맹 국가들이 화웨이 장비를 사용할 경우 그 대가는 끔찍할 것이라며 위협조로 압박했다.

화웨이는 중국 시장을 넘어서 세계 시장을 공략하고, 나아가 선진국 시장에까지 진입하려고 전력을 경주하고 있다. 세계 주요 공항을 도배한 화웨이 광고는 이제 익숙하기까지 하다. 화웨이의 야심은 디지털 혁명을 주도하는 5G의 선두 주자가 되는 것이다. 통신 후발 주자인 중국이 5G 선도 경쟁에 뛰어들었다는 것은 미국, 한국, 독일, 일본 등 민주국가 진영들 간의 기술 경쟁이 정치 체제가 다른 경제 체제 간의 경쟁으로 판도가 변화했음을 의미하는 세계적인 사건이다.

트럼프 행정부의 압박이 전방위로 확산되자, 화웨이는 침묵을 깨고 입을 열었다. 화웨이의 창업자인 런정페이는 "미국이 우리를 무너뜨릴 방법은 없다"고 나섰다. 영국 BBC 인터뷰에서 그는 자신의 딸인 명완저우 최고재무책임자를 미국이 기소한 것은 "정치적 의도가 있는 행위"라고 말하며 "받아들일 수 없다"고 반발했다. "우리가 더 앞서 있기 때문에 세계는 우리를 떠날 수 없다", "미국이 우리 제품을 사용하지 말라고 많은 나라를 설득한다고 해도 우리 일은 약간 줄어들 뿐"이라고 그는 자신감을 과시했다. "서쪽에서 불이 꺼지더라도 동쪽은 여전히 밝고, 북쪽이 어두워지더라도 남쪽은 여전히 밝다", "미국은 세계를 대표하지 않고, 단지 일부만을 대변할 뿐"이라고 반발했다. 통신업체들이 화웨이 장비를 사용할 경우 중국 정부의 스파이 행위에 노출될 수 있다는 미국의 주장도 반박했다. "만약 우리가 그런 행동을 한다면 회사 문을 닫겠다"고 그는 말했다.

중국의 기술 굴기

2018년 2월 평창올림픽 개막식의 겨울밤 하늘을 수놓았던 새떼의 눈부신 비행을 기억하는가. 그것은 새가 아닌 드론이었다. 고공 촬영의 개인적 용도부터 택배, 농약 살포, 스포츠 중계, 영화 제작, 재난 구호 현장에 이르기까지 무궁무진한 활용 가능성을 보여주면서 블루오션으로 떠오른 드론. 세계 시장에서 드론의 최강자는 누구일까. 중국의 창업기업인 DJI_{Da Jiang Innovation}이다. DJI는 산업용, 국방용, 기업용이 아닌 개인용 드론의 새로운 지평을 연 기업이다. 하늘에서 내려다본 멋진 사진을 찍어보길 꿈꾸는 사람들은 더 이상 비행기를 임대하는 수고를 들일 필요가 없다. 지상에서도 환상적인 항공 사진을 찍을 수 있게 되었기 때문이다. 그 꿈을 현실로 만든 것이 바로 DJI 드론이다.

영국이 자랑하는 해로즈Harrods백화점. 런던의 중심가에서 화려했던 '해가 지지 않는' 대영제국의 위용을 뽐내는 해로즈백화점의 전자 제품 매장에 DJI 드론은 당당히 매장을 확보하고 있다. DJI는 6개월이 멀다 하고 신제품을 시장에 내놓는다. 연구 개발에 엄청난 자원을 쏟아붓고 상상을 초월하는 인센티브로 동기부여를 하지만 과감한 시도를 가능케 하는 규제 환경이 배후에 있음을 주목해야 한다. 중국 선전에 위치한 DJI 본사 앞의 인파로 득실거리는 광장은 고공 시험비행을 하는 드론으로 넘쳐난다.

세상은 새로운 기술 변화의 변곡점에 서 있다. 빅데이터와 디지털 기술이 온라인과 오프라인으로 융합되면서 상상이 현실로 변하고 있다. 4차 산업혁명으로 명명된 역사적 변곡점에서 중국은 가속 페달을 있는 힘을 다해 밟고 있다. 중국은 이 기회를 결코 놓칠 수 없다. 중진국 수준에 도달한 13억 중국 시장의 빗장을 단단히 걸어 잠그고, 중국 기업에만 활동 공간을 허용한 디지털 산업에서 중국은 세계 최대 규모의 기업, 세계 최고의 창업 기업을 키워내는 데 성공했다. 더 이상 짝퉁이나 싸구려 제품을 만들어내던 그 중국이 아니다.

    1978년 개혁개방으로 선회했던 중국의 '이념보다는 실용'이라는
주장 아래 최전진 실험기지였던 선전은 이제 세계 IT 기업들의 메카
가 되었다. DJI, ZTE, 화웨이, 텐센트가 자리 잡은 선전은 아시아의
실리콘밸리가 되었다. 한적한 어촌이었던 선전은 40년 만에 200미
터가 넘는 초고층 빌딩이 10개(중국 최대)가 넘는, 인구 1,200만 규모
의 초거대 혁신 창업 도시로 변모했다. 홍콩의 경제 규모를 앞질렀
다는 선전은 창업과 혁신의 열기 속에 매일 아침을 연다. 중국은 선
전을 앞세워 실리콘 밸리를 추격하고 있다.

중국몽

중국제조 2025

미국의 경제 혁신을 주도하고 있는 인터넷 기반 기업인 페이스북 (2021년 메타로 회사명 변경), 애플, 아마존, 구글은 글로벌 선두 기업이지만, 유독 중국에서는 설 자리가 없다. 중국은 이들의 자국 시장 진입을 차단하고, 대신 바이두, 알리바바, 텐센트 등 중국판 인터넷 기반 국가대표 기업들을 길러냈다. 중국은 '양적 성장에서 질적 성장from quantity to quality'으로 변신을 시도하고 있다. 그 변신의 핵심에는 중국제조 2025라는 기술 굴기의 청사진이 있다.

중국제조 2025의 청사진은 2015년에 발표되었다. 시진핑이 집권한 후 3년째 접어드는 해였다. 중국은 13차 5개년 계획(2016~2020년)의 제조업 육성을 위한 산업 정책으로 중국제조 2025를 발표했다.

인공지능, 사물인터넷, 빅데이터, 로봇, 3D프린터 등 4차 산업혁명의 근간이 되는 10대 분야를 선정했다. 4차 산업혁명의 핵심 기술과 산업을 중국이 선점하는 것이 목표이다. 그 청사진에 따르면, 향후 30년간 중국이 제조 강국으로서의 경쟁 우위를 확고히 하기 위한 3단계 발전 전략으로 2020년까지 중국의 제조 대국 지위를 공고히 하고, 2025년에는 독일, 일본 수준의 제조 강국으로 진입하며, 2035년 이후에는 세계 최강의 경쟁력을 확보하려고 한다.

중국이 중국제조 2025 계획을 발표했을 때 중국은 '따라잡는 것'이 아니라 '뛰어넘는 것'을 목표로 하여 다른 주요 제조업 강국과 어깨를 나란히 하겠다는 의지를 내비쳤다. 중국제조 2025 구상은 독일의 제조업 혁신 구상인 인더스트리 4.0의 영향을 받았다고 중국 정부는 설명한다. 첨단 기술을 이용해 생산자, 유통업자, 경영 파트너와 소비자를 한데 묶어주는, 각 요소가 긴밀히 연결된 효율적인 스마트 제조업을 지향한다. 리커창 총리는 계획의 목표를 "중국제조 2025 전략을 도입하여, 혁신 주도 발전을 추구하고, 스마트 기술을 적용하며, 기본을 튼튼히 다지고, 환경친화적인 발전을 지향하여 중국을 수량 위주에서 품질 중심의 제조업 국가로 발전시킬 것"이라고 설명했다.

중국제조 2025는 세계 속의 중국 이미지를 전환하기 위한 전략이기도 하다. '중국산' 제품은 싸고, 품질이 낮으며 가짜라는 오명을 청산하고 싶은 것이다. 중국 정부의 실행 계획에 의하면 제조업의 효율뿐만 아니라 혁신에 있어서도 도약을 준비하고 있다. 2025년까지 기반을 확보하고, 2035년까지 선진 제조업 강국과 경쟁이 가능한 수준으로 발전시켜, 중국 건국 100주년인 2049년까지는 세계의 제조업을 선두에서 이끌겠다는 야심을 담았다.

또한 중국제조 2025는 정보 기술, 로봇 기술, 우주 항공, 신소재 등 첨단 산업을 겨냥하고 있다. 반도체, 항공 엔진 등 첨단 과학 기술 분야에서는 중국의 해외 의존도가 높은 편이지만, 인공지능, 사물인터넷 등 신산업 분야에서는 두각을 보이고 있다. 중국의 IT 대표 기업인 BAT(바이두, 알리바바, 텐센트)는 인공지능에 막대한 자금을 투자하며 시장에 진입하고 있다.

전 세계 인공지능 관련 기업 시가총액에서 중국이 차지하는 비중은 32.3%로, 미국의 37.9%와 큰 차이가 없다. 일본 4.5%, 한국 1.3%보다는 월등히 높은 수준이다. 아직까지 중국의 AI 특허 등록 수는 미국에 이어 세계 2위이지만 특허 등록 수의 증가율은 미국의 7배에 달할 정도다. 전문가들은 중국이 정책과 인프라 등에 힘입어 10년 안에 미국의 AI 기술을 제칠 수 있을 것으로 전망하고 있다. 중국의 인터넷 발전과 많은 인구가 쏟아내는 막대한 양의 데이터는 전 세계 데이터의 13%를 차지한다. 빅데이터의 발전과 AI 기술 발전을 위한 인프라는 중국의 AI 기술 발전의 강점으로 작용하리라 예상되고 있다.

중국제조 2025

중국제조 2025 10대 분야	관련 산업
전기자동차, 연료전지차 및 배터리 부품 개발	신에너지 자동차
심해 탐사, 해저 정거장, 크루즈선 등 개발	첨단 선박 장비
신재생 에너지 설비 등 개발	신재생 에너지 장비
고정밀, 고속, 고효율 수치 제어 기계 개발, 헬스케어 교육 오락용 로봇 개발	산업용 로봇
원격 진료 시스템 등 장비 개발	첨단 의료기기
대형 트렉터와 수확기 등 개발	농업 기계 장비
반도체 핵심 칩 국산화, 5G 기술 개발, 빅데이터 처리 애플리케이션 개발	반도체 칩(차세대 정보 기술)
무인기, 첨단 터보엔진, 차세대 로켓, 중형 우주 발사체 등 개발	항공 우주 장비
초고속 대용량 궤도 교통 설비 구축	선진 궤도 교통 설비
나노 그래핀 초전도체 등 첨단 복합 소재 개발	신소재

중국제조 2025는 왜 논란의 대상인가

19세기 후반 '서세동점西勢東漸'의 거센 물결 속에 삼켜졌던 중국의 '150년 굴욕'을 끝낼 수 있는 순간을 잡았다고 중국 지도자들은 판단하고 있다. 1978년 개혁개방 이후 지금까지의 경제 실험이 '추격전(따라잡기)'이었다면, 역사의 커브길로 접어든 이 순간, 중국은 미국을 추월하여 전세를 뒤집으려고 한다. 임기 제한을 철폐한 시진핑 주석은 2035년까지 '사회주의 현대화 국가' 건설이란 로드맵을 제시했다. 이는 중국 인민공화국 건국 100주년이 되는 2050년까지 세계 최강 선진국을 실현한다는 '중국몽中國夢'의 중간 단계로, 이 목표를 실현하기 위한 핵심이 바로 기술 대국으로 올라서는 것이다. 중국은 '중국제조 2025'란 목표를 설정하고, 기술 자립화를 시도하고 있다. 미국의 입장에서 중국제조 2025는 외국 기업을 각종 불법적, 초법적인 방법으로 배제하면서 핵심 산업 분야에 중국 대표 기업을 만드는 것으로 인식되고 있다.

중국제조 2025년은 의심할 여지없는 중국의 산업 정책이다. 중국 정부도 산업 정책임을 숨기지 않는다. 산업 정책은 특정 산업을 정부가 선정하여 그 산업의 발전을 시장에 맡기지 않고 정부가 나서서 특정 기업이 그 산업에서 독점적인 지위를 누리면서 성장할 수 있도록 자원을 몰아주는 정책이다. 정부가 동원하는 자원은 재정 지원, 연구 개발 지원, 보조금 제공, 세제 혜택, 수출 지원, 외국 기업과의 경쟁에서 보호 등이 있다. 시장의 핵심인 자유 경쟁이 허용되지 않고 정부가 선정한 기업들만 생산 활동을 할 수 있기 때문에 타깃팅, 국가 대표 기업national champion 키우기라는 비판에서 자유롭지 못하다.

중국은 중국제조 2025가 정당한 산업 정책이라고 주장한다. 독일의 인더스트리 4.0를 차용한 중국의 제조업 혁신 전략인데, 독일은 허용하면서 왜 중국은 문제 삼느냐는 것이 중국 정부의 항변이다. 나아가 중국은 미국, 독일, 일본, 한국 등 모든 제조업 강국은 그들의 발전 과정에서 산업 정책을 구사했는데, 왜 중국의 산업 정책만 문제 삼느냐고 반발한다.

인더스트리 4.0과 비교해 볼 때 중국제조 2025의 폐쇄적·공격적 특성은 분명하다. 인더스트리 4.0은 제조업 강국인 독일이 디지털 대전환기에 후퇴하지 않기 위해 독일의 제조업에 디지털을 융합해서 혁신을 도모하는 전략이다. 스마트 팩토리는 인더스트리 4.0을 대표하는 개념이다. 인더스트리 4.0에는 중국제조 2025를 관통하는 자국산의 시장 점유율 목표 설정이나 외국인 투자 차별이 보이지 않는다.

외국 기업들의 불만은 중국제조의 불공정성에 집중되고 있다. 제조업 혁신을 가장한 중국 기업 보호 정책이라는 비난이 고조되고 있다. 중국제조 2025 계획의 국가 경제나 국가안보와 밀접하게 연관되어 있는 제조업 분야에 대한 투자, 인수 합병, 경영권 취득 등에 대한 보안 심사 강화가 그 대표적인 원성의 대상이다. '국가 경제나 국가안보와 연관된' 것이 무엇을 의미하는지 정확하게 정의되어 있지 않기 때문에 자의적으로 운영되어 규제의 예측 가능성도 없고, 외국 기업에 차별적으로 운영될 가능성이 높다는 지적이다.

중국제조 2025에는 중국 기업들이 지역사회 간접자본 개발 사업의 대부분을 맡도록 할 것이라는 목표가 포함되어 있다. 2020년까지 핵심 인프라 자재나 부품 중 40%를 중국 내부에서 조달해야 하며, 2025년까지는 80%까지 자국 내에서 조달해야 한다고 명시되어 있다. 외국 기업들이 차별받고 불이익을 받게 될 것은 분명하다.

중국제조 2025는 공격적인 산업 정책 실행을 위한 선언이다. 중국의 기술 굴기가 강력할수록 기존 국제 통상 질서에 대한 회의도 짙어간다. 외국과의 경쟁을 차단하고, 정부 보조금을 마구 뿌리며, 자국 시장에 진입한 외국 기업에는 교묘한 방법으로 불이익을 주는 중국식 기술 굴기는 기존 국제 통상 질서의 유효성에 강한 회의를 심어주고 있다. 중국에 진출한 한국 기업들이 바로 그 피해자들이다. 전기차 배터리 보조금 약속을 믿고 중국에 공장을 세운 삼성SDI와 LG화학은 기술력이 훨씬 뒤떨어지는 중국 배터리 업체에 시장을 빼앗겼다. 이런저런 규제를 내세우는 중국 정부를 감당할 수 없었기 때문이다. 한국 정부가 통상장관회의 등 여러 경로를 통해 문제를 제기했지만 중국은 개의치 않고 자의적으로 규제를 바꾸고 있다.

한국 전기차 배터리 제조업체의 수난사를 통해 볼 수 있듯, 외국 기업들은 그 도전에 제대로 맞서기 어려울 것이다. 중국제조 2025는 뉴 노멀 시대에 현존하는 수많은 갈등 요인 중 하나일 뿐이다. 중국이 적대적 인수 합병을 통해서 외국 기술을 탈취하려는 모습이 포착되면서 특히 미국에 경계심을 불러일으켰다. 갈등 요인들은 중국의 우주항공산업에 대한 외국계 기업 탄압, 중국 투자의 선결 조건으로 기술 이전을 강요하는 것, 기술 탈취 및 지식재산권 위반 등 끝없이 이어진다.

기술 굴기로 미국 추월하려는 중국

기술 변화기는 늘 새로운 승자를 만들어냈다. 1990년대 정보 통신 기술의 혁명은 한국을 IT 강국으로 탄생시켰다. 1980년대 후반 IT 개도국이었던 한국은 디지털 이동 통신으로의 변화 시기를 선진국 도약의 계기로 이용했다. 우편 배달과 전화 사업을 해오던 체신부는 시대의 변화를 감지했지만 변화를 기회로 활용하는 정부 능력의 부족함을 인정하고 싱크탱크에 청사진을 그릴 것을 주문했다.

독점과 규제 일변도 정책으로는 기회를 포착할 수 없다는 인식이 모아졌고, 민간의 창의와 활력을 도입하기로 방향을 정해 경쟁 도입, 개방, 자율화라는 큰 원칙을 세우고 정부는 규제 개편과 민영화를 추진하였다. 이런 청사진 아래에서 전화 사업에 경쟁이 도입되고, 이동전화에 민간 신규 사업자들이 진입하고, 전국을 연결하는 초고속 인터넷망이 구축되었다. 20세기가 끝날 때, 세계는 한국을 IT 최강 선진국으로 칭찬하기 바빴다. 당시의 추진 전략은 철저한 '불균형 발전' 전략이었다. 타 경제부처는 IT에서 번 돈을 그들도 같이 공유해야 한다고 주장했지만, '산업화는 늦었지만 정보화는 앞서 가자'는 의지를 넘을 수는 없었다. 싱크탱크와 민간이 참여하는 연구개발 추진 체계는 한국의 IT 기술과 역량을 획기적으로 끌어올렸다. 이때 축적된 역량을 바탕으로 삼성은 전자제품에서 소니를 추월하고, 통신에서 에릭슨과 노키아를 누를 수 있었다.

지금의 중국을 보면 그때의 한국이 떠오른다. 기술 변화기라는 변곡점과 강력한 추진 체계를 갖춘 중국. 미국의 견제를 뚫고 중국은 기술 굴기를 할 수 있을 것인가? 중국의 최대 강점은 8억의 인터넷 사용자들과 그들이 생산해내는 빅데이터다.

포털 검색, 온라인 쇼핑, 음식 배달, 차량 호출, 모바일 결제 등으로 축적되는 빅테이터는 중국 기업들의 보물창고가 되었다. 중국의 구글이라 할 수 있는 바이두가 3년간 AI 인재 10만 명을 키우겠다는 야심 찬 계획을 할 수 있는 것도 이런 기반에서 나온다. AI 분야에서 미국에 뒤처져 있는 중국이지만, 2030년 AI 세계 1위라는 목표가 공허한 구호만이 아닐 듯하다.

중국은 자국 시장의 빗장을 걸어 잠그고 지난 10년 동안 엄청난 규모와 빈도의 실험으로 선진국의 앞선 경험에 필적하려는 의도적인 시도를 해왔다. 기술 변화의 변곡점에서 강력한 추진 체계를 갖춘 중국은 미국의 견제를 뚫고 기술 굴기를 할 수 있을 것인가.

거세지는 미국의 중국 견제

중국의 기술 굴기가 선명해질수록 미국의 견제도 강해지고 있다. 중국 정부가 '중국제조 2025'의 고삐를 조일수록, 미국은 더 노골적으로 중국을 압박하고 있다.

#1. 2015년 가을, 미국 LA 공항으로 입국하던 한 중국 과학자가 현장에서 스파이 혐의로 체포되었다. 미국 유학을 끝내고 미국 기업에서 일할 때 안보에 민감한 정보를 중국으로 유출했다는 혐의가 적용되었다.

#2. 세계 시장의 70% 이상을 석권하고 있는 DJI의 드론에 미국이 제동을 걸었다. 2017년 11월 미국 〈뉴욕타임스〉는 미국 국방부가 드론의 비행 과정에서 교환되는 비행 장소, 비행 시간 등의 정보들이 유출될 가능성을 의심하고 있다고 보도했다.

#3. 2018년 3월, 트럼프 미국 대통령은 브로드컴의 퀄컴 인수를 금지하는 명령에 서명했다. 반도체 시장에 핵폭풍을 몰고 올 초대형 합병이 거대한 장벽에 막히게 됐다. "싱가포르 법에 따라 운영되는 브로드컴이 퀄컴을 인수할 경우 미국 국가안보를 위협할 가능성이 있다"면서 합병 금지 이유를 밝혔다. 이 결정은 미국 CFIUS(Committee on Foreign Investments in the United States, 외국인 투자 심의 위원회)의 권고를 받아들여 이루어졌다. 기업 간의 인수 합병 거래 조건이 합의되지 않은 상태에서 CFIUS가 관여하는 것 매우 이례적인 일이다. 미국은 브로드컴이 싱가포르 국적의 회사지만 그 뒤에 어른거리는 중국의 그림자를 보았다.

#4. 2018년 4월 하순, 중국 2위, 세계 4위 통신 장비 업체인 중국 ZTE가 미국 정부로부터 철퇴를 맞았다. 향후 7년 동안 미국산 제품을 ZTE에 판매 금지한다는 명령이 떨어졌다. 미국이 경제 제재를 가하고 있던 이란과 수상쩍은 거래를 하다 발각된 ZTE가 미국 정부의 시정 명령을 제대로 지키지 못했다는 이유 때문이다. ZTE의 주가는 폭락 했다. 시장에는 ZTE가 파산할지도 모른다는 흉흉한 소문이 돌았다.

중국에 대한 미국의 감시망은 전방위로 확대되고 있다. 시진핑 집권 이후 중국이 본격적인 기술 굴기를 대외적으로 선언하고, 미국에 중국을 대국Great Power으로 인정하고 합당한 대우를 요구한 이후, 미국은 그간의 중국이 미국의 체제에 수렴하리라는 오랜 꿈에서 깨어났다. 2016년을 계기로 본격화되고 있는 중국의 미국 내 투자는 미국의 일자리 창출, 경제 활성화라는 무지갯빛 시각보다는 기술을 가져가고, 인력을 데려가려는 시도로 인식하기 시작했다. 미국에 공장을 짓거나, 기업을 인수하려는 투자 계획을 개별 투자자나 기업의 독립적인 경제 행위가 아니라 중국 공산당이 만들고, 중국 정부가 지휘하는 작전 계획에 따라 벌어지는 움직임으로 보는 시각이 등장하기 시작했다.

사이버 보안

미국 국무부는 세계 시장을 석권하고 있는 중국 DJI의 드론 사용 제한령을 내린다고 2017년 미국 언론이 보도했다. 드론을 운용하는 과정에서 수집된 정보가 민간 기업인 DJI의 손을 떠나 중국 공산당으로 넘어가는 경우 심각한 안보 위협에 처할 수 있다는 것이 미국의 판단이다. DJI가 확실한 방법으로 의심을 벗지 못한다면, 가장 큰 시장인 미국을 포기해야 할 수 있다. 호주 또한 비슷한 이유(보안)로 중국의 대표 IT 기업 텐센트의 위챗 사용 제한을 발표했다.

사이버 보안 관련 미국과 중국의 갈등은 해묵은 것이다. 2015년 오바마 대통령은 시진핑 주석과의 정상회담에서 중국 정부가 미국 기업의 전산망을 해킹하여 기업 정보를 중국 기업에 제공했다는 물증을 제시하면서 몰아세웠다. 중국 정부가 재발 방지를 약속하고 봉합되었지만, 미국의 의심은 여전하다. 중국의 해킹 능력이 제거된 것이 아니기 때문이다. 2018년 퓨 서베이에 따르면 미국인의 87%가 중국의 사이버 공격을 심각하게 생각하고 있다고 한다. 미국인들이 중국과의 무역수지 적자, 중국과의 경쟁으로 인한 일자리 위협의 심각성보다 사이버 공격을 더 심각하게 느끼고 있음은 무엇을 의미하는 것일까.

화웨이는 미중 기술전쟁의 최전선에 있다. 중국의 대표적인 통신 장비 기업인 화웨이와 ZTE는 미국에서 활동이 자유롭지 못하다.

2018년 초에 ZTE는 미국 정부의 제재로 존폐의 기로에까지 내몰렸다. 4차 산업혁명의 핵심 기반인 5G를 구현하는 데 국가적인 총력을 기울이고 있는 중국, 중국 정부의 전폭적인 지원을 받고 있는 화웨이와 ZTE는 미국 내에서 그들의 장비 사용이 실질적으로 금지당하는 상황에 처해 있다.

지식재산권

중국의 지식재산권 침해는 해묵은 논쟁거리이다. 1990년대 미국은 중국과 지식재산권 협정까지 맺었지만, 현실은 협정과는 거리가 멀다. 중국도 이 점에 대해서는 강하게 부정하지 못한다. 중앙 정부는 강력한 의지를 가지고 있고 지속적으로 단속하고 있지만 지방에서 벌어지는 위반 사태는 힘이 미치지 못한다는 식의 중국답지 않은 변명으로 일관해 오고 있다. 중국이 짝퉁, 싸구려 제조업 위주에서 첨단 신산업 쪽으로 방향 전환을 하면서 이 문제는 더 뜨거워지고 있다. 지금 벌어지고 있는 미중 무역전쟁의 도화선을 미국이 해묵은 지식재산권으로 잡은 것도 이런 맥락에서다.

미국의 지식재산권 침해 위원회TCTAIP는 미국이 전 세계적으로 지식재산권 침해로 입는 손실이 약 6,000억 달러에 달하며, 이 가운데 87%가 중국에서 기인한다고 밝혔다. 미국이 무역전쟁을 불사하면서 지식재산권 침해를 방어하고 나선 것은 인공지능과 같은 첨단 산업에서 중국이 지식재산권을 도용하는 것을 막기 위해서다. 중국의 지식재산권 침해에 대응하는 조치로 미국은 1,300여 개의 품목에 25%의 추가 관세를 부과할 500억 달러(약 54조 원) 상당의 품목을 제시했다. 미국 무역대표부가 지목한 대상 품목은 항공 우주, 반도체, 산업 로봇, 정보통신, 바이오 신약 기술 등 첨단 분야가 포함됐다. 중국제조 2025에서 전략적으로 중국이 기술 굴기를 도모하고 있는 분야가 집중 타깃이 됐다.

ZTE 사태

화웨이와 함께 중국을 대표하는 통신 제조 업체인 ZTE는 2018년 초, 미중 무역전쟁 발발 초기 포연의 최전선에 있었다. ZTE가 쟁점으로 떠오른 이유는 미국의 이란 수출 금지령을 위반한 혐의로 제재를 받았는데, 시정 의무를 제대로 이행하지 않았다는 이유로 추가 제재를 받았기 때문이다. ZTE는 2017년 3월에 미국으로부터 벌금을 부과받고, 관련 제재 위반에 가담한 임직원을 징계하기로 약속했다. 그러나 시정 의무를 제대로 이행하지 않았다는 이유로 2018년 4월 추가 제재를 받았다. 추가 제재의 내용은 ZTE에 대해 7년 동안 미국 기업과의 거래 금지였다. 핵심 부품을 미국에 의존하고 있는

ZTE에는 날벼락이었다.

ZTE에 제동이 걸린 것은 2016년 3월부터이다. 미국 상무부는 중국 ZTE에 대한 미국산 부품 수출을 공식적으로 금지하겠다고 선언했다. 미국의 대 이란 수출 금지령을 어기고 미국 업체들(마이크로소프트, IBM, 오라클, Dell 등)의 제품을 이란 최대 통신사인 TCI에 공급했다는 것이 이유였다. 미국 정부가 확보한 ZTE의 내부 문서에 따르면 ZTE는 이란 외에도 북한, 시리아, 쿠바, 수단 등 금수 조치된 주요 5개국과 거래를 한 것이 밝혀졌다.

미국은 ZTE가 2010년 1월부터 2016년 3월까지 미국의 수출통제법 및 대 이란 제재법을 위반했으며, 이를 통해 4,000만 달러의 불법 수익을 누렸다고 비난했다. 수출이 금지된 통신 장비를 북한에 283회나 수출했으며, 미국의 휴대전화와 통신 장비를 수입한 뒤 이란으로 불법 수출한 건수는 251건이라고 미국 정부는 발표했다. 이런 의혹에 근거하여 2017년 미국 상무부는 ZTE와 벌금과 관련 직원 처벌에 합의했다. 그런데 ZTE가 이런 합의를 제대로 이행하지 않고, 오히려 해당 직원이 처벌이 아닌 막대한 보너스를 받은 것으로 확인되면서, 미국 정부는 ZTE에 향후 7년간 미국 기업과 거래를 할 수 없도록 추가 제재 조치를 했다.

ZTE는 통신 장비에 들어가는 부품의 25~30%를 미국에서 조달하는 것으로 알려져 있다. 휴대폰 생산에 들어가는 부품의 3분의 1은 미국 퀄컴과 인텔에서 조달한다. 통신 장비의 핵심 부품인 반도체, 스토리지 시스템, 광학 부품 역시 미국에서 수입하고 있다. 반도체는 퀄컴, 인텔, 마이크론 등에서, 광학 부품은 메이너드, 아카시아, 오클라로, 루멘텀, 소프트웨어는 마이크로소프트, 오라클 등에서 수입하고 있다. 핵심 기술과 부품은 거의 다 미국산을 사용하고 있는 상황에서 미국 기업과의 거래 중지는 ZTE의 통신 장비 제조에 심각한 타격을 줄 수밖에 없었다. 미국의 제재가 시작된 날부터 홍콩과 중국 선전 증시에 상장된 ZTE 주식의 거래는 중단됐다. 4월로 예정됐던 연례 주주총회도 무기한 연기됐으며, 부품 조달에 어려움을 겪으면서 선전에 있는 공장은 가동을 멈췄다. 공장 근로자들은 2~3일 간격으로 연수를 받거나 장기 휴가를 갔으며, 중국 내의 ZTE 스마트폰 온라인 판매도 중단됐다. ZTE가 스마트폰 사업부를 매각한다는 보도가 이어졌다.

존망의 위기에 몰린 ZTE는 시진핑 주석의 필사적인 구명 노력으로 가까스로 위기에서 벗어나게 된다. 2018년 5월 15일, 트럼프 대통령은 ZTE 제재를 철회한다고 자신의 트위터에 밝혔고, 5월 27일 트럼프 대통령과 시진핑 주석은 ZTE 제재 완화에 대해 합의했다. 제재를 푸는 대신 ZTE가 10억 달러의 벌금, 30일 이내의 경영진 교체, 향후 10년간 중국어를 구사하는 미국인으로 구성된 준법팀 운영 등의 조건을 수용했다고 미국 상무부가 발표했다. 이러한 상황의 반전에 대한 미국 내 여론은 그리 호의적이지 않았다. 미국 정치권은 강력하게 반발했고, ZTE 제재 해제를 무력화하는 법안이 발의되었다.

이 법안에는 ZTE에 대한 제재를 원상 복구하고 미국 정부 기관은 ZTE는 물론 화웨이의 통신 장비 구매 금지하라는 내용이 포함되어 있었다.

ZTE 사태는 중국에 미국과의 기술 협력을 통해 중국의 기술 수준을 높이려는 구상은 모래성과 같을 수 있다는 것을 일깨우는 계기가 되었다. 미중 관계가 협력적 경쟁에서 대립적 갈등으로 옮겨 갈수록, 예전과 같은 미국의 핵심 기술에 의존한 중국의 기술 추격은 더 이상 불가능하다는 냉정한 현실을 중국 정부는 받아들여야 했다. 중국의 양적 팽창에도 불구하고 핵심 기술을 미국에 의존하고 있는 현실에서는 미국에 열세일 수밖에 없음을 중국 공산당 지도부는 분명히 인식하게 되었다.

ZTE뿐만 아니라 화웨이, 바이두, 알리바바, 텐센트 등 중국의 주요 IT 기업들 역시 미국에 의존하고 있다. 중국의 IT 기업뿐 아니라 중국은행, 중국 공산은행 등 많은 중국의 기업들도 미국의 기술에 의존하고 있다. 중국의 IT 기업들은 애플, 구글, 마이크로소프트, 퀄컴 등이 제공하고 있는 소프트웨어와 지식재산권을 활용하고 있다. 2017년 세계 20대 반도체 기업 가운데 13개가 미국 기업이다. 중국의 반도체 수준은 아직까지 국제 첨단 수준에는 한참 미달인 것으로 알려져 있다. 메모리 분야 역시 미국의 마이크론과 한국의 삼성, 하이닉스 등이 독점하고 있는 상태다. 그뿐만 아니라 D램과 낸드플래시 역시 전적으로 수입에 의존하고 있다.

ZTE 사태는 중국 정부와 지식인들에게 기술 굴기의 중요성을 각성시키는 계기가 되었다. ZTE 사태를 계기로 중국 내에서는 "언제 우리가 미국에 기술 달라고 했냐", "미국이 기술을 줄 것처럼 생각했다면 그것은 환상이다", "미국에 기술 구걸하지 말고 중국 스스로 확보해야 한다"는 '기술 자립'의 목소리가 더욱 강해지고 있었다. 시진핑 주석은 중국의 개혁개방 40주년인 2018년 10월 기념행사에서 '기술 자립' 없이는 중국몽의 달성은 없다고 강조하기에 이른다.

미국의 관점에서 ZTE 사태는 중국은 신뢰할 수 없다는 인식을 더 강화하는 계기가 되었다. 말로는 제재를 이행한다고 해놓고 이행하지 않고 있었다는 것은 미국의 법망을 기만할 수 있다는 생각 때문이 아니었을까. 철저한 법 이행이 무엇보다도 강조되는 미국 시스템에 대한 이해가 부족해서인가 아니면 미국 시스템의 허점을 노릴 수 있다고 자신해서인가. ZTE 사태는 중국에 대한 경각심을 일깨워 주었다. 중국과 상대할 때는 반드시 약속을 제대로 이행하는지 감시를 해야 한다는 인식을 확인시켜 주었다.

미국에서 영업 행위를 하는 중국 기업의 미국법을 위반해서 제재를 받았고, 그 제재를 제대로 이행하지 못했다는 것이 ZTE 사태의 실체적 진실이다. 그러나 ZTE 사태는 중국에는 기술 굴기의 결기를 되새기게 만들었고, 미국에는 중국 경계령을 더 강화하는 계기가 되었다. 후일 역사는 ZTE 사태를 어떻게 기록할까.

화웨이, ZTE는 중국 공산당의 통제 아래 있는가

화웨이와 ZTE는 공식적으로 민간 기업이다. 하지만 미국을 중심으로 중국 바깥에서는 화웨이와 ZTE가 중국 공산당의 실질적 영향력 아래에 있다는 의구심을 지속적으로 제기해 왔다. 그 논란의 중심에는 두 회사의 불투명한 지배 구조가 있다.

화웨이는 주식 시장에 상장되지 않은 비상장사이다. 이 때문에 주주 구성 자체가 베일에 가려져 있다. 언론 보도에 따르면 주식의 98.6%를 노동조합인 공회에 가입한 직원이 갖고 있다고 한다. 직원은 재직 중 소유한 주식을 팔 수 없으며 퇴사하면 반납해야 한다. 런정페이 회장의 지분은 1.4%에 불과한 것으로 알려져 있다. 그리고 화웨이 주주(노동자)를 대표하는 '투자지주조합'에서 이사회를 이끌 이사들을 선출하는 것으로 알려져 있다. 그 선출 절차는 외부에 공개되지 않는다. 중국 정부는 공식적으로 화웨이 주식을 단 한 주도 가지고 있지 않지만, 공회가 중국 공산당의 직접 감독을 받는 하부조직이라는 점이 의혹의 핵심이다. 공회는 단순한 노조가 아닌 사회주의 체제를 지탱하는 사회 단체다. 중국의 공회법에는 '공회가 공산당의 기본노선, 방침, 정책 등을 견지하고 당의 지도 사상을 관철한다'고 명시되어 있다. 서구의 종업원 지주회사와 큰 차이가 있다. 전문가들은 화웨이의 이런 지배 구조가 '눈속임'이며 화웨이는 사실상 중국 정부가 통제하는 기업이고 이를 '노동자 소유 기업'이라는 외피로 은폐하고 있다고 분석한다. 런정페이 회장은 인민해방군 정보기술학교 출신이며 중국 공산당과 관련된 경력도 있는 것으로 알려져 있다.

ZTE는 1985년 국유 기업으로 설립되었고 1997년 민간 기업으로 전환되었다. ZTE는 선전과 홍콩 증시에 상장되어 있다. ZTE의 최대 주주는 중싱신中兴新이라는 회사로, 2015년 기준 30.5%를 소유하고 있고 나머지 70%는 주식 시장에서 거래될 수 있다. 중싱신의 최대 주주는 중국 국무원 국유자산감독관리위원회에 속하는 중국 항톈과학기술그룹中国航天科技集团과 중국과학공업그룹中国科工业集团이다. ZTE의 지배권을 가지고 있는 중싱신의 총 주식 51%가량을 중국 정부가 가지고 있어, ZTE는 여전히 중국 정부의 지휘권 아래에 있다고 평가된다.

'경제 안보'를 위한 인재전쟁

미국의 중국 투자 견제 장치, CFIUS

세계 최대의 인수 합병이라고 주목을 받은 브로드컴의 퀄컴 인수 계획을 좌절시킨 CFIUS(외국인투자 심의위원회, Committee on Foreign Investments in the United States)는 인수 합병을 시도하는 외국 기업이 나타났을 때, 미국의 국가 안보에 위협이 되는지를 판단하는 기구이다. CFIUS가 문제를 제기하는 대부분의 인수 합병 사례는 중단되거나, 전면 수정이 되어 왔다.

2013~2015년 사이 CFIUS의 심의를 거친 국가별 인수 합병 사례는 중국이 74건으로 가장 많다. CFIUS가 2015년 미국 의회에 제출한 연차 보고서에 따르면 2013년부터 2015년까지 CFIUS가 심사한 387건의 사례 중 중국은 20%를 차지한다. 같은 기간 중 두 번째와

세 번째로 많은 심사 대상으로 오른 캐나다의 49건, 일본의 40건을 압도하는 수치다.

트럼프 정부는 2017년 국가안전보장전략National Security Strategy 보고서에서 중국을 염두에 두고 "미국의 지적 재산, 데이터를 훔쳐 악용하고, 미국의 정치에 개입하고, 항공우주산업을 노리고, 중요한 인프라를 위험에 노출시키고 있다"고 지적한 바 있다.

2018년 의회에서 통과된 수정 입법은 CFIUS가 기존 '국가 안보에 위협이 되는 인수 합병'의 범주를 '경제 안보'의 개념까지 확대할 수 있다는 내용을 포함하고 있다. '특별 관심 국가'의 자본이 미국의 첨단 기술 및 안보 관련 기업에 투자할 때 허가 요건을 크게 강화하여 적대적 인수 합병이나 핵심 기술 유출을 막는 내용의 '외국인 투자 리스크 심사 혁신법(FIRRMA, Foreign Investment Risk Review Modernization Act)'이란 이름의 이 수정 입법은 중국의 인수 합병뿐만 아니라 그린필드형 투자까지 심의하겠다는 의지를 명확히 보여주고 있다.

'특별 관심 국가'라고 하지만 사실상 중국을 겨냥하고 있다고 볼 수 있다. 이 법에는 투자국의 상호 호혜성reciprocity을 평가하겠다는 항목도 포함되어 있다. 중국이 자국의 시장을 개방하지 않는 한 미국 기업과의 인수 합병은 더욱 어려워짐을 의미한다. 이 법안은 합자회사 또는 외국인 지분이 작은 회사라도 핵심 기술, 기반 시설 관련 분야, 외국으로의 기술 이전과 관련된 경우 CFIUS의 심의를 받도록

하는 내용을 담고 있다. 또한, 군 시설을 포함한 안보 관련 시설과 인근의 부동산에 외국 자본이 투자할 경우에도 CFIUS 심의를 거치도록 했으며, CFIUS에 인수·합병 등의 거래를 중단시키거나 조사 중인 사안에 새로운 요구 조건을 추가할 권한도 부여했다. 중국 자본이 미국 기업과의 합작 투자를 통해 첨단 핵심 기술을 빼가거나 미국의 주요 기술 기업을 인수하기가 어려워지게 될 전망이다.

푸젠진화, 제2의 ZTE 사태

중국은 반도체 굴기를 꿈꾼다. 2015년 10% 부근에 머물고 있던 반도체의 자립 수준을 2030년에 70%까지 높인다는 꿈의 계획이 만들어졌다. 중국이 반도체 굴기를 실현하는 방식은 국가대표선수 선발, 집중 육성이 있다. 집중 육성 기간에는 외국 기업과의 경쟁 차단 등 전형적인 산업 정책의 수단이 총동원된다. 그 반도체 굴기는 미국의 집중 견제를 받고 있다.

2018년 10월, 미국 상무부는 중국 메모리 반도체 업체인 푸젠진화福建晉華에 미국산 반도체 장비와 부품, 기술, 소프트웨어 수출 금지 명령을 내렸다. 중국 D램 제조업체인 푸젠진화는 2016년에 탄생한 햇병아리 신생기업이다. 푸젠진화가 주목받는 것은 중국제조 2025의 핵심인 반도체 굴기 산업 정책의 실체이기 때문이다. 푸젠진화는 허페이창신合肥長鑫, 칭화유니清華紫光와 함께 중국이 국가대표로 키우고 있는 기업이다. 푸젠진화는 그동안 대만 반도체 업체인 UMC와 기술 협력을 맺고 메모리 D램 제조 라인 1기를 구축해 왔다. 푸젠진화의 D램 양산까지는 불과 몇 개월 후면 가능하다는 관측은 미국의 제제로 어긋나게 되었다.

미국은 왜 푸젠진화에 칼을 빼 들었을까? 마이크론은 푸젠진화와 기술 도용 관련 법적 다툼을 벌이고 있다. 마이크론은 2017년 12월 대만 반도체 업체 UMC와 푸젠진화를 기술 도용 혐의로 고소했다. 마이크론은 자사의 직원이 기술 자료를 빼돌려 대만 UMC 경영진에게 넘겨줬고, UMC는 푸젠진화에 이 기술을 넘겨주었다고 의혹을 제기한다.

한국 기업들과 메모리 시장에서 힘겨운 경쟁을 벌이고 있는 마이크론은 푸젠진화의 메모리 반도체 양산이 본격화되면 경쟁에서 더 열세에 처할 것으로 우려해 왔다. 그래서 기술 도용 소송으로 푸젠진화의 약진에 제동을 걸려고 했다. 푸젠진화는 이에 맞서 마이크론을 기술 침해를 이유로 중국 법원에 제소했다. 중국 법원에서 진행된 소송에서 푸젠진화가 승소하면서, 마이크론 중국법인은 일부 반도체 제품의 수입 판매 금지 처분을 받았다. 마이크론은 전체 매출의 절반이 중국에서 발생되는 만큼 소송 패소로 인한 충격은 심각했다. 중국 법원의 판결 이후 미국 정부의 행보는 빨라졌다. 미국 상무부는 미국 기업이 푸젠진화에 반도체 장비와 부품, 기술, 소프트웨어를 수출하지 못하게 했다. 미국 법무부는 푸젠진화와 대만 UMC, 이들 회사 직원 3명을 마이크론의 영업 비밀을 훔친 혐의로 기소했다.

미국의 푸젠진화에 대한 제재는 제2의 ZTE 사태를 방불케 했다. 2018년 말까지 D램 양산에 돌입한다는 푸젠진화의 목표는 실패로 돌아갔다. 시제품조차 내놓지 못했다. 중국 반도체 회사에 메모리 기술을 전수해온 '다리' 역할을 해온 협력 기업인 대만의 UMC가 기술자들을 철수시킨다는 보도가 나왔다. 시장에서는 'UMC가 푸젠진화에서 손을 뗀다'는 소문이 돌았다. 수조 원을 투자한 생산 설비는 쓰레기가 되어 버렸다. 미중 무역전쟁은 중국의 반도체 굴기에 치명상을 입혔다. 중국은 다시 일어날 수 있을까.

미중 인재전쟁

2018년 12월 1일, 스탠퍼드대학교 물리학 교수의 사망 소식이 전해졌다. 공교롭게도 같은 날 미국 정부의 인도 요청에 따라 캐나다 밴쿠버 공항에서 체포된 화웨이의 실질적 이인자인 멍완저우에게 세상의 이목이 온통 집중되어 있어서 한국 언론에는 보도조차 되지 않은 이 부고는 어쩌면 미중 패권경쟁의 실체를 보여주는 비극적인 사례일 지도 모른다.

50대 중반 중국계 교수인 그의 죽음은 만성 우울증 때문이라는 유족들의 설명에도 불구하고, 인터넷에는 미중 갈등의 희생양이라는 음모론이 모락모락 불을 지피고 있다. 의혹의 배경에는 '천인계획'으로 명명된 중국의 글로벌 인재 확보 야심과 미국의 중국 기술 굴기 견제가 자리 잡고 있다.

중국 상하이에서 태어나 명문 푸단대학을 졸업하고 미국의 뉴욕 주립대학교에서 박사학위를 취득한 장수우청은 스탠퍼드대학교의 교수로 임용된 이후 탁월한 연구 업적으로 물리학계의 스타 학자로 떠올랐다. 그의 연구 성과는 권위를 자랑하는 〈사이언스〉지의 '가장 중요한 10대 과학적 업적' 목록에 오를 정도로 주목을 받았다. 응용 물리학과 전기 공학 분야의 그의 성과를 주목한 중국 정부는 천인계획에 그를 영입하였다. 몇 년 후, 그는 실리콘밸리에 벤처 캐피탈인 단화 캐피탈을 창업했다. 세간의 의혹이 집중된 것은 그의 사망 바로 전날, 단화 캐피탈이 '중국제조 2025'에 관련된 미국 기술을 중국으로 유출했다는 미국 무역대표부의 발표 때문이다.

'중국제조 2025'는 중국 정부가 지정한 인공지능, 반도체 등 미래 핵심 기술 분야 10개에서 중국의 기술 자립도를 획기적으로 높이려는 중국 정부의 야심만만한 산업 정책이다. 2015년 시진핑 주석이 집권한 후 제시된 이 정책은 서방 기술에 의존해온 중국의 경제 패러다임을 중국 기술 중심으로 변화하려는 기술 굴기 정책다. 이 계획대로 중국이 기술 굴기를 이룩한다면, 그 파장은 단순한 기술과 경제의 영역에만 머물지 않을 것이다.

중국 산업에 핵심적인 기술을 제공해온 미국, 한국, 일본은 그들의 시장을 잃게 될 뿐 아니라, 중국은 선진 민주국가들의 영향력을 배제한 중국이 주도하는 글로벌 가치사슬을 만들어낼 수 있게 된다. 기술 굴기를 이룬 중국은 더 이상 선진 민주국가들의 기술을 필요로 하지 않게 될 것이고, 그들의 견제에도 아랑곳하지 않고 중국 공산당의 핵심 이익을 고수하며 강경한 대외 정책을 추진할 수 있는 지역 패권 국가로 실질적으로 부상하게 된다. 정치 체제는 달라도 경제라는 연결고리로 협력과 공존의 공간을 모색해왔던 중국과 민주국가들은 또 다른 냉전으로 치달을 것이라는 우려가 팽배하다.

중국의 기술 굴기의 바닥에는 중국의 인재 확보가 자리 잡고 있다. 중국의 천인계획은 2008년부터 추진되어 왔다. 해외에 있는 중국인뿐만 아니라, 외국인들에게도 중국 정부는 파격적인 연봉과 연구비, 주택, 의료, 교육 인센티브를 제공하면서 인재 싹쓸이해오고 있다. 〈사우스차이나 모닝포스트〉의 보도에 따르면 지금까지 약 7,000명 정도의 해외 중국계 과학자, 교수, 기업인들이 천인계획에 영입되어 중국으로 귀국했다고 한다. 미국을 포함한 상당수의 외국 과학자와 교수들도 천인계획에 영입되었다고 알려져 있다.

미국이 중국의 기술 굴기를 본격적으로 봉쇄하기로 결정한 후, 중국의 천인계획은 미국 정부의 감시 대상이었다. 천인계획으로 영입된 중국 과학자들이 미국에서 스파이 혐의로 체포되는 빈도가 점점 늘어가고 있다. 천인계획으로 영입된 미국 과학자들은 양자택일의 선택을 강요받는 상황까지 발생하고 있다. 미국의 열린 교육 기회와 취업이 중국의 기술 굴기에 이용된다는 의혹은 미국의 대학으로까지 번지고 있다. 외신에 따르면 2019년 MIT 조기 입학 허가를 받은 중국 본토 출신 학생은 한 명도 없다고 한다.

천인계획은 빙산의 일각이다. 기술 굴기를 꿈꾸는 중국은 중앙 정부 차원의 계획 이외에도 지방 정부, 대학 차원의 다양한 과학 기술 분야의 외국 인재 확보 계획을 가지고 있다. 이들은 하나같이 '거절하기 어려운' 달콤한 제안으로 외국 인재들을 유혹하고 있다. 세계 최대의 시장으로 성장해 가고 있으며, 디지털 대전환기에 인공지능 분야의 사우디아라비아로 불리는 중국의 무궁무진한 실험 기회와 지원은 쉽게 뿌리치기 어려울 것이다. 한국도 중국 천인계획의 영향권에 있다.

트럼프는 어떻게 협상하는가

타결과 결렬의 갈림길

2019년 10월 11일 백악관. 미중 무역협상의 1단계 합의Phase 1 deal 에 도달했다고 트럼프 대통령이 발표했다. 워싱턴에서의 미중 고위급 협상이 끝난 다음, 중국 측 수석 협상 대표 류허를 백악관으로 초청하여 간담회를 하는 자리에서였다. 중국이 연간 400억~500억 달러 규모의 미국 농산물 구매 약속했다면서, 합의문 완성까지 몇 주의 시간이 걸릴 것이라는 설명까지 달았다.

"1단계 합의? 그렇다면 모든 쟁점이 타결점을 찾지 못했다는 거네."

도대체 합의된 분야는 뭘까. 세상은 의문으로 가득했지만 합의문이 발표될 때까지 기다려야 했다. 10월이 지나고 11월이 찾아왔다. '미국 최대의 명절인 추수감사절 이전에는 합의 결과가 나오겠지'

하는 관측은 현실로 나타나지 않았다. 그렇게 11월이 흘러갔다. 여전히 합의문은 치열한 막판 협상 중이었다.

미중 무역전쟁이 2년째 이어지면서 미국 중서부의 농가들은 중국 수출이 막혀서 불만이었다. 트럼프 대통령은 일본과의 무역 협상을 성사시키면서 일부 불만을 해소했지만, 중국의 농산물 시장을 일본이 완벽하게 대체할 수는 없는 노릇이었다. 2019년이 가기 전에 트럼프는 중국으로부터 '농산물 대량 구매'라는 승리를 거두고 싶어 했다. 트럼프의 이런 속내를 뻔히 보고 있는 중국이 쉽게 승리를 안겨 줄 리는 만무하다. 중국은 농산물 대량 구매해 주면 미국이 그들에게 무엇을 해 줄 수 있는지 궁금해했다.

중국은 미국의 강압에 맞서 손실을 감수하면서도 지금까지 저항하고 버텨왔다. 시진핑은 제국주의 미국과 합의한다고 발표했을 때, 중국 인민들이 납득할 수 있는 그 무엇인가를 얻어 내어야만 했다. 중국은 미국이 그간의 무역전쟁에서 쌓아 올린 높은 관세를 원래대로 돌려놓을 것을 요구했다. 그 요구가 관철되면, 중국은 미국으로부터 고관세 철폐를 얻어내는 대신 미국에 농산물 대량 구매를 약속한 것으로 설명할 요량이었다.

트럼프의 관점에서 보면 이런 구도는 무역전쟁 이전의 상황으로 회귀하는 셈이다. 미국은 중국에 다른 WTO 회원국과 같은 관세를 부여하고, 중국은 어차피 필요한 농산물 수입을 미국을 몰아주면 될 일이다. 문제는 중국의 요구대로 고관세를 철폐한 후, 뒷감당을 미국이 할 수 있을 것인가. 중국이 약속한 수입 물량을 제때 구매하지 않으면 어찌할 것인가. 그때 가서 미국이 다시 관세를 올린다면, 미국 내의 반발을 어떻게 잠재울 수 있을까. 무엇보다도 '협상의 달인'이라고 스스로 치켜세웠던 트럼프 대통령으로서는 중국의 협정 불이행에 대한 안전 장치도 제대로 확보하지 못했느냐는 비난에 직면하게 될 것이다.

트럼프의 초강수

1단계 합의 이야기를 공표했음에도 중국이 모든 관세를 전쟁 이전의 상태로 원위치해줄 것을 집요하게 요구하자, 트럼프는 그가 애지중지하는 카드를 다시 집어 들었다. 아직까지 관세 폭탄의 투하 영역에서 배제되어 있던 전자 제품, 장난감 등 중국산 소비재에 15% 수입 관세를 부과하겠다고 엄포를 놓은 것이다.*

트럼프가 정한 시한은 12월 15일. 중국에 최후 통첩을 날렸다. 트럼프가 던진 공은 시진핑에게 갔다. 시진핑은 선택해야 하는 상황에 몰렸다.

시진핑이 끝까지 버티어서 12월 15일이 오면, 트럼프는 그가 공언

---

* 여기에는 중국에서 조립되는 애플의 아이폰도 포함된다.

한 대로 15% 관세를 매겨야 한다. 시한을 뒤로 연장하게 되면, 트럼프의 공언은 허세bluffing였음을 세상에 들키게 된다. 미국 산업계에서는 크리스마스를 앞두고 중국산 소비재들에 15% 관세를 물리는 것이 미국 기업과 소비자에게 너무 지나친 것이라는 반대 여론도 만만치 않았다. 아이폰을 중국에서 조립해서 미국으로 수출하는 애플은 아이폰에 15% 관세를 매기면 삼성 갤럭시에만 좋은 일 시킨다면서 트럼프에게 예외 조치를 요구하기도 했다.

시진핑은 트럼프의 '12월 15일 15% 관세 인상'이 진심인지 허세인지 알아내야 했다. 그간 몇 차례 관세 인상 협박을 하고도 결정의 순간이 오면 뒤로 물러선 트럼프를 생각하면 이번에도 그럴 듯했다. 그렇지만 이번은 다를 수도 있지 않을까. 트럼프가 협상의 달인이라면 지금까지 물러선 것은 더 큰 것이 걸려 있는 순간이 왔을 때, 완벽하게 상대를 속이기 위한 위장 전술일 수도 있다. 시진핑은 고심에 고심을 거듭했다.

당신이 시진핑 주석이라면 어떻게 할 것인가? 그간의 트럼프의 행태를 믿고 버텨 볼 것인가? 아니면 이번에는 진짜 실행할 것이라고 믿고 양보할 것인가? 그간 늘 말이 앞서는 트럼프를 이번에는 진짜 실행할 것이라고 믿고 양보하기에는 뭔가 찜찜하지 않은가? 중국은 그동안 구축해 온 미국 라인을 가동했다. 주미 중국대사가 트럼프의 핵심 인사와 접촉했다.*

중국: 우리에게 합의할 명분을 주어야 하지 않겠나. 미국의 고관세를 원상 회복해 달라.

미국: 이렇게 생각해봐라. 당신들이 합의하지 않으면 트럼프는 진짜 15% 관세를 12월 15일 즉시 감행할 것이다. 중국이 합의하지 않으면 더 많은 것을 잃게 된다. 고관세 철회에 집착하면 더 많은 것을 잃을 수 있음을 명심하라.

---

* 트럼프의 핵심 인사란 트럼프의 사위이자 백악관 선임 고문인 쿠슈너였다. 이 책의 본문과 다음 이야기는 미국 언론에 보도된 내용을 재구성한 것이다. 중국은 2016년 미국 대선에서 힐러리가 당선될 것을 확신하다가 의외로 트럼프가 당선되자 충격과 경악에 빠졌다. 트럼프와 연결할 수 있는 네크워크가 전혀 없었기 때문이다. 그래서 공을 들인 것이 쿠슈너였다. 젊고(중국 입장에서는 어리고 선입견 없다는 뜻), 공직 경험 없고(중국에 대한 경계심이 없이 순진하다는 뜻), 아내는 중국과 사업으로 연결되어 있고, 게다가 트럼프가 신임하는 쿠슈너는 중국 입장에서 이보다 더 좋을 수 없는 공략 대상이었다. 쿠슈너를 중국 대사에게 소개한 것은 1972년 역사적인 닉슨-마오 정상회담을 베이징에서 연출하여 중국을 '죽의 장막'이라는 고립에서 세계 무대로 나오게 하는 데 혁혁한 공을 세운 키신저 전 국무장관이었다. 키신저는 은퇴 후에도 중국 정가와 미국을 연결하는 워싱턴 인맥의 최고봉이었다.

· Bob Davis and Lingling Wei (2019), "How the U.S. and China Settled on a Trade Deal Neither Wanted", Wall Street Journal January 14, 2020

· Steve Benen (2019) "Stumbling on Trade with China, Trump Runs to Jared Kushner (Again)", MSNBC, December 5, 2019

· Adam Entous and Evan Osnos (2018), "Jared Kushner is China's Trump Card", The New Yorker, January 20, 2018

트럼프 핵심 인사의 말에 중국은 더 이상 버티는 것이 무모하다고 생각했을까. 마지막까지 버티던 중국은 12월 15일 시한을 이틀 앞두고 두 손 들어버렸다. 미국은 무역전쟁 시작 이후 중국산에 부과해 온 고관세의 일부만 경감하고 중국의 양보를 받아냈다.

시진핑이 끝까지 버텼으면, 트럼프는 진짜 12월 15일 15% 관세 인상을 감행했을까? 트럼프 자신 이외 그 누구도 그 대답을 알 수 없다. 중국이 트럼프 핵심 인사 이야기를 액면 그대로 수용했을 만큼 순진하진 않았을 것이다. 객관적인 상황에 대한 분석이 있었다.

진짜였을까, 허세였을까

트럼프는 뭘 믿고 중국에 초강경 자세로 나갔을까? 그는 믿는 구석이 있었다. 미국 경제는 10년이 넘게 경기 확장세를 기록하고 있었다. 글로벌 금융 위기 직후인 2009년부터 시작된 경기 확장세는 120개월이 넘게 이어지고 있었다. 미국 역사상 최장기간 경기 확장세가 지속되고 있었던 것이다. 2019년에는 미국 경기가 하강할 것이라는 다수의 비관적 예측은 보기 좋게 빗나갔다. IMF는 2019년 도중 전 세계 다른 모든 선진국의 성장률은 하향 조정했지만, 미국만은 상향 조정해야 했다. 실업률은 지난 50년 이래 최저 수준인 3.5%를 기록했다. 경제학에서는 4% 실업률을 완전 고용 수준으로 간주하는데, 미국은 이보다 낮은 수준이었다. 일자리를 구하려는 사람들은 모두 일자리를 찾았다는 뜻이다. 트럼프가 그렇게 신주단지 모시듯 애지중지하는 주가도 2019년에는 계속 상승세였다. 2019년 한 해 동안 다우존스는 22%, S&P 500지수는 29%, 나스닥은 무려 35% 상승했다.

반면 중국 경제는 6% 성장을 위협받고 있었다. 구조적 경기 후퇴에 접어든 중국은 미중 무역전쟁이란 악재까지 겹쳐 경제성장률 6%대 달성을 위협받고 있었다. 간신히 6%대를 방어한다고 해도, 천안문 민주화 시위 강경 진압으로 서방 국가로부터 경제 제재에 내몰렸던 1990년 이후 최저의 경제성장률이 이미 예견되고 있었다. 협상의 막바지 긴박한 결정의 순간. 더 이상 버틸 여력이 없는 국가가 먼저 손을 들 수밖에 없다. 2019년 12월 초, 그것은 중국이었다.

두 명의 트럼프

대통령 트럼프 안에는 두 명의 트럼프가 존재한다. 정치인 트럼프와 사업가 트럼프. 세상은 대통령 트럼프의 말을 들으면서 사업가 트럼프를 본다. 대통령 트럼프의 행동을 보면서 사업가 트럼프를 떠올린다. 다른 정치 경력 없이 곧장 대선 경쟁에 뛰어들어 대통령이 된 인물. 그의 내면을 장악하는 것은 사업가로서의 정체성이었다.

대통령으로서 그가 하는 말과 행동은 그가 평생 경력을 쌓아 왔던 비즈니스 세계에서 통용되던 말과 행동에서 왔다. 대통령다움을 느끼게 하는 품격과 위엄을 그에게서 기대하기는 어려웠다. 부패한 기성 정치를 변화시키려는 이단아로 자신의 이미지를 구축하고 있는 트럼프. 강한 압박, 과장된 표현, 거친 태도는 자신감의 표현이라고 그는 굳게 믿는다.

세계 곳곳에 호텔, 골프장, 카지노를 건설하여 '트럼프 왕국'을 구축한 그는 자신을 '협상의 대가'로 믿고 자랑하면서 살아왔다. 자신의 성공 비결은 상대방의 허를 찌르는 협상의 기술 때문이라는 트럼프는 40대에 《거래의 기술The Art of the Deal》을 펴내면서 일약 유명해졌다.* 1987년 발간된 이 책은 〈뉴욕타임즈〉 베스트셀러에 10주 이상 올랐다. 미국 유학생 시절, 흰색 셔츠에 붉은 넥타이를 맨 어느 백인 남자가 맨하탄 센트럴파크를 배경으로 있는 사진을 표지에 내건 그 책을 공항 구내서점에서 마주친 기억이 지금도 생생하다. 사진 속 그 남자가 30년 후 미국 대통령이 될 줄이야. 대통령이 된 트럼프는 사업가로서의 트럼프를 도저히 숨기지 못했다. 사업가 트럼프가 협상하던 방식은 대통령 트럼프의 세계에서도 그대로 이어졌다.

---

* 이 책은 트럼프의 단독 저술이 아닌 공저다. 트럼프가 실제 저작에 참여하지 않았다는 주장도 제기되었다.

첫째, 상대의 의표를 찌른다

2017년 4월 시진핑 주석은 미국 플로리다 마러라고에서 트럼프 대통령과 최초의 정상회담을 가졌다. 회담 직전 분위기는 어수선했다. 트럼프는 대선 유세에서 중국을 거세게 몰아붙일 것임을 여러 차례 예고했다. 트럼프가 당선인 신분일 때 관례를 깨고 중국이 아닌 대만의 축하 전화를 먼저 받았던 행동에 시진핑은 분노했었다.

태평양을 가로질러 마러라고로 날아오는 내내 시진핑은 불안감을 떨치지 못했다. 정작 뚜껑을 열어보니 심각한 요구는 없었다. 무역 수지 적자 해소를 위한 100일 계획이 발표되었지만 알맹이는 없었다. 미국 내 반응은 차가웠다. 무역수지 적자 해소를 위한 협의를 시작한다고 했지만 어떤 방식으로 논의가 진행되는지도 깜깜했고, 중국 시장 개방, 강제 기술 이전, 사이버 절도 등의 핵심 쟁점은 말만 무성했다. 일각에서는 북한 핵 문제에 대한 중국의 협조를 구하기 위해 트럼프가 중국을 강하게 압박하지 않았다는 관측도 제기했다.

정작 시진핑을 당황하게 한 것은 무역 이슈가 아닌 트럼프의 시리아 공격이었다. 트럼프-시진핑 만찬이 한창 진행되고 있을 때, 트럼프는 시리아 공군 기지를 목표로 크루즈 미사일 공격을 했다고 시진핑에게 알렸다. 민간인에게 화학무기를 사용한 알 아사드 정부에 대한 응징이라고 트럼프는 설명했다. 국빈 만찬장에서 벌어진 의외의 사태에 시진핑 주석은 제대로 대응할 여유조차 없었다.

"손님을 불러 놓고 이런 무례를 범하다니…." 시진핑은 처음 만난 트럼프가 그동안 상대한 서방 정치인들과는 다르다는 인상을 지울 수 없었다. 어디로 튈지 모르는 예측 불가한 느낌이었으리라. 시진핑이 1단계 합의를 받을까 말까 선택의 기로에서 고심할 때 "협상을 깨면 추가 관세를 매기겠다"는 트럼프의 말을 의심하면서도 믿을 수밖에 없었던 이유가 어디로 튈지 알 수 없는 첫인상 때문이라면 지나친 추측일까.

둘째, 레버리지, 레버리지, 레버리지!

트럼프의 거래 방식은 '강압적인' 사업가의 그것이다. 내가 원하는 것만 얻고, 상대에게는 주려고 하지 않는다. 그러기 위해서는 항상 상대보다 내가 압도적인 우위에 있어야 한다. 그런 트럼프가 사랑하는 것은 연계 전략이다.

움직이지 않는 캐나다와 멕시코에 철강 관세 폭탄을 날린다. NAFTA 개정 협상 테이블에 나와야 관세 협상을 한다고 위협한다. 한미 FTA 개정 협상을 압박하기 위해 방위비 분담금을 더 많이 내라고 틈만 나면 트위터를 날린다. 철강 관세 폭탄 역시 동원된다. NAFTA 체결 당사자인 캐나다, 멕시코 모두 개정 협상에는 결사 반대였다. 한미 FTA 개정을 한국 정부는 끝까지 버텼다. 철강 관세 폭탄 투하를 위해 트럼프는 1962년 제정된 무역확장법의 '국가 안보' 조항을 근거로 들어댔다.

어떻게 동맹국 간의 무역 거래가 안보 위협이 되는지에 대해 비판적인 여론이 비등하지만 트럼프는 개의치 않는다. 그에게는 무역 수지 적자를 안겨주는 독일은 동맹국이지만 중국과 다름없이 '나쁜 국가'다. 수출은 좋고, 수입은 나쁜 것이라는 그의 중상주의적 사고는 부동산 사업가로서 살아온 그의 신념이다.

2019년 1월 마지막 주, 미중 무역전쟁이 휴전에 돌입한 지 두 달을 넘겼다. 트럼프 대통령과 시진핑 주석이 합의한 3월 1일 휴전 만료 시한까지 5주를 남겨 두고 류허 부총리가 이끄는 중국 협상단은 워싱턴행 비행기를 기다리고 있었다. 바로 그때, 미국 법무부는 화웨이를 기소하는 기자회견을 열었다. 화웨이는 미국의 이란 제재 위반, 기술 탈취 등 총 23개 항목으로 기소되었다. 캐나다 밴쿠버에서 가택연금 상태인 화웨이 창업주의 딸이자 최고재무책임자인 멍완저우는 자회사를 만들어 화웨이의 이란 제재 위반을 진두지휘했다는 죄목으로 같이 기소되었다. 이보다 더 절묘한 타이밍을 잡을 수는 없었다. 9주 전 부에노스아이레스에서 시진핑 주석과 트럼프 대통령이 미중 무역전쟁을 잠시 중단하는 협의를 진행하는 바로 그 순간 멍완저우가 캐나다로 입국하던 중에 체포되지 않았든가. "미국의 수가 뻔하게 보이는데, 아무것도 할 수 없네." 류허는 마음이 복잡해졌다.

트럼프는 상대보다 더 높은 곳에서 협상을 시작할 수 있는 레버리지를 만들기 위해 골몰한다. 상대에게 적게 주고 자신이 원하는 것을 더 많이 얻기 위해서다.

셋째, 언론의 관심을 주도한다

미국의 무역 협상은 미국 무역대표부의 몫이다. 과거 가장 중요했던 중국의 WTO 가입 관련 미중 무역 협상도 무역대표부의 몫이었다. 클린턴 대통령은 절대 직접 나서지 않았다. 협상의 중대한 고비에서도 미국 대통령은 협상 전권을 실무 최고책임자를 믿고 맡겼다. TPP 협상을 결정했던 오바마 대통령도 협상은 무역대표부 대표에게 맡겼다. 그러나 트럼프는 달랐다.

트럼프는 미국 대통령으로 미중 무역전쟁을 진두지휘했다. 그는 더 이상 부동산 사업자는 아니지만, 그의 협상 방식은 국가 대 국가의 외교 총지휘자가 아닌 부동산 사업가 같다. 결정할 때 거쳐야 하는 절차가 있다고 참모들이 조언해도, 트럼프는 그 절차 위에 있다. 2016년 대선에서 승리한 후 당선자 신분일 때 캐리어 사례의 경우에서 보여주었듯이, 트럼프는 자신이 직접 상대방과 담판해서 '딜deal'을 만들어내는 것을 좋아한다. 그리고 그 사실을 자랑스럽게 떠벌린다.

중국 협상대표단이 워싱턴에서 협상이 끝날 때마다 백악관을 방문해서 미국 대통령과 간담회를 갖고, 그 장면을 기자들에게 공개하는 것은 이례적이다. CNN 뉴스 속보로 뜨는 영상 속에 트럼프는 백악관 집무실 책상에 앉아서 대화를 주도하고 있고, 중국 수석대표는 책상 건너편 의자에 앉아서 듣고 있다. '결단의 책상resolute desk'이라 불리는 백악관 대통령 집무실의 그 책상이다. 회장 집무실에 호출 당한 임원. 그런 분위기를 연출한다. 그 장면으로 트럼프는 전임 대통령 그 누구도 못한 대단한 일을 해내고 있음을 미국 시민들에게 보여주려고 한다. 트럼프는 언론을 이용할 줄 안다. 자신에게 우호적이든, 비우호적이든, 자신에게 쏟아지는 관심 그 자체를 즐긴다.

2016년 11월 트럼프는 대통령 당선인 신분으로 백악관에서 현직 오바마 대통령을 만난 자리에서, 북한 핵 문제의 심각성에 대해 브리핑을 받았다. "북한이 여기까지 오는 동안, 미국은 도대체 무엇을 했다는 말인가!" 브리핑을 전해 들은 트럼프는 믿을 수 없었다. 그 자리에서 트럼프는 자신이 직접 북한 핵 문제를 해결해야겠다는 결심을 했다. 군사, 경제, 외교 전 분야에 걸친 다차원적 구조. 무수한 협상과 합의, 실패와 제재, 동맹국 한국과 아시아에의 영향…. 복잡하디 복잡한 복합 방정식의 정점인 북한 핵 문제를 트럼프가 직접 해결하는 방식은 무엇일까. 누구도 해내지 못한 업적을 이루어 내겠다는 트럼프의 해결사 기질이 오히려 문제를 꼬이게 할 수 있다. 트럼프의 쾌도난마식 해결법이 만약 '미국만 북한 핵 위협에서 안전하게 빠져나가는 것'이라면 해결이 아닌 재앙을 부르는 위험한 칼춤이 될 것 아닌가. 트럼프의 그런 성향을 파악한 김정은은 트럼프와 직거래를 원한다. 둘만의 기회를 노릴 수 있으려면 트럼프의 관심을 끌어야 한다는 것을 잘 알고 있다. 종이 위에 쓴 러브레터, 하늘 위에 미사일로 쓴 러브레터, 혹은 그 어떤 것이든지 동원할 수 있다.

2018년 6월 트럼프와 김정은의 싱가포르 회담. 미국 현직 대통령과 북한 최고지도자가 최초로 대면하는 현장. 그 자체만으로 언론의 관심은 뜨겁게 달아올랐다. 세계에서 몰려든 기자들, 방송 카메라, 중계차로 현장은 발 디딜 틈도 없었다. 싱가포르 회담은 다음 해 2월 하노이로 이어졌지만, 트럼프는 빈손으로 귀국길에 올랐다. 그렇게 트럼프 대통령의 처음 4년이 지나갔다. 트럼프는 북한 핵 문제를 해결하지 못했다. 시간이 흐르고, 대통령 자리에서 내려 온 트럼프에게 김정은과의 싱가포르 회담에 대해 물었다. 트럼프의 첫 마디는 이것이었다. "봤지! 그렇게 많이 몰려든 카메라는 처음이야!"

대통령 트럼프는 사업가 트럼프가 정치인으로 변신해서 쟁취한 4년짜리 계약직이다. 계약은 단 한 차례 연장 가능하다. 본인이 연장하고 싶어도, 결정권은 유권자가 쥐고 있다. 첫 번째 대통령 4년 계약이 끝난 후 트럼프는 재계약 통보를 받지 못했다. 재계약을 확신했건만…. 좌절과 분노의 4년을 보낸 그는 다시 4년 대통령직 계약을 확보했다. 4년의 현장 학습과 다시 4년의 절치부심은 재계약된 대통령 트럼프를 얼마나 '대통령다운' 정치인 트럼프로 만들었을까. 사업가 트럼프의 충동을 그는 얼마나 참을 수 있을까.

★ ★ ★ ★ ★

TRUMP
AGAIN

★ ★ ★ ★ ★

PART 3

더욱 격렬해지는
미중 패권경쟁

팬데믹이 보여준
중국판 세계화의 대가

미중 냉전은 실존하는가

"미국과 중국이 패권 경쟁을 하고 있는가"에 대한 논쟁을 하던 때가 있었다. 미중 패권 경쟁이라는 말은 저널리스틱journalistic한 단어로 통용되고 전문가 그룹에서는 미중 전략 경쟁이라고 에둘러 표현하고 있었다. 증거와 역사적인 선례를 중시하는 학계에서는 미국과 중국 사이에 패권 경쟁이라는 단어 자체가 성립하지 않는다고 주장하는 사람도 있었다. 미국의 군사력이 압도적인데 어떻게 중국이 미국과 패권 경쟁을 하느냐는 주장부터, 중국은 오로지 경제 발전에만 관심이 있는데 중국 경제가 광폭으로 성장하여 미국을 추월하려 하니까 미국 정치인들이 위기 의식을 느껴서 중국 위협론을 제기한 것이라는 주장까지 등장했다. 미국 콜럼비아 대학의 제프리 삭스 교수가 대표적인 예이다. "국제 무대에서 국가의 진심은 말이 아니라 행동으로 나타난다."

국제 무대에서 국가의 진심은 말이 아니라 행동으로 나타난다는 이 명제는 국제 관계 연구자들이라면 모두 동의하는 표현일 것이다. 시진핑 주석이 등장한 후, 중국이 수시로 꺼내는 굴욕의 100년, 중국몽이라는 서사는 중국 인민의 자존심을 고취하기 위한 말뿐일까? 그 말을 앞세워, 중국이 무엇을 하는지, 무엇을 하려는지 주목해야 한다.

시진핑 주석이 전면에 등장한 이후 중국은 "공산당이 통치하는 중국의 경제 성장이 세계 평화를 위협하지 않는다"는 화평굴기peaceful rise를 주장하던 그 시절과 극명하게 대비될 정도로, 단호하고 자기 주장이 강해졌다. 국제법과 국제중재재판소의 판결을 무시하고 남중국해를 자국의 영해라고 주장하는 것, 그 바다 위에 인공섬들을 만들어 군함이 정박하고 전투기가 이착륙하는 군사 기지화하는 것, 모든 국적의 배가 자유롭게 항해할 수 있는 남중국해에 미국 군함이 항해하면 근접하여 "우리 바다에서 나가라"고 위협하는 행동, 대만 해역을 수시로 넘나들면서 중국 내전의 마지막 종지부를 찍으려는 모습 등 군사력으로 현상 변경을 시도하려는 행동을 생각해 보라.

중국 해군이 태평양으로 나오려면 대만, 일본, 필리핀을 통과해야 한다. 중국과 대만 사이의 대만해협은 군함을 포함한 모든 배들의 자유 항해가 보장된 공해公海다. 중국의 노림수, 정확히 표현하자면 궁극적인 목표는 동아시아에서 미국을 몰아내고 그들의 영향력 아래 두려는 것이다. 패권의 의도를 가지고 그것을 차례로 행동으로 옮기고 있는 것이다.

2차 세계대전 후 자유 세계의 리더가 된 미국. 공산주의의 위협으로부터 동아시아의 자유민주주의 국가를 지킨다는 명분으로 군사 동맹을 체결했고, 그 결과는 한국, 일본 본토와 오키나와, 필리핀의 미군 기지이다. 공산주의 중국과 1971년 닉슨의 전격적인 베이징 방문과 수교로 중국과 외교 관계를 맺고, 경제 및 인력 교류를 시작했지만, 대만에 무기를 판매하고 있다.

중국의 대담하고 과감하며 위험한 행동을 가능하게 하는 배경은 결국 경제의 힘이다. 중국이 저부가가치 제조업에서 시작하여 고부가가치 제조업으로 빠른 시간에 전환할 수 있었던 비결은 기술력이 비약적으로 향상된, 즉 기술 굴기 때문이다. 트럼프 대통령과 시진핑 주석이 무역전쟁을 벌이고, 중국의 화웨이가 미국에서 퇴출되며, 실리콘밸리에서 기술과 전문 인력을 돈으로 사려는 계획에 미국 정치가 나서서 제동을 걸고, 해외 인재를 확보하려던 중국의 천인 계획이 미국의 기술을 훔쳐가려는 것 아니냐는 의심을 받으면서 미국에서 활동하는 중국계 과학기술 전문가들이 FBI 수사선상에 오르는 상황은 총알이 날아들고 대포가 폭격하는 군사전쟁은 아니지만, 분명 냉전의 모습이다. 미국과 중국이 갈등하는 분야와 그 양상에 따라 정도의 차이는 있지만, 트럼프의 등장 이후 관세 폭탄을 앞세운 미중 무역전쟁은 미국과 중국의 패권 경쟁 1막을 열었다.

미국의 빈자리를 노리는 중국

훗날 세계 역사는 2020년 3월을 "세계화 무대에서 운전사가 사라진 순간"으로 기록할 것이다. 2020년 3월 11일, 트럼프 미국 대통령은 코로나바이러스의 미국 내 확산 방지를 이유로 유럽 국가에 미국 국경 봉쇄 조치를 전격적으로 발표했다. 동맹국인 유럽과 사전 상의는 커녕, 발표 직전 통보조차 없었던 "전격적"이고 "다급"한 조치였다. 동맹의 가치를 돈으로만 따지는 트럼프에게 감정의 골이 깊어지긴 했지만, 설마 이럴 줄은 상상도 하지 못했던 유럽은 집단 아노미 상태에 빠졌다. 코로나바이러스 초기, 자신의 재선 가도에 미칠 영향만 저울질하느라 방역 전문가들의 조언을 뒷전으로 흘렸던 트럼프는 초기 대처에 실패하고 미국을 위험에 빠트렸다. 영국이 유럽에서 이탈하는 브렉시트 와중에 남은 국가끼리는 결속을 과시해야 한다는 정치적 명분을 부둥켜 쥔 유럽은 검역 조치에 실기했고, 그 결과 유럽 전체를 공포 속으로 몰아넣었다.

2020년 3월 9일, 코로나 사태 초기에 사라졌던 시진핑 중국 주석은 코로나의 진원지인 우한을 방문하여 "최악의 순간은 끝났다"고 선언했지만, 중국의 원죄는 씻어지지 않는다. 사우스 차이나 모닝포스트(SCMP, South China Morning Post) 단독 보도에 따르면, 우한발 코로나바이러스는 시중에 알려진 2019년 12월 말보다 더 빠른 2019년 11월 중순에 처음 발견되었다고 한다. 중국 당국의 은폐와 통제 속에 코로나바이러스는 꽁꽁 숨겨졌다. 중국 당국은 최대의 명절인 춘절에 이미 500만이 우한을 떠난 후인 2020년 1월 하순에야 코로나바이러스를 공식화했다. 사태는 이미 걷잡을 수 없을 만큼 커질 대로 커졌고, 자신도 모르는 감염자들은 전 세계 곳곳으로 이동한 다음이다. 중국은 세계를 지옥문 앞으로 끌고 갔다.

팬데믹은 천연재해를 인재人災로 키운 불행한 대참사이다. 미국, 유럽, 중국 모두 정치적 명분에 매몰되어 사태의 심각성을 경시하다가 골든 타임을 흘려보냈다. 코로나바이러스가 팬데믹이 아니라고 버티던 WHO는 그 명칭에서 Wworld를 떼 버려야 한다는 조롱의 대상으로 전락했다. 2020년 일찍이 경험하지 못한 공포와 침묵의 봄을 마주한 세계인들을 국적 가리지 않고 유린하는 팬데믹을 방어하기 위한 국가 간의 공조는 어디에도 없었다.

코로나바이러스 사태는 미국이 떠난 세계화 무대에 중국이 새로운 주역임을 보여줄 수 있는 기회였다. 중국이 신속하게 정보를 투명하게 공개하고 세계의 협력을 구했다면, 세계가 이 괴물 바이러스와 싸우는 시간은 더 앞당겨졌을 것이다. 치료제와 백신을 개발하려는 시간과의 전쟁은 그만큼 더 빨라졌을 것이다. 헤아릴 수 없을 만큼 많은 생명을 구했을 것이다. 세계 곳곳의 무수한 실업자와 쏟아지는 파산 기업들을 살려낼 수 있었을 것이다.

중국은 뒤늦게 지역 봉쇄라는 초강수 카드를 꺼내 들었고, 피크를 지났다고 판단하자 이제는 미국과 코로나 사태 진원지 논쟁을 벌이는 후안무치의 절정을 보여주고 있다. 언론 탄압, 인권 탄압에도 불구하고 기민하고 유능하며 효율적이라던 차이나 모델China model은 중국인들에게조차 불신의 대상으로 전락했다. 미국이 걷어 차버린 세계화 운전석을 이끌 수 있었던 절호의 기회는 날아갔다. 차이나 모델의 위험성은 더욱 선명하게 부각되었다.

코로나 사태는 중국판 세계화에 동승한 대가가 어떤 것인지 적나라하게 보여주었다. 코로나 사태 초기부터 확진자가 급증했던 이란과 이탈리아의 경우를 보라. 서방의 제재를 피하려는 이란은 중국 자본의 영향권에 들어갔고, 이탈리아 북부 고급 디자인 브랜드 공장은 중국인 노동자들이 접수한 지 꽤 되었다. 국민의 생명이 아닌 경제를 선택한 대가는 치명적이다.

이럴 때 쓰라고 만들어 둔 국제 공조 장치는 고장났다. 2008년 세계 경제를 침몰 직전에서 구해 낸 G20은 어디로 갔나. 뒤늦게 화상 회의를 소집한다고 부산을 떨지만, 결정적인 순간은 이미 지나가 버렸다. 절체절명의 순간에 G20 국가인 러시아와 사우디는 석유 패권을 두고 벼랑 끝 자존심 싸움을 벌이고 있었다. 불난 데 부채질하는 격이다.

일찍이 경험하지 못한 침묵과 공포가 짓누르고 있었지만, 세계를 구할 리더십은 어디에도 보이지 않았다. 세계화 시대에 구축되었던 글로벌 공급망은 미중 패권 경쟁 속에 발생한 팬데믹의 파장으로 지역화되고 축소될 위기에 처했다. 체제는 달라도 공급망을 공유할 수 있던 세상은 저물어 갈 것을 예고하고 있다.

중국 우한에서 시작된 폐렴이 코로나19라는 이름으로 세상에 등장하기 직전, 중국은 미국과의 무역전쟁을 휴전하는 협정을 체결했다. 2020년 1월 15일이다. "1단계 무역협정"으로 불리는 이 휴전 협정의 핵심은 향후 2년간 미국산 2,000억 달러를 추가 구매(일상적인 무역 거래 이외의 구매이기에 '추가'라는 단어가 붙었다)하겠다는 중국의 약속이다. 그 2년의 시간이 지나갔다.

중국은 약속을 지켰을까? 2021년 11월까지의 미국 통계(피터슨 연구소)에 따르면 중국의 구매 물량은 약속 물량의 60%를 조금 넘는다. 그로부터 12월 말까지 한 달 사이에 중국이 전광석화처럼 수입 물량을 증대했다는 보도는 없다. 결국 중국은 약속 이행에 실패했다. 중국의 변명은 코로나19로 인한 천재지변 때문이라는 것이다. 그러나 코로나19의 진원지이면서도 다른 국가에 비해 비교적 단기간에 경제 반등에 성공했다고 주장하는 중국이 아니던가. 게다가 농산물, 에너지, 공산품, 서비스 등 각 분야에 할당된 구매 물량은 애초부터 시장 수요와는 무관한 인위적인 것이었다. 중국 정부의 구매 약속과 무역전쟁 휴전을 맞바꾼 것이었다. 구매 약속으로 중국이 벌어둔 2년간의 휴전은 끝났다. 협정 이행에 실패한 중국을 미국은 어떻게 다룰 것인가?

미국 통상협상의 역사에 정통한 사람이라면, 미국이 협정 이행을 얼마나 심각하게 다루는지 무수한 사례들을 나열할 수 있을 것이다. 협정 불이행을 구실로 상대국에 고강도 시장 개방을 압박해 온 미국. 중국은 그런 미국에 딱 걸려들었다. 미국은 무엇을 할 수 있을까? 고관세 부과? 경제 제재?

2020년 미중 합의는 1단계 합의였다. 설령 중국이 구매 약속을 제대로 이행했더라도, 미중 간의 갈등의 근본 불씨는 꺼지지 않았다. 미국과 중국이 무역전쟁을 벌이는 근본 이유는 공산당 주도 비시장경제 때문이다. 경제 인프라는 덩치 큰 국영 기업들이 독차지하고, 외국 기업에 대한 차별적 규제로 인해 중국 기업에 편파적으로 유리한 기울어진 운동장이 형성되었다. 그 덕분에 디지털 대전환기에 급성장한 중국 빅테크 기업들이 존재한다. 21세기 석유라고 불리는 빅데이터를 무궁무진하게 가진 중국은 빅테크의 AI, 안면 인식 기술, 5G 등 디지털 기술을 안보 분야로 연결시키고 있다. 미중 무역전쟁은 기술전쟁으로 이어지고, 군사전쟁, 결국에는 체제전쟁으로 이어진다. 이는 미중 패권 경쟁의 복합 구도이다. 무역 합의 후 2년간 중국 공산당의 경제 통제권은 더욱 강화되었다. 사이버 공간을 장악하는 중국 빅테크 기업의 자율권은 극도로 약화되었다. 체제 안정성의 지상 목표 아래 이견은 용납되지 않는다. 디지털 시대에 걸맞지 않은 중국 규제 시스템의 낙후성을 지적한 알리바바 마윈의 처지가 상징적이다.

미국은 협상을 통해 중국과의 무역 갈등을 해소할 수 있을까. 기세등등한 트럼프를 향해서도 "숫자는 가능하지만, 시스템은 협상 대상이 아니다"라고 단호하게 선을 그었던 중국이다. 1단계 합의라는 표현은 그래서 동상이몽이었다. 2020년 11월, 코앞에 닥친 선거를 의식해서 자신의 지지 계층에게 "나만이 중국을 굴복시킬 수 있었다"고 기염을 토하고 싶었던 트럼프. 미국의 높아지는 고관세 장벽을 피하고 싶은 시진핑. 이 둘 간의 이해 타산이 절묘하게 맞아떨어진 것이 바로 1단계 합의였다. 서구 체제와의 격돌을 선언한 시진핑에겐 중국 시스템을 협상 테이블에 올리는 2단계 협상은 있을 수 없다. 트럼프는 자신의 지지자에게 1편보다 더 흥미진진한 2편의 개봉 박두를 예고하고 싶어 안달이었다. 그 트럼프는 퇴장했다. 바이든이 중국을 다루는 방식은 다르다.

동맹으로 포위하려는 바이든

"중동에는 석유, 중국에는 희토류"

현지 시간으로 2021년 3월 18일, 미국 알래스카 앵커리지. 바이든 행정부 출범 후 미국과 중국의 첫 번째 고위급 회담이 열렸다. 앵커리지로 날아오기 전, 미국 측은 동맹국인 일본과 한국을 차례로 방문하여 중국의 인권 문제를 공개적으로 거론하면서 날을 세웠다. 미국의 근육질 힘만 믿고 나홀로 중국 때리기에 열중했던 트럼프 행정부와 달리, 동맹과의 협력과 가치를 전면에 내세우는 바이든 행정부의 전략을 읽을 수 있었다.

앵커리지 회동 분위기는 회담장 바깥의 겨울 날씨만큼이나 싸늘했다. 미국이 신장 위구르 인권 탄압을 꺼내자, 중국 측은 미국 내 흑인 인권 문제로 맞섰다. 미중 전략 경쟁이 트럼프 1막을 지나 바이든 2막이 열리고 있다. 미중 관계가 트럼프 이전으로 돌아가리라는 기대는 애당초 어설픈 기대였다. 미국과 중국의 충돌은 더 이상 블랙스완(black swan, 가능성이 희박한 사건)이 아닌, 회색 코뿔소(눈에 보이는 무시할 수 없는 위협)가 되었다.

앵커리지 회동 직전 희토류 관련 주가 급등한다는 뉴스가 사람들의 관심을 끌었다. 세계 최대의 희토류 생산국인 중국이 희토류 수출을 통제할지 모른다는 우려가 시장을 짓누르고 있었다. 미중 앵커리지 회동 전인 3월 19일 오전 10시 1분 유니온은 전날보다 1,230원 (14.2%) 상승한 9,890원에 거래되고 있었다. 대원화성, 유니온머티리얼 등도 5~6% 상승세를 나타내고, 쎄노텍, 티플랙스, 노바텍 등 관련주들도 오르고 있었다.

희토류는 반도체, LED 등 전자 산업과 전기차 배터리, 하이브리드 자동차, 신재생 에너지 부품 등 신성장 산업의 핵심 소재이다. 2019년 기준 중국의 생산량이 세계에서 80% 이상을 차지하고 있다. 죽의 장막이던 중국을 개혁개방으로 이끈 덩샤오핑이 "중동에는 석유가 있다면, 중국에는 희토류가 있다"고 말할 정도였다. 중국의 희토류 수출을 중단한다면 세계 경제는 대혼란에 빠져든다는 주장이 마치 진짜인 것처럼 세상을 떠돌고 있었다. 그래서 중국의 희토류 수출 통제는 경제 강국과 갈등이 생길 때마다 중국의 보복 카드로 세간의 이목을 집중시켜 왔다.

바이든은 2021년 1월 취임 후 한 달이 되기도 전에, 미국의 반도체, 전기차 배터리, 희토류, 의약품 등 중국 의존도가 높은 4개 품목에 대한 공급망 검토supply chain review 보고서를 6개월 내에 제출할 것을 요청했었다. 그리고 미국과 중국의 외교 안보 핵심 정책 당국자들이 앵커리지 회담을 열었다.

중국의 희토류 수출 통제 카드

트럼프가 관세 폭탄을 쏘아 올리며 중국을 압박할 때, 중국은 희토류 무기화 카드를 만지작거렸다. 트럼프가 중국을 상대로 무역전쟁을 시작하자, 중국은 당황했다. 기세에 눌리면 안 된다고 판단한 중국은 미국의 관세 폭탄과 같은 크기의 관세 폭탄으로 응수했지만, 중국의 대응에는 한계가 있었다. 미국의 중국산 수입액(약 5,000억 달러)이 중국의 미국산 수입액(약 1,500억 달러)을 압도하는 상황에서, 중국이 미국의 관세 폭탄을 따라가기는 불가능했다. 비대칭적인 무역전쟁의 국면을 전환하기 위해 중국은 묘수를 찾기 시작했다. 이때 등장한 카드가 희토류였다. 시진핑은 장시성의 희토류 생산지를 방문하면서 결의를 내비치었다. 그러나 희토류 카드는 꺼내지 않았다.

2021년 3월 전국인민대표회의에서 중국은 희토류 무기화에 대한 의지를 공개적으로 다졌다. 바이든 대통령은 2월 말, 반도체, 전기차 배터리, 희토류, 의약품에 대해 중국을 배제한 공급망 재편을 검토하라는 행정명령을 발동한 터였다. 전운이 감돌고 있었다. 중국은 희토류를 무기화할 수 있을까?

'희소하다'는 의미의 이름과는 달리 희토류는 세계 곳곳에 묻혀 있다. 중국이 희토류 생산과 수출에서 압도적인 1위를 차지하는 이유는 미국 등 선진국들이 환경 문제를 이유로 채굴에 소극적이기 때문이다. 뒤집어 이야기하면, 중국의 엄격하지 않은 환경 규제 덕분에 중국은 계속 희토류를 대량으로 채굴하고 있다. 상당한 희토류 매장량을 가진 호주의 경우, 채굴은 호주에서 이루어지지만 최종 분리 공정은 말레이시아에서 이루어진다. 환경 규제 때문이다. 중국이 세계 최대의 희토류 생산국인 것은 선진국과 중국 간의 존재하는 거대한 환경 규제 수준의 차이를 반영한다.

중국이 실제로 희토류를 무기화한 적이 있을까? 2010년 9월, 일본과 영토 분쟁 중인 센가쿠 열도(중국명 다오위다오)에서 중국인 선장이 일본 해경에 체포되자, 중국은 희토류 수출을 통제했다. 전자 산업, 의료 산업 대국인 일본의 중국 희토류 수입 의존도는 절대적이었다. 그 결과는 어땠을까? 일본은 세 가지로 대응했다. 국제법적 대응, 산업적 대응, 경제적 대응. WTO 분쟁 절차에 중국을 제소했고(미국, EU와 공동 제소했다.), 중국이 아닌 다른 희토류 수입처를 찾기 시작했다. 동시에, 대체재 개발을 본격화했다. 놀랍게도 이 세 가지 모두 성과를 거두었다. 중국은 WTO 분쟁에서 패소했다. 호주가 새로운 수입처로 떠올랐다. 희토류를 사용하지 않는 산업용 모터가 개발

되었다. 분쟁 발생 당시 90%에 달하던 희토류 중국 의존도는 2012년 40%대로 내려갔다. 결국, 중국은 희토류 수출 통제를 거둘 수밖에 없었다.

지금은 그때와 다를까? 10여 년 전 그때와 달리 WTO 분쟁 해결 절차는 식물화되었다. WTO에서 1차 판정이 내려진다 하더라도, 그것을 집행할 구속력은 없다. 최종심 역할을 하는 상소심이 구성되지 못하고 있기 때문이다. 상소 위원 3인으로 구성되는 상소심은 임기 만료 상소 위원들의 빈자리를 채우지 못해 2019년 말부터 작동하지 않고 있다. 이 때문에 중국의 희토류 수출 통제를 막을 국제법적인 압박은 느슨해졌다. 그러나, 세계는 그때 중국의 희토류 수출 통제로 인해, 중국의 희토류 무기화 가능성에 대한 시뮬레이션을 해보았다. 덕분에 이미 다양한 대응책이 마련되었다.

중국이 희토류를 무기화한다면, 세계는 다른 지역으로 희토류 수입선을 바꿀 수 있다. 유력 후보지는 세계 최고 품질의 희토류 매장지로 알려진 미국 캘리포니아-네바다 접경 지역에 위치한 마운틴패스mountain pass다. 지금은 실질적인 폐광 상태로 전락했지만, 한때 희토류의 핵심 공급처였다. 미중 전략 경쟁이 본격화되면서 미국 정치권은 본격 재가동을 위한 보조금 지급 등 관련 입법 조치를 준비하고 있다. 환경 단체들의 반발이 예상되지만, 미국 내 초당적 반중 정서는 이를 쉽게 넘어설 것이다. 중국이 희토류 수출 통제를 본격화하는 경우, 주요 수입국은 중국 바깥에서 희토류 생산을 모색하면서 동시에 덜 환경 파괴적인 대체재를 찾으려는 노력을 본격화할 것이다.

결론적으로 중국의 희토류 무기화는 현실성이 높지 않은 위협에 불과하다. 단기적인 시장 교란 충격은 오겠지만, 오래 가지 못할 것이다. 오히려 중국에 부메랑으로 돌아올 수 있다. 장기적인 관점에서 보면, 세계가 중국에 희토류 공급을 의존하는 것 자체가 지속 가능하지 않다. 환경 문제를 심각하게 생각한다면 지금처럼 환경 오염을 초래하는 희토류 생산 방식은 변해야 마땅하다. 당장은 산업 논리가 환경 논리를 압도하지만, 중국도 자신의 환경 목적을 위해 희토류 생산을 축소해야 할 순간이 올 것이다. 정작 세계가 고민해야 할 것은 중국의 희토류 무기화가 아닌, 환경 깡패인 지금의 희토류의 대체재를 발견하는 것 아닐까.

트럼프의 관세를 유지한 바이든

미국의 근육질 힘에 의존하는 트럼프의 일방주의식 국제 무역 정책이 규범 중심의 WTO 다자무역체제를 작동 불가능할 만큼 망가뜨렸다는 비난이 있다. 진실이 궁금한가? 다자무역체제가 작동하지 않는 것은 트럼프의 일방주의 때문이 아니다. 트럼프가 백악관의 주인이 되기 전 이미 다자무역체제는 삐걱거리고 있었다. 그 결정적인 이유는 WTO 규범의 유명무실화 때문이다. 세상이 디지털 경제로 급속히 바뀌었는데, WTO 규범은 디지털 이전 세상에 머물러 있다. 게다가 자동차, 철강, 전자, 석유화학 등 전통 산업에서도 WTO 규범이 제대로 제 역할을 하지 못하고 있었다. 트럼프 이전의 세상이다. 그 뒤에는 중국이 있다.

2001년 중국이 WTO에 가입할 때, 세계는 중국이 후퇴하지 않는 개혁과 개방의 길에 들어섰다고 믿었다. 심지어 미국과 서구 세계는 WTO 다자무역체제가 중국의 정치 제제를 연성화시킬 것으로 믿었다. 하지만 그런 기대는 무산되었다. 시장경제로 전환하리라는 세상의 기대와는 달리 중국은 국가 주도 비시장경제non-market economy에서 근본적으로 바뀌지 않았다. 중국에 투자한 외국 기업에 대한 차별적 조치, 기술 이전 강제, 비공식 규제를 휘둘렀고, 중국 기업들에는 광범위하고 편파적인 보조금이 장맛비처럼 쏟아졌다. 시장경제 국가 간의 무역을 전제로 한 WTO 규범은 세계 2위 경제 대국으로 급부상한 비시장경제 국가 중국을 다루기엔 적합하지 않다는 소름 끼치는 발견에 미국과 유럽은 눈을 뜨게 되었다. 중국의 WTO 가입 논란 때 비관론자의 예언이 저주처럼 현실로 나타났다.

WTO 규범을 개선하려는 노력도 의지가 부족했다. WTO는 철저하게 정치적 대립의 장으로 변질되었다. 미국과 EU가 힘을 합쳐도 중국, 인도, 브라질 등 개발도상국의 강력한 반발의 벽에 부딪혔다. 2015년 12월 케냐 나이로비에서 개최된 WTO 통상장관회의에서 미국과 EU가 WTO 규범 혁신을 더 이상 WTO에만 맡길 수 없다는 선언은 이러한 배경에서 나온 것이다. 미국이 끌고 EU가 호응하여 대세를 형성하면서 다자무역체제를 혁신하던 시대는 막을 내렸다.

오바마 대통령이 "중국이 21세기 통상 규범을 쓰게 할 수 없다"면서 아태 지역 국가들과 TPP를 추진한 이유도 WTO에서의 한계를 절감했기 때문이다. 트럼프가 중국의 시진핑과 관세전쟁을 벌이면서 중국을 코너로 몰아넣은 다음, 중국의 일방적인 양보를 문서화한 1단계 합의를 기억하는가? 작년 1월 15일 백악관에서 서명식이 있기 바로 전날, 미국은 EU, 일본과 중국의 보조금을 견제하는 합의문을 도출했음은 미국의 최종 목표가 무엇인지 쉽사리 짐작하게 만든다.

바이든은 중국과 2단계 협상을 진행할 생각이 없었다. 주변의 희망과 주문처럼 다자무역체제로 복귀할 생각도 없었다. 식물화된 WTO 다자 체제를 복원하여 중국의 구조적, 행태적 문제를 다룰 생각은 더더구나 없었다. WTO는 중국의 거친 비시장경제가 야기하는 숙제를 풀 수 없다는 결론을 이미 내렸기 때문이다.

놀랍게도 바이든은 트럼프가 쌓아 올린 대중국 고관세를 원래 위치로 돌려놓지 않았다. 동시에 반도체, 배터리, 희토류, 의료기기에서 중국 의존도를 줄이는 방식으로 공급망을 개편하라는 행정명령을 내렸다. 바이든이 반도체를 들고 있는 사진은 공급망 개편에서 핵심이 중국의 반도체 굴기를 저지한다는 의지의 표현이었다.

30대 초반에 정치에 입문하여 평생을 워싱턴 정가에서 보내며 외교 분야에서 활동해 온 바이든. 오바마 행정부 때 그는 부통령으로서 중국의 부주석이던 시진핑을 만난 적이 있었다. 2012년 2월, 차기 주석으로 등극할 가능성이 높았던 시진핑은 미국을 방문하며 중국의 차기 지도자의 부드러운 면을 과시했다. 자신의 젊은 시절 방문했던 아이오와 농장에서 트랙터를 몰아보고, 캘리포니아에서는 명문 농구 구단 LA Lakers의 NBA 경기를 바이든과 함께 관전했다. 그때의 바이든 부통령과 시진핑 부주석은 '미중 우호 친선'이라는 한자가 새겨진 티셔츠를 들고 환한 미소로 사진을 찍기도 했다.

2016년 미국 대선에서 민주당 힐러리 후보와 공화당 트럼프 후보 모두 중국 때리기에 열중이었다는 것은 이 책의 앞에서 이야기한 바이다. 2020년 미국 대선에서는 현직 대통령인 공화당 트럼프와 도전자인 민주당 바이든이 서로 누가 중국에 더 강하게 맞설 수 있는지를 대결하는 분위기가 내내 연출되었다. 거친 말로 상대방을 호되게 몰아붙이는데 둘째가라면 서러워할 트럼프는 바이든의 그간의 외교 경력을 들먹이며 바이든이 자신만큼 중국을 다루지 못할 것이라고 자극했다. 바이든은 중국의 시진핑 주석을 맹비난했다. 홍콩 민주화 시위 무력 진압, 신장 위구르 인권 탄압을 거론하면서 시진핑 주석을 폭력배thug라고 적의를 숨기지 않았다. 중국은 이때만 하더라도 선거에서 트럼프를 누르고 이겨야 하는 대통령 후보 바이든과 미국의 대통령이 된 바이든은 다를 것이라고 생각한 듯하다. 대통령 바이든은 선거 유세 때 바로 그 바이든과 같았다. 트럼프가 시종일관 미국의 힘에 의존하면서 미국 홀로 중국을 몰아세우기에 열중한 반면, 바이든은 가치 동맹의 깃발을 내걸고 반중국 연합 전선을 구상했다. 집권 첫해, 반도체, 배터리 등 핵심 소재의 중국 의존적 글로벌 공급망 재편에 착수한 바이든은 미국 중심 공급망에 참가할 연합 국가들을 물색하고 연계를 본격화했다.

EU와 관계 회복에 나선 바이든

바이든은 유럽과의 관계 회복에 나섰다. EU와 철강, 알루미늄 관세 분쟁을 해결했다. 외국산 철강과 알루미늄 수입이 미국의 국가 안보를 위협한다며 WTO에서 약속한 것보다 더 높은 관세를 매긴 전임 트럼프 대통령이 걸었던 빗장을 풀었다. 한 동맹국의 철강, 알루미늄 수입이 다른 동맹국의 국가 안보를 위협한다는 정신 분열적인 망상에 근거한 트럼프의 고관세는 바이든이 백악관의 주인이 되면서 원상 회복되는 것이 순리일 것이다. 바이든은 트럼프의 고관세를 모든 동맹국을 상대로 즉시 원상 회복하지 않고 순차적으로, 협상을 통해 진행할 생각이었다. EU가 그 첫 번째 상대였다는 것은 중국 견제를 위한 글로벌 공급망 재편에서 그만큼 EU가 중요하다는 것을 의미한다.

중국을 견제하는 아시아 태평양 지역 연대로 인도-태평양 경제

협의체Indo-Pacific Economic Framework 구상을 구체화시켰다. 미국 의회에서 협상 권한을 받아야 하고, 협상 타결 후 의회 표결 절차를 거쳐야 하는 기존의 통상 협상 방식으로는 디지털 패권 경쟁과 팬데믹이 동시에 진행되는 상황에서 중국을 제대로 견제할 수 없다는 것이 바이든의 판단이었다. EU, 인도·태평양 동맹국들과 반도체, 배터리 등 전략 품목의 공급망에서 중국을 배제한 공급망을 구축하겠다는 중국 포위 전략만으로는 부족했다. 미국의 자체 역량 강화에 바이든 행정부는 더 많은 노력을 기울였다. BBBBuild Back Better로 명명된 미국의 인프라, 인적 자산에 대한 투자 확대 구상이 바로 그것이다. 미국의 혁신 역량을 강화하고 서민층 일자리 창출을 동시에 겨냥한 재선 전략이기도 했다. 이 노력들은 의회와의 협상을 통해 반도체 관련 법안CHIPS act, 전기차 배터리 보조금 지원 방안을 담은 인플레이션 감축 법안inflation reduction act으로 결실을 맺었다.

바이든은 몇몇 핵심 분야를 정한 다음, 그 분야의 미국 원천 기술이 중국으로 넘어가지 못하게 통제하는 방식을 사용했다. 좁은 마당, 높은 담장small yard, high fence으로 명명되는 기술 수출 통제 시스템은 국가안보보좌관 제이크 설리반의 머리에서 나왔고, 집행은 상무부가 지휘했다. 산업의 진흥을 위한 정책 부서였던 상무부는 미중 기술 경쟁이 가속화되면서 기술 수출 통제 집행부로 역할과 기능이 바뀌어 갔다.

기술 수출 통제의 전략적 목적을 설리반은 다음과 같이 정당화했다. "다가오는 10년간 컴퓨팅, 바이오, 친환경 기술은 기술 생태계 전체에서 엄청난 영향력을 행사할 것으로 믿는다. 이 분야에서 선두 지위를 확보하는 것은 국가 안보가 걸린 문제다. 모든 산업에 필수적인 첨단 반도체, 메모리 반도체 분야에서 중국과의 격차를 최대한 벌려야 한다. 이 목적을 달성하기 위해 수출 통제를 해야 한다."

미국의 '기술 무기화' 정책에 중국은 '자원 무기화'로 맞섰다. 산업과 군사 양쪽에 사용될 수 있는 갈륨과 게르마늄의 수출 통제에 나섰다. 중국은 반도체, 태양광 패널, 군사용 레이더, 적외선 탐지기 등 산업과 군사 모두에 사용될 수 있는 갈륨과 게르마늄의 전 세계 생산의 90% 이상을 차지하는 독보적 지위에 있는 것으로 알려져 있다.

민주주의 기술 동맹의 탄생

바이든, 가치 동맹의 깃발 내걸다

바이든은 모든 국제 관계를 돈으로 환산하던 트럼프보다 훨씬 더 원칙적이다. 그는 트럼프가 쓰레기통에 던졌던 가치value를 복원하고 있다. 트럼프가 한 번도 제대로 사용하지 않았던 '인권'이라는 단어를 바이든은 대통령 취임 후 시진핑과의 최초 만남-2시간을 훌쩍 넘긴 전화 통화-에서 주저 없이 꺼냈다.

바이든은 같은 가치를 추구하는 국가들과 연합을 적극적으로 모색했다. 미국에 무역수지 적자를 안겨주는 국가들을 싸잡아 맹공하던 트럼프 시절에는 상상조차 하기 어려웠던 일이다. 바이든의 이런 행보는 예외적인 것이 아니다. 2차 대전 후 미국과 소련 간의 냉전이 본격화되면서, 가치를 앞세워 동맹을 결속하던 미국 외교의 정공법으로 다시 돌아간 것이다.

동맹과 연합 없이 미국의 힘만 믿고 일방적으로 중국 때리기에 골몰하던 트럼프는 중국이 벌써 그리웠다. 미국의 최대 동맹이던 유럽은 트럼프의 저열한 거래적 외교에 경악했고 환멸을 느꼈다. 굳건하다고 믿었던 대서양 동맹은 흔들렸다. 중국은 그 틈을 파고들었다. 중국은 트럼프에게 최소한의 양보를 조금씩, 천천히 하면서 시간을 보낼 수 있었다. "깊게 참호를 파고, 참고 기다리자. 그 사이에 세상은 중국산의 매력, 아니 마력에 도취되어 있을 것이리라. 시간은 중국 편이다." 이들이 생각하는 중국산은 싸고 품질마저 나쁘지 않은 것이다. 디지털 대변환의 필수 기술인 5G를 제공할 수 있는 화웨이가 대표적인 예다. 이것이 중국의 게임 플랜이었다.

정공법을 꺼내든 바이든. 신병기 없이는 정공법이 효과를 낼 수 없다는 것을 잘 알고 있었다. 그의 신병기는 무엇일까? 중국산에 중독된 세계 공급망을 그대로 두고 패권 경쟁을 할 수는 없다는 것이 바이든과 핵심 참모들의 생각이었다.

중국이 세계의 공장으로 부상한 비결은 압도적인 인구의 압박과 저개발 경제의 이중주가 만들어내는 저임금 때문이다. 원천 기술을 가진 외국 기업은 자국에서 생산하는 경우와 비교하면 믿을 수 없는 비용만 지불하면 제품이 생산된다는 사실을 발견하곤 경악했다. 비현실적으로 싼 임금으로 생산 규모를 순식간에 확장할 수 있다는 또 다른 발견에 쾌재를 불렀다. 중국으로의 생산 설비 이전과 확장은 세계화가 기술을 가진 선진국 기업에 내린 축복이었다. 축복의 과실은 중국도 나눠 가져갔다. 역사상 일찍이 경험하지 못했던 규모의 빈곤 탈출! 21세기 초반 중국은 세계 2위의 경제 대국으로 부상했다. 미국을 추월할 기세였다.

양은 질을 바꾼다고 했던가? 중국 경제의 성장과 팽창은 중국에 다른 꿈을 꾸게 만들었다. 선진국 기술에 의존하여 조립하는 경제에서 스스로 기술을 확보하겠다는 꿈. 중국 자본은 미국의 실리콘 밸리로 몰려갔다. 다른 경쟁 투자자의 세 배를 주겠다는데 버틸 장사가 있을까? 그렇게 중국은 기술을 끌어모았고, 기술자를 확보했으며, 브랜드를 쓸어 담았다. 중국의 본격적인 기술 굴기가 시작되었다. 생산 기반에다 기술까지 가진 중국. 미국은 그런 중국을 상대할 수 있을까?

공급망 개편 시작

바이든의 핵심 분야 공급망 검토 보고서는 2021년 6월, 그의 백악관 집무실 책상 위에 놓였다. "미국의 가치를 공유하지 않는 국가에 의존해서는 안 된다"는 바이든의 주장은 이미 보고서의 방향을 예견하게 했다.

바이든은 무역-산업-안보 연계 정책을 들고 나왔다. 20세기 후반을 풍미하던 산업 정책과 닮은 듯하지만 다르다. 기존의 산업 정책은 외국산을 배제하고 국산을 육성하기 위한 방어적 보호주의라면, 바이든의 산업 정책은 외국산을 끌어들여 국내 생산 기반을 확충한다는 것이다.

기존 산업 정책은 가격이 높더라도 당장 품질이 조악하더라도 국산에 기회를 주는 것이다. 무수한 개발도상국 정치인들은 자국산 제조 기업을 가진다는 것을 자신의 정치적 상징으로 밀어붙였다. 결과는 참혹했다. 폭우처럼 쏟아지는 보조금과 외국산 금지로 국산은 시장에 넘쳐났지만, 세계와의 격차는 메꿀 수 없었다. 조악한 국산을 계속 안고 가야 하는 비용은 눈덩이처럼 부풀어갔다. 이렇게 탄생한 국산 기업은 노동자, 자본, 공급체, 지역사회의 클러스터를 형성하면서 기득권화되어 갔다. 일본과 한국의 경우는 예외적인 사례일 뿐이다. 그 성공 비결은 산업 정책으로 확보한 국내 생산의 기회를 더 큰 세계 시장에서의 경쟁으로 연결했기 때문이다. 정책이 초기 여건을 만들어 주었다면, 이후의 성공은 결국 기업가 정신의 산물이었다.

바이든 산업 정책의 본질은 미국의 생산능력 확보를 통해 미중 패권 경쟁에서 흔들리지 않는 전략적 우위를 확보하는 것이다. 바이든의 산업 정책의 목표는 미국 기업 보호와 육성이 아닌 미국 내 생산 기반을 확보하는 것이 그 목표이다. 국산 기업에 대한 보조금과 수입 금지가 아닌, 미국 내 투자 유치가 핵심 수단이다. 모든 투자가 환영받는 것은 아니다. 외국 돈의 색깔을 차별한다. 푸른 돈만 환영하고 붉은 돈은 배제한다. 색깔의 구분은 가치와 동맹이다. 2021년 여름, 세계는 산업-통상-안보가 연계된 기술 동맹의 탄생을 목격했다.

산업 정책의 부활

경제 이론이 제시하는 경제 성장의 요체는 투입량과 생산성이다. 한국은 생산 요소의 급속한 투입 증가와 축적으로 20세기 후반 고도 성장의 신화를 써 내려갔다. 1997년 외환 위기를 극복하고 선진 경제로 전환할 수 있었던 것은 생산성이 주도했다. 생산성의 궤적을 좌우하는 두 가지 요소는 제도와 정책이다. 경제 주체의 연구 개발 인센티브를 자극하는 지적 재산권, 분쟁의 공정한 해결을 기대할 수 있는 법치가 제도의 근간이라면, 경쟁 촉진과 사회 안전망 구축은 정책의 영역이다.

정책의 영역에는 영원 불멸의 진리가 없다. 항상 시간의 검증에 맞서야 한다. 대표적인 예가 보조금이다. 1990년대 초반 동서냉전이 종식되고, 국가와 체제를 가리지 않는 세계화가 시작되었을 때, 보조금은 '나쁜' 정책이었다. 경제 주체의 자립 의지를 손상시키고, 비효율적인 분야에 희소 자원을 투입한다는 주장이 대세였다. 선진국도 한때는 보조금에 의지해 자국 산업을 키웠다는 역사적 사실을 상기한다면, '사다리 걷어차기' 측면이 있음을 부인할 수 없는 주장이었다. 다분히 '내로남불(내가 하면 로맨스, 남이 하면 불륜)'인 논지임에도 거대한 세계 시장의 분업 구조에 편입되어 성장 궤적을 시작할 수 있다는 유혹이 보조금에 대한 근시안적인 유혹을 뿌리칠 수 있게 했다. WTO 분쟁 해결 기구가 제대로 작동하던 시대이기도 했다.

지난 30년을 지배하던 '묻지 마 세계화'는 역사 속으로 사라지고 있다. 그 변화의 바탕에는 본격화되고 있는 미중 패권 경쟁이 있다. 정치가 만든 환경 속에서 생산, 유통, 소비가 이루어지는 것이 경제이다. 환경 변화는 게임 룰의 변화를 의미한다. 바이든 행정부가 시작한 공급망 개편은 이제 더 이상의 글로벌 공급망이 제품의 기획에서 연구 개발, 소재 확보, 조립, 생산, 유통의 마지막 단계까지 체제의 차이를 불문하고 이루어지지 않을 것임을 의미한다. 산업과 안보의 핵심 요소인 반도체의 글로벌 공급망 개편이 신냉전의 새로운 단층선이다. 바야흐로 '경제 안보' 시대의 개막이다.

경제 안보 시대는 안보 연관성이 높은 산업의 투자 결정 등 민감한 사안을 '기업이 알아서' 하도록 맡겨 두는 상황이 아니다. 국가가 직접 나서서 적극적으로 산업 생태계를 만들고 유지하려 한다. 보조금이라는 당근으로 외국 기업을 유치하려는 노력은 미국만 하고 있는 것이 아니다. 일본도 하고 유럽도 한다. 디지털 대변혁 시기에 파운드리에 특화하여 전성기를 맞고 있는 대만의 TSMC를 유치하기 위해 미국과 일본은 자국의 세금을 보조금으로 쏟아붓는 것을 주저하지 않는다. TSMC는 미국 아리조나와 일본 쿠슈의 구마모토에 공장을 세웠다.

공급망 재편이라는 정책 목표는 선진국들의 국내 정치적 제약 여건에도 지속될 것이라는 관측이 유력하다. 국내 세금으로 외국 기업을 배불리기, 투입 비용 대비 효과가 그리 크지 않은 비효율적 산업 정책, 정부가 승자와 패자를 정하는 불공정 게임 등 고전적인 산업 정책 비판론은 경제 안보 시대에 번지수를 잘못 찾았다. 선진국의 높은 임금 수준을 감당할 수 있겠느냐, 제대로 된 인력을 구할 수 있겠느냐는 문제 제기는 이어져도 상황은 전개될 것이다. 다자 무역 체제의 보조금 협정 위반이라는 문제 제기는 판을 뒤집지는 못한다. 다자 무역 체제의 기둥인 미국, 유럽, 일본이 앞장서서 보조금 협정을 무용지물로 만들고 있기 때문이다. 산업 정책이 나쁜 것이라는 대세론은 이제 과거 지사이다. 21세기 지정학 대충돌의 단층선이 선명해지면서, 제조업 강국들은 신산업 정책 속도전을 하고 있다. 이 속도전에서 대한민국은 보이지 않는다.

삼성전자와 하이닉스를 지나는
신냉전의 전선戰線

역사의 귀환

중국 공산당은 '조용히 실력을 키우면서 때를 기다려라'는 개혁 개방의 설계자였던 덩샤오핑의 세계 전략을 버리고, 시진핑 등장 후 '태평양은 미국과 중국이 나누어 가져야 한다'고 노골적으로 동아시아 패권의 야심을 드러낸 것이 2013년이었다. 중국 권력의 정점에 등극한 후 미국 오바마 대통령과의 최초의 정상회의에서였다. 미국이 기획하고 연출했던 자유 국제 질서에 중국을 포용했던 것은 중국이 빈곤에서 탈출하고 성장 가도를 달리게 되면 서서히 서구 정치 경제 체제로 수렴할 것이라는 계산이었다. 21세기 시작과 함께 WTO에 가입하여 다른 무역 대국과 같은 운동장에서 같은 자격으로 뛰게 된 중국은 성장세가 거침이 없었다. 독일과 일본을 차례로 제치고, 21세기의 첫 10년이 끝날 때에는 미국 다음의 세계 2위 경제 대국으로 올라섰다.

중국의 고속 질주가 계속되고, 중산층이 성장하며, 중국 유학생, 과학자, 사업가들이 태평양의 바다와 하늘을 빽빽하게 뒤덮을 때, 미국은 열심히 중국을 응원했다. "중국은 곧 정치 개혁의 순간을 맞을 것"이라고 믿으면서. 미국은 중국이 개방을 미루고 있는 금융의 자유화를 압박했다. 중국 공산당은 결심이 서지 않았다. 자본시장을 열면 공산당 체제를 무너뜨리는 트로이 목마가 될 것이라는 반대와 시장의 맛을 알게 된 중국의 기업가 정신이 활짝 만개할 수 있는 결정적인 계기가 될 것이라는 찬성 속에 고심했다. 결심의 계기는 외부에서 왔다. 2008년 미국발 글로벌 금융위기를 지켜본 중국 공산당은 마음을 다잡았다. 더 이상 개방은 없다. 중국은 스스로 필요해서 자본주의를 빌려 쓴 것일 뿐. 경제가 정치를 정당화시킬 수는 있어도 경제가 정치를 위협해서는 안 된다는 것이 공산당 핵심 지도부의 합의였다.

20세기 후반을 억누르고 있었던 미국과 소련의 냉전 구도가 종식되었을 때, 서구는 역사는 자유민주주의의 승리로 끝났다고 기염을 토했다. 지구상 최초의 공산주의 국가인 러시아, 그 러시아가 구축한 동부 유럽의 공산 진영이 무너졌을 때, "역사의 종말"이라고 선언했던 프란시스 후쿠야마는 서구 지성의 세계관을 대변했다. 상대를 패망시키려는 정치 체제 간의 경쟁이 사라진 후, 즉 생존에 대한 위협이 사라진 시대에는 어느 국가가 국민을 더 부유하게 해줄 것인가만이 중요해졌다. 경제 논리가 압도했다. "정치 체제가 달라도 거래할 수 있다"는 새로운 세상이 열렸다. 모든 국가가 그 세상으로 달려갔다. "맥도날드 매장이 진출한 국가끼리는 전쟁하지 않는다"는 토마스 프리드만의 주장은 새로운 시대 정신을 웅변했다.

2022년 2월 푸틴의 러시아는 우크라이나를 전격적으로 침공했다. 미국 대중문화의 상징인 패스트푸드 글로벌 기업 맥도날드 매장은 러시아와 우크라이나에 모두 존재한다. 1990년 모스크바에 문을 열었던 맥도날드는 2022년 2월 러시아의 우크라이나 침공으로 서방의 경제 제재가 시작되면서 문을 닫게 되었다. 세계화를 주도했던 미국과 영국은 스스로 자신들이 설계하고 시공, 증축했던 그 무대를 떠나고 있다. 미국은 WTO의 핵심 기능인 분쟁 해결 절차를 식물화시켰다. 영국은 EU에서 탈퇴했다.

지금 후쿠야마와 프리드만의 세계는 존재하는가? 자유민주주의 체제의 승리는 역사가 끝난 줄 알았는데, 그 후 30년 동안 지구상에 자유민주주의는 오히려 후퇴했다. 미소 냉전 종식 후 압도적으로 더 많은 국가가 자유민주주의 체제로 전환하지 않았고, 여전히 권위주의와 독재 체제는 지구 곳곳에 버젓이 지속되고 있다. 더 충격적인 것은 자유민주주의의 전파자를 자처해 온 미국 민주주의가 위기에 처해 있다는 것이다. 2020년 대선에서 패배한 트럼프는 선거 후 자신의 패배를 승복하지 않았다. 그를 지지하는 군중들은 폭도로 변하여 대선 결과를 최종 확인하는 결정이 진행 중인 미국 의사당에 난입하여 경찰과 총격전을 벌이는 영화 같은 장면이 연출되었다. 선거만이 민주주의의 기준이 아니며, 어떤 체제가 더 많은 인민의 안전과 행복을 주는지가 민주주의의 판단이라는 주장까지 등장했다.

푸틴이 잠을 깨운 나토

주권 국가 우크라이나를 군대를 앞세워 침입하고 포탄으로 공격한 푸틴의 전쟁은 냉전 이후 존재감을 상실했던 북대서양조약기구, 즉 나토를 잠에서 깨웠다. 2022년 6월 말 스페인 마드리드에서 개최된 나토 정상회의에는 새로운 국가들이 등장했다. 러시아의 우크라이나 침공으로 인해 오랜 군사적 중립을 깨고 나토 가입을 선언한 스웨덴과 핀란드. 스웨덴과 핀란드의 나토 가입은 미중 패권 경쟁으로 시작된 21세기 냉전cold war이 유럽 대륙에서 열전hot war으로 비화할 위기에서 스스로를 지키려는 선택이었다. 그 역사적인 현장에 대서양과는 무관한 국가들이 초대받았다. 한국, 일본, 호주, 뉴질랜드. 아시아-태평양 4개국이었다.

북대서양 국가들의 집단 안보 체제에 아시아-태평양 국가들의 등장은 무엇을 의미하는가. 마드리드 정상회의에 초대받은 태평양 국가들은 자유민주주의 체제와 미국과의 전통적 동맹국이라는 공통점을 가지고 있다. 미국이 주도하는 나토는 신규 가입국과 초청한 태평양 국가들이 지켜보는 가운데, 사상 처음으로 중국을 '도전'으로 규정했다. 러시아의 우크라이나 침공을 '침공'이라고 비난하지 않은 중국, 주권 국가의 영토를 폭력적인 수단으로 강탈하려는 명백한 범죄 행위에 눈감은 중국에 대해 나토는 공개적으로 넘어서는 안 될 선을 넘었다고 전 세계에 선언한 것이다.

나토의 '새로운 전략 개념'은 중국의 계산을 흔들었다. 트럼프-시진핑 시대 미중 갈등이 본격화될 때, 중국의 계산은 '천하 삼분지계'였다. 미국이 중국을 상대로 관세 폭탄을 투척하고 중국 기업들을 정조준해 압박하더라도, 유럽이 미국 편에 서지 않는다면 미국과의 게임은 해 볼 만하다고 생각했다. 두 가지 때문이다. 하나는 중국이 그간 공들였던 유럽 가르기, 다른 하나는 트럼프의 일방주의이다. 중국은 2012년부터 헝가리, 폴란드, 체코 등 중부 유럽, 동부 유럽 16개국을 상대로 관계 개선에 엄청난 노력을 쏟아왔다. '16+1' 정상회의를 발족시켜 물류, 인프라, 에너지 분야에서의 중국 투자 확대의 명분을 확보했다. 이들 국가에서의 중국 투자가 증가하는 만큼, 유럽에서의 중국의 그림자도 커져갔다. 트럼프의 미국이 중국을 무역으로 압박해도 EU가 마냥 환호작약할 수 없는 구조는 그렇게 오래전부터 배양되었다. 게다가 트럼프는 EU를 주도하는 독일, 프랑스의 협조를 구하기는커녕, 거친 말들로 유럽과의 관계 악화를 자초했다. 남들은 말로 천냥 빚도 갚는다는데. 그래서 미중 무역전쟁이 패권 경쟁으로 치달아도 유럽이 사태를 관망하고 있는 한, 중국은 'long game(지구전)'을 구사할 수 있었다.

2022년 10월 공개된 미국의 국가 안보 전략 보고서(NSS, National Security Strategy)는 중국을 "국제 질서를 재편하려는 의도와 역량을 가진 유일한 경쟁자"라고 규정했다. 2021년 중간보고서에서는 중국을 "국제 질서에 지속적으로 도전할 수 있는 잠재적 역량을 갖춘 유일한 도전자"라는 인식에서 더 나아간 것이다. 무엇이 그 차이를 만들었을까? 2022년 2월 러시아 푸틴의 우크라이나 침공, 그 이전 베이징 동계올림픽 개막식에 참석한 푸틴과 호스트인 시진핑이 서방 세계에 보라고 과시했던 "중국과 러시아의 우호 관계는 끝이 없다"는 밀착, 전쟁 발발 이후 서방의 경제 제재로 위기에 처한 러시아 경제의 보호자로 등장한 중국. 트럼프의 거친 전통적 동맹 경시 외교에 단단히 사이가 틀어졌던 유럽이었지만, 푸틴의 우크라이나 침공과 중국-러시아 연대의 강화는 그동안 실리와 명분 사이에서 좌고우면해 오던 유럽을 중국으로부터 멀어지게 만들었다.

미중 패권 경쟁을 통해 아시아 지역에서 미국을 대체하는 패권 국가가 되려는 중국의 천하 삼분지계 구도가 헝클어졌다. 미국, 영국, EU, 일본, 캐나다, 호주 등 자유민주주의 국가 진영과 중국과 러시아가 중심이 되는 전체주의 진영 간의 대립 구도가 선명해지고 있다. 바이든은 트럼프가 시작했던 인도-태평양 전략을 계승하여 지속시켰다. 인도-태평양 지역과 유럽의 가치 공유국들과 연대하여 세계

해운 무역의 3분의 2가 지나는 통행로인 남중국해의 자유로운 항행을 위협하는 중국의 강압적인 행태를 저지하는 것이 우선순위에 올랐다.

푸틴의 우크라이나 침공은 21세기 세계 역사의 전환기적인 사건이다. 러시아의 우크라이나 침공은 2016년 이후 본격화되고 있는 미국 대 중국의 패권 경쟁을 본격적인 신냉전으로 몰아넣고 있다. 시진핑의 중국몽은 21세기 대국으로의 화려한 부활을 꿈꾼다.

시진핑은 그가 조우한 첫 번째 미국 대통령이던 오바마에게 "광활한 태평양을 양분하자"고 노골적인 야심을 드러냈다. 그의 두 번째 상대였던 트럼프에게는 "한국은 오래전부터 중국의 일부"라고 역사를 왜곡했다. 중국몽을 실현하여 중화인민공화국을 건국한 마오쩌둥에 버금가는 권력과 권위를 쥐려는 시진핑의 야심에 오바마는 소심했고, 트럼프는 오만했다. 아시아로 미국 외교 안보의 축을 이동해 왔지만, 오바마는 중국을 자극하지 않으려다 시진핑에게 미국은 나약하다는 인상을 주었고, 중국을 거칠고 예측 불가하게 몰아붙였지만, 전통적 동맹인 유럽과 관계가 틀어진 트럼프를 시진핑은 유럽 끌어안기로 돌파해 나갔다.

중국은 남중국해를 그들의 내해라고 주장하며 인공섬들을 만들고 속속 군사 기지화하여 국제 질서를 무력화해 나갔다. 20세기 식민지 시대가 역사 속으로 저물고 난 이후 등장한 아시아의 신생 독립국들 가운데 냉전에서 살아남고 세계화 시대를 거치면서 번영한

국가들은 자유민주주의 국가들이다. 이들 아시아 국가에 노골적인 영토적 야심을 숨기지 않는 강성 권위주의 중국이 지배하는 아시아의 미래는 험난한 도전이다. 바로 이런 이유 때문에 미중 패권 경쟁은 강 건너 불이 아닌, 자유민주주의 국가들의 생존과 번영의 문제로 귀결된다.

시진핑의 세 번째 상대인 바이든은 '가치 동맹'을 내세웠다. 세계화 시대에 완성된 세계의 공장인 중국으로 완결되는 글로벌 공급망은 미중 신냉전과 양립할 수 없다. 팬데믹을 경험하면서 기술 우위에 있더라도 완성품의 공장이 자국의 통제권 바깥에 있다면 보건 위기는 안보 위기와 동의어임을 세상은 알게 되었다. 바이든은 민주주의 국가 간의 결속을 강화하여 핵심 분야의 공급망을 미국에서 시작해 미국에서 끝내고 싶어한다. 민주주의 기술 동맹이 탄생하는 순간이다. 결전장은 반도체와 전기차 배터리다.

미국은 제조업 강국 민주주의 국가들의 미국 투자를 필요로 한다. 보조금이 유인책이다. 그 보조금은 공짜가 아니다. 미국 의회는 반도체 분야에 미국의 보조금을 받으면 10년간 중국에 투자를 못 하는 법을 통과시켰다. 전기차는 북미 지역에서 생산되어야 보조금을 받을 수 있다. 한미 FTA의 당사자인 한국이 제외된 것은 이해되지 않는다. 가치를 내세우는 미국은 그들의 국내 정치를 위해서 가치 공유 동맹국들에는 일방통행한다. 차이나 리스크를 해결하기 위해 결성된 민주주의 기술 동맹에서 한국은 아메리카 리스크도 감당해야 할 판이다. 미국 기술과 중국 시장을 연결하는 전략으로 반도체와 전기차 배터리의 강국으로 성장한 한국은 어려운 숙제를 안게 되었다.

반도체 애치슨 라인

2024년 2월 24일. 일본 큐슈의 구마모토에 대만의 세계 최고 파운드리 TSMC가 공장을 완공했다. 양배추를 재배하는 농촌 마을에 반도체 제조 공장이 들어섰다. 반도체 소재부품 강국으로 글로벌 공급망의 한 축을 담당하는 것에 만족하던 일본은 왜 엄청난 보조금을 쏟아부으면서까지 TSMC 제조 공정을 유치했을까? 제조업 기반을 확보해야만 본격화되는 미중 신냉전 시대에 국가 안보가 강화된다는 전략적 인식 때문이다. 구마모토의 TSMC 공장은 곧 두 번째 공장으로 이어질 전망이다. 호전적인 중국의 위협으로부터 경제 안보를 지켜야 하는 대만은 TSMC의 일본, 미국, 유럽 등 가치 공유 국가들로 투자 확대를 독려하고 있다.

구마모토의 TSMC 공장 완공은 2022년 2월 푸틴이 우크라이나를 침공한 후 2년 만에 이루어졌다. 자유민주주의 대 독재 전체주의의 대결 구도가 굳어지면서, 반도체 글로벌 공급망의 재편도 속도를 내고 있으며 '반도체 애치슨 라인'이 그어지고 있다. 애치슨 라인은

1950년 미국 국무장관이 선언한 미국의 극동 방위선이다. 1950년 1월 워싱턴 D.C. 내셔널 프레스 클럽National Press Club에서 그의 연설에서 나왔다. 중국 대륙이 중국 공산당에 넘어간 지 불과 3개월 만에 이루어진 이 연설에서, 애치슨 국무장관은 태평양에서 미국의 극동 방위선을 알류샨 열도-일본-오키나와-필리핀으로 연결시켰다. 대한민국과 대만은 그의 입에서 나오지 않았다. 그로부터 5달 후, 6·25 한국전쟁이 발생했다. 애치슨 라인이 스탈린과 김일성의 대한민국 침략 전쟁을 유도했다는 비난과 함께 애치슨 라인은 역사에 오명으로 남았다. 그로부터 75년, 애치슨은 부활했다. 미중 신냉전이 이어지고 미국의 중국 반도체 굴기 봉쇄가 본격화되면서, 21세기 애치슨 라인은 그 경계선이 삼성전자와 SK하이닉스 공장이 위치한 경기도 이천과 평택, 그리고 TSMC의 대만 위를 지나간다.

신냉전 시대,
기술은 중립적일 수 있을까?

위챗에서는 쓸 수 없는 단어가 있다

21세기 스마트폰 시대, 중국인 삶의 일부가 된 위챗WeChat. 유학생, 주재원, 기업인, 체육인, 예술인들은 위챗을 전 세계로 확산하는 매개체 역할을 한다. 대학 강의에서 그룹 과제를 주면 중국 학생들은 한국, 프랑스, 미국, 호주 학생들과 위챗으로 그룹 소통 창을 만든다. 자료 공유와 토론을 위해서이다. 중국 학생과 연결된 그들이 위챗에서 허용되지 않는 것들이 있음을 아는 데 그리 긴 시간이 걸리지 않는다. 중국 공산당이 설정한 금기된 단어들은 위챗에서 걸러지게 된다. 중국 학생들은 외국 학생들과의 토론에서 민감해지고 방어적이다. 왜 자유민주주의 대한민국의 대학 강의실에서 이런 어처구니없는 일들이 벌어질까?

기술은 그 자체로는 중립적이지만, 기술이 정치적 목적으로 사용되는 순간, 대립적인 정치 체제들 간에 연결되는 기술은 더 이상 중립적이지 않다. 중국에서는 자유민주주의에서 태동한 기술을 허용하지 않는 반면, 자유민주주의에서는 표현의 자유라는 이름 아래 기술 플랫폼의 원산지를 불문하고 모두 허용하는 순간, 자유민주주의 체제의 존립과 안정에는 지극히 불리한 기울어진 운동장이 만들어진다. 인터넷이 태동하고, 스마트폰이 등장하며, 디지털 혁명이 가속화될 때, 개인의 창의성과 상상력이 국가의 압제를 무너뜨리리라는 상상은 현실에서 오히려 그 반대로 나타나고 있다. 디지털 플랫폼이 권위주의의 비인간성을 허무는 '트로이 목마'가 아니라, 민주주의 국가를 극도의 혼란으로 내모는 '악성 바이러스'로 작동하고 있다. 그럼에도 민주주의 국가들은 관용, 인내, 다양성이란 이유로 기울어진 운동장을 편평하게 하려는 시도를 하지 않았다. 그 이면에는 산업으로서의 디지털 기술의 원산지를 불문하고, 그것이 가져다주는 이윤, 일자리, 기업 성장의 유혹이 달콤했기 때문이다.

팬데믹 이전 화웨이 5G 논쟁을 생각해 보라. 5G는 디지털 혁명을 가능케 하는 기반 기술이다. 화웨이는 파격적인 가격으로 경쟁자들을 압도했다. 영국, 프랑스, 독일, 캐나다 등 주요 서방 국가들이 화웨이 장비 구매 쪽으로 기울었다. 화웨이 장비를 구매할 경우 발생할 안보 위협에 대한 전문가들의 의견은 무시되었다. 2020년 초 우한 바이러스가 팬데믹으로 공식화되고 전 세계적 위협으로 등장하며, 그 과정에서 보여준 중국의 대처 방식과 국제사회에 대한 태도를 보면서 서방 세계는 화웨이를 포기하기 시작했다. 2022년 2월 러시아가 우크라이나를 침공한 이후, 세상은 신냉전 속으로 급속하게 끌려 들어가고 있다. 미국 혼자 중국을 거세게 몰아붙이던 트럼프 시대에 팔짱 끼고 관전하던 유럽 국가들은 더 이상 관망하지 않는다. 유럽과 러시아 사이에서 군사적 중립을 유지해 왔던 핀란드, 스웨덴이 나토에 전격 가입 신청을 했다. 대서양 국가들의 안보 공동체인 나토는 그 영역을 인도-태평양까지 확산하고 있다. 러시아의 침공을 침공으로 규정하고 비난하지 않는 중국을 겨냥한 행보이다. 2022년 여름 마드리드에서 개최된 나토 정상회의는 중국을 위협으로 선언하기에 이르렀다. 그 현장에 한국, 일본, 호주, 뉴질랜드 정상들이 있었다는 것은 무엇을 뜻하는가?

신냉전 시대, 기술은 결코 중립적이지 않다. 안보에 대한 고려 없이 산업으로만 기술이 존재할 수 없는 시대이다. "체제가 달라도 거래할 수 있다"던 시대가 저물고, 기술의 원산지를 따져야 하는 시대로 전환되고 있다. 안보 관련성이 높은 기술일수록 기술의 원산지가 중요해졌다. 그 판단을 제대로 하려면, 산업-안보를 연계하는 정보 수집, 분석 기능, 정책 기획과 집행 기능의 유기적이고 효과적인 조정과 통합이 긴요하다. 미국의 실리콘 밸리와 중국의 실리콘 밸리 양쪽에 두 발을 딛고 성장해 온 디지털 강국 대한민국. 자유민주주의 수호와 안정을 위한 새로운 구상은 여기서 시작되어야 한다.

사이버 공간은 양분되나?

중국의 선전은 홍콩에서 한 시간 거리의 지역이다. 어촌이던 선전은 중국의 개혁개방이 시작된 곳이기도 하다. 21세기 초반 중국이 세계 최대의 제조업 국가로 빠르게 성장한 이면에는 선전의 제조업 생태계가 있었다. 중국이 전자, 가전 제품의 조립 기지로 글로벌 공급망의 일부분을 담당하고 있을 때, 선전의 뒷골목에는 세상의 어떤 최신 전자 제품이라도 하루 만에 복제품을 만들 수 있다는 이야기가 전설처럼 떠돌았다. 만약 최신 전자 제품의 복제품을 선전에서 구할 수 없다면, 그 제품은 소비자들에게 외면받을 운명이라는 첨언까지 곁들여서. 1990년대 한국의 용산 전자상가의 역동적인 모습을 몇 배 확대한 모습의 선전은 세상이 디지털 혁명을 겪으면서 아시아의 실리콘 밸리로 부상했다. 이곳 선전에 위챗의 본산인 텐센트가 자리 잡고 있다.

텐센트 홍보관은 우주에서 내려다본 지구를 실시간으로 보여준다. 방마다 설치된 초대형 스크린은 지구의 다른 지역을 비추고 있다. 방문객들은 지구 곳곳을 밝히는 초록색 불빛에 신기해한다. 그 불빛은 지금 위챗에 접속해 있는 사용자들이다. 스크린에는 해당 지역의 실시간 접속자 수가 표시된다. 위챗 이용자는 11억 명이 넘는다. 스마트폰을 가진 모든 중국인이 위챗을 이용한다고 안내 요원이 설명한다. 중국 대륙을 뒤덮은 거대한 초록 불빛은 한반도의 남쪽 대한민국에도, 바다 건너 일본에도 반짝인다. 그 초록 불빛은 미국 대륙에도 반짝인다. 중국 유학생, 주재원, 교포 등 세계 곳곳의 중국인을 연결하는 거대 플랫폼 위챗의 힘을 보여주는 장면이다.

2018년 3월 초, 미국에서 이 초록색 불빛들이 별안간 대거 사라졌다. 무슨 일이 벌어진 걸까. 그해 3월 11일, 중국 전국인민대표대회는 공산당 중앙위원회가 건의한 헌법 수정 건의서를 통과시켰다. 중국 공산혁명을 이끈 마오가 사라진 후, 그간 중국 권력 승계의 불문율로 받들어 오던 '국가주석 2연임 금지' 조항이 삭제되었다. 시진핑 주석의 장기 집권 가능성이 열린 것이다. 이 뉴스가 전해지자, 미국에 유학 중인 중국 학생들 사이에는 난리가 났다. 그들의 뇌리엔 혁명으로 건국의 아버지가 되었지만, 종신 집권하면서 마지막까지 권좌에서 내려오지 않았던 마오쩌둥이 떠올랐다. 중국이 다시 암울했던 1인 통치 시대로 회귀하느냐는 불만이 터져 나왔다. 그들이 사이버 공간에 불만을 쏟아내기 전, 누가 시킨 것도 아닌데 직감적으로 행동에 돌입한 것은 위챗 탈퇴였다. 대신 다른 SNS로의 이동. 중국 정부의 검열에서 자유로울 수 없는 위챗에 남겨진 디지털 지문이 언젠가는 자신들에게 불리한 증거로 활용될 수 있음을 그들은 본능적으로 직감한 것이다.

패권 경쟁을 하고 있는 미국과 중국에 사이버 공간은 경제와 안보가 맞물린 새로운 대결 공간이다. 미국이 중국 플랫폼을 차단하지 않았던 것은 소비자 편리성의 경제적 효용이 안보 리스크를 압도했기 때문이다. 사회 전체 효용은 경제성과 안보 리스크를 덧셈이 아닌 곱셈에 더 가깝다. 때문에, 아무리 경제성이 뛰어나도 안보 리스크가 통제 불가능한 수준을 넘어서면, 그 사회 전체가 누리는 효용은 0으로 떨어진다. 사이버 경제의 신데렐라인 플랫폼의 가치를 소비자 측면만으로 볼 수 없는 이유다.

중국은 사이버 플랫폼 통제의 범위를 중국 바깥에서 사용되는 중국산 플랫폼에 외국인이 접속하는 곳까지 확장하려고 한다. 통제의 대상이 된 외국인과 그 국가는 강력히 반발한다. 이는 실제 상황이다. 2020년 6월 4일 천안문 민주화 시위 31주년 기념행사를 하려던 시도를 줌은 막아버렸다. 중국 정부의 요청에 의해서, 중국 법을 따를 수밖에 없었다는 줌의 설명은 의혹을 더했다.

팬데믹의 뉴노멀 시대에 화상 회의의 플랫폼으로 보통명사가 된 줌. 줌은 미국 나스닥에 상장된 회사인데, 중국 법을 따라야 하다니? 줌의 본사는 미국에 있지만, 핵심 기술진과 서버는 중국에 있다. 미국 증권거래위원회에 제출된 공개 자료에 따르면 중국 내 자회사가 3개, 중국 내 개발자가 700여 명인 것으로 줌은 밝히고 있다. 중국 내 개발자에 의존한다는 것은 실리콘밸리의 고임금을 회피할 수 있는 경영 전략이지만, 동시에 줌이 중국 법의 적용을 회피할 수 없는 결정적인 연결고리가 된 이유이다. 그 중국 법의 요체는 '중국에서 운영되는 모든 기업은 데이터를 중국 내에 보관하고, 중국 정부가 요청하면 언제든지 정보 공개를 해야 한다'는 것이다.

틱톡은 제2의 화웨이인가

사이버 공간에서의 중국발 안보 리스크를 부각시키고 있는 미국의 공세는 밀레니얼 세대와 Z 세대의 개성 발산의 대표 플랫폼이 된 틱톡까지 겨냥하고 있다. 15초 짧은 동영상과 쉬운 필터로 미국에서 선풍적인 인기몰이를 하고 있던 틱톡의 주인이 중국 기업인 바이트댄스라는 사실을 미국 소비자들은 별로 개의치 않는 듯하다. 국가는 그럴 수 없다. 사이버 안보가 패권 경쟁의 향방을 결정하는 상황에서 국가는 그럴 수 없을 것이다. 이용자 신상 정보가 중국 베이징으로 넘어갈 수도 있다는 미국의 주장에 대해 틱톡의 서버가 중국이 아닌 싱가포르에 있다는 설명으로는 설득력이 없다. 미국에서 틱톡이 청년층과 문화예술계에 빠른 속도로 뿌리를 내리는 것에 비례하여 미국 정치권의 틱톡 규제를 재촉하는 속도도 빨라졌다.

논란의 시작은 트럼프 정부에서부터였다. 틱톡이 중국 정부와 연계되어 있고 미국 이용자들의 개인정보를 빼돌릴 수 있다는 우려가 제기되면서 논란이 뜨거워졌다. 2020년 트럼프 대통령은 틱톡을 미국 기업이 인수하든지 아니면 미국에서 더 이상 사업을 하지 못할 것이라는 행정명령을 내렸다. 틱톡은 미국 법원에 행정명령 취소 청구 소송으로 맞섰고, 마이크로소프트, 오라클, 월마트 등 미국 기업이 틱톡 인수에 자의 반 타의 반 뛰어들면서 상황은 복잡해졌다. 경영권을 뺏기지 않으려는 틱톡은 회사 매각이 아닌 다른 제안들을 미국 정부에 던졌지만 무산되었고, 미국 기업 오라클에 인수될 수밖에 없는 상황까지 내몰렸다. 그런데 틱톡 인수 일정이 2020년 미국 대선 국면과 맞물려지면서 상황은 틱톡에 유리해졌다. 틱톡은 자신을 미국 대선의 희생양이라고 주장했고, 미국 사법부는 그 주장에 수긍하면서 틱톡 인수는 다시 원점으로 돌아갔다.

바이든 행정부가 들어서면서 틱톡은 다시 정치권의 태풍의 눈으로 부상하게 되었다. 2022년 미국 연방정부와 기관 내 기기에서 틱톡 사용 금지 법안이 발효되었다. 다음 해인 2023년 3월, 틱톡의 실질적 소유주인 바이트댄스가 틱톡으로 미국 언론인들을 감시했다는 의혹이 제기되면서 틱톡은 미국 법무부의 수사망에 들어오게 되었다. 그리고 세상의 이목이 집중된 가운데 틱톡 청문회가 의회에서 열렸다. 3월 24일, 틱톡 CEO 추쇼우즈(싱가포르 국적)가 청문회에 출석했다. 의원들은 "중국 정부가 정보를 제공하라고 하면 막을 수 있는가"를 집요하게 물었고, 추쇼우지는 "중국 정부는 아직 그런 요구를 한 적이 없다"고 빠져나갔다. 의사당 바깥에서는 틱톡 사용 금지에 반대하는 시위대로 요란스러웠다.

2024년이 되면서 틱톡은 절체절명의 순간을 맞이하게 된다. 틱톡을 미국 기업에 매각할 것을 요구하는 법안이 4월 의회에 상정되었다. 미국 하원에 2022년 새로 설치된 미중 전략경쟁 특별위원회를 이끌고 있던 마이크 갤러거 의원은 "틱톡을 중국 공산당과 분리하려는 미국의 국가 안보를 위한 상식적인 조처"라고 법안의 취지를 설명했다. 틱톡 퇴출법안은 4월 20일 하원을, 4월 23일 상원을 일사 천리로 통과했다. 상원 통과 바로 다음날, 바이든 대통령은 법안에 서명하면서 즉시 효력이 발생했다. 트럼프 행정부 때 비슷한 운명에 처해졌던 틱톡은 한 번 더 미국 사법부에 마지막 기대를 걸어볼 수밖에 없었다. 강제 매각은 미국의 수정헌법 1조의 표현의 자유를 위반한 것이라는 소송을 제기한 것이다. 사법부는 이번에는 틱톡의 손을 들어주지 않았다.

2024년 12월 현재, 틱톡은 미국에서 퇴출 직전의 순간을 맞고 있다. 끝날 때까지 끝난 것은 아니다. 다시 백악관에 돌아오는 트럼프의 입장이 변수이다. 트럼프는 틱톡에 대한 자신의 입장을 뒤집었다. 자신의 처음 백악관 시절 틱톡 금지를 추진했던 트럼프는 틱톡 퇴출법이 의회에 상정될 무렵 "틱톡이 없다면 페이스북이 더 커질 것이다. 난 페이스북을 사람들의 적으로 본다"고 말했다. 자신에게 우호적인 플랫폼이 아닌 페이스북의 경쟁자인 틱톡을 살려둬야 한다는 의미로 해석된다. 세상이 주목했던 것은 트럼프의 이런 입장 변화에도 불구하고, 그의 절대적인 영향권 안에 있는 공화당 하원의원들이 틱톡 금지법에 찬성표를 던졌다는 사실이다. 미국 정치권에서 반중국 정서가 단단히 뿌리내렸다는 것을 세상은 다시 한번 깨달았다. 세상은 대통령으로 다시 귀환하는 트럼프가 틱톡의 운명을 어떻게 거래할지 이목을 집중시키고 있다.

미중 기술 패권 경쟁은 사이버 공간을 양분화할 태세이다. 열린 사회 대 통제 사회의 사이버 공간에서의 패권 경쟁은 기울어진 운동장에서 축구 시합을 하는 것과 같다. 사이버 공간에서 중국 리스크를 방치하면 자유 민주체제의 가치는 훼손되고 제도는 위협에 처한다.

돈의 색깔을 따지는 시대

'묻지 마 세계화'라는 신화

#1. 2011년 2월. 미국 캘리포니아 실리콘밸리. 당시 미국 대통령 오바마와 실리콘밸리의 기업가들과의 만찬장. 만찬 가운데 환담이 오갔다. 오바마가 스티브 잡스에게 물었다. 아이폰을 왜 미국에서 만들 수 없는가? 그런 일은 생기지 않는다! 잡스 특유의 냉소적인 답이 돌아왔다.

미국 정치의 유리천장을 깨고 대통령의 자리에 오른 오바마는 재선을 염두에 두고 있었다. 그때나 지금이나 미국 대선의 판도를 가늠하는 것은 미국 중서부, 이른바 러스트벨트의 표심이다. 2008년 미국발 글로벌 금융위기가 시작했을 때 백악관의 주인으로 선출된 오바마는 미국 제조업의 일자리 확대에 공을 쏟았다. 비즈니스 유턴

business u-turn, 미국을 떠난 제조업을 다시 미국으로 유치하기는 오바마 행정부의 미국 제조업 살리기 전략이자 선거 전략이었다.

그런 오바마의 계산을 모를 리 없는 잡스는 "꿈 깨라"고 찬물을 뿌린 것이다. 세상을 바꾼 아이폰. 누구도 상상해 보지 못한 세상으로의 초대권인 아이폰을 디자인해 낸 잡스는 아이폰의 모든 디테일에 집착했다. 수백 가지 소재의 재질과 완성도에 신경이 곤두서 있었다. 어느 소재가 마음에 들지 않아 새로운 것을 시도해 보고 싶은데, 미국에서는 그것이 불가능하다고 잡스는 불평했다. 야간 근무와 주말 근무 기피로 그런 일을 시도하기조차 쉽지 않은 미국의 현실. 하지만, 중국은 전혀 다른 세상이었다. "이것 한번 해 볼 수 있을까"라는 이야기가 떨어지기 무섭게 작업반이 꾸려지고, 언제까지 완제품을 배달하겠다는 시간표가 나왔다.

선진국인 미국의 높은 임금 수준에 비해 개발도상국인 중국의 임금 수준이 현저히 낮기 때문에 생기는 문제가 아니었다. 일에 대한 태도의 차이가 빛과 그림자처럼 달랐다. 좀 거창하게 표현하자면, 산업 생태계가 달랐다.

경영의 구루들은 이렇게 설파했었다. 세상을 지배하길 원한다면, 원천 기술을 가져라. 생산 시설은 얼마든지 외부에서 확보할 수 있다. 세계 곳곳에서 당신의 디자인 그대로 그 제품을 조립할 테니 주문을 달라고 아우성칠 것이기 때문이다. 무수한 회사들이 그들만이 가장 싼 가격으로 만들 수 있다고 외칠 것이다. 경제 성장에 목맨 개발도상국들은 공장 부지 무상 제공, 세금 면제, 공항과 항만 시설의 우선적 접근 등 달콤한 패키지로 유혹할 것이다. 그들의 치열한 경쟁 속에 당신은 기술을 가장 싼 가격에 세상과 만나게 해줄 선택을 하면 된다. 'Designed by Apple in California, assembled in China. (캘리포니아 소재 애플이 디자인하고 중국에서 조립하다.)' 아이폰 뒷면 커버에 선명하게 새겨진 글귀는 기술을 정점에 앞세운 아이폰 글로벌 공급망의 선언이다. 기술만 미국이 가지고 조립은 외국에 맡기는 것은 세계화 시대의 최대 이윤 창출 공식이었다. 그렇게 미국은 제조 역량을 외국으로 내보내기에 분주했다.

#2. 2021년 5월 21일, 한미 정상회담이 워싱턴 D.C.에서 열렸다. 반도체, 배터리, 자동차 강국 대한민국의 대표 기업들이 미국에 투자 보따리를 풀었다. 공식 발표에 따르면 무려 44조 원이 미국 내 생산 기반과 연구 역량 확충에 투자될 것이라고 한다.

2020년 11월 미국 대선에서 트럼프와의 박빙의 대결에서 바이든의 승리를 결정지은 미국 내 중서부 지역, 그리고 상원의원 2명 모두 민주당 후보를 당선시킨 조지아에 이들 투자가 집중된다. 2020년 민주당 대통령 후보로 나섰지만 경선 초반 밀리던 바이든에게 역전의 발판을 마련한 것은 조지아주 흑인 표였다. 박빙의 상원의원 선거에서 현직 공화당 의원을 제치고 모두 민주당으로 색깔을 바꿀 수 있었던 요인 역시 조직화된 흑인들의 표였다. 조지아 상원의원 선거 덕분에 민주당은 백악관과 의회를 모두 장악할 수 있었다. 다음 대선에서 바이든이 다시 승리하려면 한국 기업들의 파격적인 투자는 일자리와 소득 창출을 약속하는 정치적 승리다.

공식 기자 회견장에서 바이든은 미국에 투자 약속을 한 기업들을 호명하면서 이들을 일으켜 세워 감사를 표시했다. 격화되는 미중 기술 패권 경쟁에서 중국의 기술 굴기를 견제하려는 바이든에게 이들 투자의 국제 정치적 의미는 누가 보더라도 명백하다. 바이든은 한미 정상회담에서 국내 유권자들의 표심과 중국 견제라는 두 마리 토끼를 모두 잡은 셈이다. 그의 승리는 생방송 중계를 통해 미국 내로, 동시에 전 세계로 전파되었다.

오바마도 못해낸 것을 바이든 대통령은 해내고 있다. '묻지 마 세계화'의 시대가 막을 내리고, '돈의 색깔'을 따지는 세상이 왔기 때문이다. 기술만 가지면 체제 차이를 아랑곳하지 않고 전 세계의 소재 공급자들과 조립자들을 연결했던 공급망이 흔들리고 있다. 글로벌 기업들이 철석같이 믿었던 조립 생태계의 해결사 중국은 더 이상 과거의 위상을 누리기 어려운 상황이다.

바이든은 반도체 산업의 글로벌 공급망을 새로 디자인하고 싶어 한다. 미국의 원천 기술에서 시작하여 미국에서 반도체가 생산되고, 미국에서 시작하여 미국 내에서 완결되는 공급망 구축이 목표이다. 제조 역량 생태계가 사라진 미국에서 그것이 가능할까? 미국이 꺼낸 비장의 카드는 "동맹국의 투자를 미국에 유치하라"이다. 메모리 반도체의 선두 기업인 삼성전자와 SK하이닉스, 파운드리의 최강 기업 대만 TSMC. 미중 패권 경쟁이 가속화되면서 삼성전자는 텍사스에 새로운 공장 건설의 삽을 떴다. TSMC 역시 아리조나에 공장 건설을 시작했다.

동맹국 기업들의 투자 유치를 위해 미국은 보조금으로 유혹한다. 그런데 알고 보니 보조금이 아닌 족쇄이다. 미국의 보조금을 받으면 중국 투자는 제한된다. 생산 시설 접근권 보장, 초과 이익 공유 등 수상한 조건들도 주렁주렁 달려 있다. 자동차, 스마트폰, 의료 장비 등 일상생활에서부터 항공기, 레이더, 슈퍼컴퓨터 등 안보에 이르기까지 핵심적인 반도체 산업의 생태계를 권위주의 정부에 의존할 수 없고, 자유민주주의 국가 간의 새로운 생태계를 구축해야 한다고 했을 때의 그 비장함은 속이 훤히 보이는 얄팍한 미국의 국내 정치표 계산에 갑자기 초라해진다. "이쯤 되면 중국과 미국이 뭐가 다른지 모르겠다. 투자를 인질로 기술 이전 압박했던 중국을 비난할 때는 언제이고, 미국도 마찬가지 아니냐"고 전문가들은 힐난한다. 미국에 투자 결정을 한 글로벌 기업들은 당혹한 기색이 역력하다.

2022년 가을, 미국은 일본과 네덜란드를 압박하여 반도체 제작 핵심 장비의 중국 수출 통제 합의를 이끌어냈다. 세계 4대 반도체 장비 회사로 알려진 미국의 어플라이드 머티리얼즈Applied Materials, 램 리서치Lam Research, 일본의 도쿄 일렉트론Tokyo Electron, 네덜란드

ASML 모두 미국 정부의 중국 제재에 동참하기로 했다. 반도체 민주주의 동맹의 탄생으로 평가되는 역사적인 사건이었다.

반도체 핵심 장비 도입이 막힌 상황에서 중국의 반도체 산업은 직격탄을 맞을 수밖에 없다. 최첨단 7나노 반도체 생산 계획에 치명타를 입었다. 궁지에 몰린 중국은 양면 작전을 구사했다. WTO에 미국을 제소한 것이다. 미국의 수출 통제가 보호무역 조치로 WTO 협정 위반이라는 이유에서다. 분쟁 해결 기능이 제대로 작동되지 않는 WTO에 굳이 중국이 제소한 것은 국내용이다. 중국의 발전 경로를 미국이 막고 있다는 인식을 중국 인민에게 보여주기 위함이다. 미국 제국주의에 당당하게 맞서는 부상하는 대국의 모습을 각인시키려고 한다. 동시에 우크라이나 침공 이후 부상하고 있는 민주주의 대 전체주의 구도에서 미국의 반대편에 서는 국가들('Global South'라는 명칭으로 불린다.)에 보여주기 위함이다. 다자 체제를 파괴하는 것은 중국이 아니라 미국이라는 이미지를 만드는 명분 전쟁을 펼치려고 한다.

미국-일본-네덜란드 3국의 수출 통제로 중국의 반도체 추격 전략은 휴지통에 던져졌다. 빠른 시일 내에 첨단 반도체 제작 능력을 확보하려던 중국의 계획은 변경이 불가피하게 되었다. 장비 수입이 막힌 상태에서 자신의 능력으로 반도체 장비를 제작해야 하지만, 그것은 당장은 불가능한 일이다. 중국은 '레거시legacy 반도체'로 불리는 구형 반도체 제작에 집중하면서, 스스로 학습 커브를 만들어 자체 기술 혁신을 도모하는 전략으로 궤도를 수정했다. '버티면서 기술 혁신' 전략으로 선회한 중국은 중국제조 2025에서 꿈꾸었던 반도체 굴기가 무산될 것인지, 아니면 속도는 느려지겠지만 언젠가는 최첨단 반도체를 대량 생산하는 그 순간에 도달할지, 미래의 역사가 말해줄 것이다.

2024년 12월 3일, 바이든 행정부는 반도체 수출 통제 목록에 HBM(고대역폭 메모리)을 추가했다. 인공지능 개발에 핵심 부품으로 알려진 HBM은 SK하이닉스, 삼성전자, 마이크론만이 제작하고 있다. 미국의 엔비디아가 장악하고 있는 AI 반도체. 미국은 엔비디아 AI 반도체의 중국 수출을 통제해 왔다. 중국이 자체 개발로 따라오자, 핵심 부품 자체의 중국 수출을 막는 조치를 단행했다. 중국을 겨냥한 바이든의 '좁은 마당, 높은 담장' 수출 통제에서 담장은 점점 더 높아지고 있다.

시진핑이 바이든을 대적하는 법

미중 신냉전이 본격화되면서 미국 내 중국 투자는 눈에 띄게 감소했다. 2016년을 정점으로 감소 추세가 두드러진다. 2017년 트럼프 대통령 취임 후, 중국을 정조준한 관세 폭탄, 중국의 미국 투자에 대한 '경제 안보'의 현미경으로 정밀 검증, FBI 국장의 미국 사회 곳곳에 침투한 중국 스파이에 대한 공개적인 경계령… 미국 내 반중 정서가 급속하게 고조되면서 중국의 미국 투자는 인수 합병, 신규 투자 모두 곤두박질 자유 낙하하고 있다. 미국의 스타트업을 인수하여 기술을 확보하고, 인재도 영입했던 호시절은 사라졌다. 실리콘밸리의 유망하다고 소문난 스타트업이면, 시세의 3배 이상 현금으로 사가던 그런 시절은 이제 영화 속 장면처럼 비현실적으로 아득하다. 미국 투자를 통한 중국의 기술 굴기의 길은 막히고 있다.

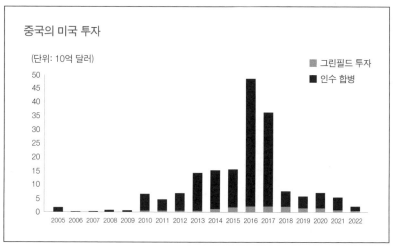

출처: Rhodium Group

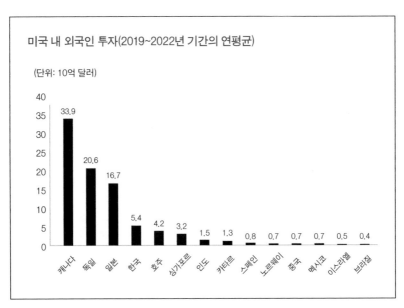

미국 내 외국인 투자(2019~2022년 기간의 연평균)

(단위: 10억 달러)

출처: US Bureau of Economic Analysis

트럼프의 무역전쟁에 맞대응하던 것과는 달리, 바이든의 기술 통제에 중국은 작전상 후퇴를 선택했다. 새로운 대장정으로 기술 자강 자립을 도모하려 한다. 중국 공산당에 대장정은 역사를 초월한 불멸의 상징이다. 1930년대 중국 대륙이 서구 열강에 의해 분할되고, 군국주의의 길로 빠져들었던 일본은 만주국을 세우고 중국인의 심장인 중원을 침략하면서, 중국은 벼랑 끝으로 몰렸다. 중국 역사상 가장 광활한 영토를 개척했던 청 제국이 신무기와 과학 기술로 무장한 서구 열강에 제대로 대처하지 못하고 멸망한 후, 중국은 지역마다 토착 세력이 군웅할거하는 초기 혼란기를 거쳐 국민당과 공산당의 양대 이념 세력으로 재편되었다. 압도적인 재력과 무력을 뽐내던 국민당의 공격에 패배를 거듭하면서 거의 소멸될 위기에 처한 공산당의 인민군은 몰려드는 국민당 군대를 피해 강을 넘고 산을 건너 중국 대륙의 멀고 깊숙한 곳으로 후퇴를 거듭했다. 살을 에는 추위를 견디고, 불볕 더위를 이겨내면서.

과장 화법이 일상화된 중국이지만, 대장정은 패주하던 공산당이 후퇴하였던 그 거대한 공간을 압축하는 은유일 뿐, 그 속에는 오랜 세월 후퇴와 후퇴 속의 처절함과 고통, 참을 수 없는 것도 후일을 도모하기 위해 참아야 했던 절박함과 한계조차 뛰어넘는 결기를 느끼기는 어렵다. 하지만 살아남아 결국에는 국민당과의 내전에서 승리하고 노동자 농민의 나라를 처음으로 중국에 건국한 공산당 지도부와 그들의 군인들에게 대장정은 포기하지 않는 인내심과 결국에는 승리하는 위대한 결말까지 포함한 단어다.

중국의 기술 굴기의 숨통을 틀어쥐려는 미국의 압박으로 21세기 미중 패권 경쟁의 불리한 형국으로 몰리고 있는 중국 공산당은 90년 전 중국 내전의 대장정을 불러내었다. 역사는 이번에도 반복될까?

★ ★ ★ ★ ★

PART 4

동맹국에 내미는
청구서

대만, 아무도 포기할 수 없는

4개의 레드 라인

"지난 4년간 중미 관계는 기복을 겪었다. 양국이 서로를 파트너이자 친구로 대한다면 두 나라의 우의가 깊어지겠지만, 서로 적대한다면 미중 관계가 악화될 수 있다. 인류는 전례 없는 도전에 직면해 있고, 주요 국가 간의 경쟁이 시대의 기본 원리가 되어서는 안 된다. 오직 연대와 협력만이 인류가 현재의 어려움을 극복하도록 도울 것이다."

테이블 건너편에 앉은 바이든 대통령을 향해 시진핑 주석이 발언을 시작했다. 2024년 11월 15일, 페루 리마에서 개최된 APEC 정상회의 가운데 열린 미중 정상회담장이었다. 과학기술 혁명의 시대에 디커플링이나 공급망 교란은 해법이 될 수 없다. 작은 마당, 높은 담장은 주요국이 추구해야 할 정책이 아니다. 4년 임기를 마치고 퇴임할 순간을 목전에 둔 바이든 대통령과의 마지막 정상회담 자리에서 시진핑은 작심한 듯 발언을 이어갔다. 한 달 후면 백악관의 주인으로 다시 귀환하는 트럼프 당선자를 겨냥한 거친 발언을 쏟아냈다.

회의가 비공식으로 전환된 이후, 시진핑은 중국이 '절대 양보할 수 없는 네 가지(레드 라인, red-line)'를 선언했다고 언론은 전했다.*

· 대만
· 민주주의와 인권
· 중국의 경로와 체제
· 중국의 발전 권리

이는 중국의 핵심 이익 4가지이며, 미국은 절대 선을 넘지 말라는 경고를 했다고 한다. 이것은 중국 당국이 사후 배포한 정상회담 요지에서도 확인되었다. 미국은 신장 위구르, 티베트의 인권 문제를 지속적으로 제기해 왔다. 인권 외교의 깃발을 흔들고 있는 유럽 역시 중국의 인권 문제를 국제 무대에서 오랫동안 공격해 왔다. 2008년

---

* 중국 관영 〈신화통신〉이 먼저 보도했으며, 〈Reuters〉, 〈Bloomberg〉 등의 외신이 뒤이어 보도했다. 백악관 공식 브리핑 자료에는 나오지 않는다.

베이징 올림픽을 앞두고는 세계 곳곳을 누비는 올림픽 성화 봉송을 인권 단체가 저지하곤 해서 중국 당국을 곤혹스럽게 했다. 인권 문제에 무관심했던 트럼프와는 달리 바이든은 임기 내내 정상회담 때마다 중국 내 인권 문제를 거론해 왔다. 신장 위구르 인권 문제를 이유로 그 지역 생산품의 수입 금지 조치까지 발동했다. 미국은 인권 문제를 거론할 자격이 없다는 것이 중국의 공식 입장이다. 미국 내 극심한 인종 갈등, 심지어 남북전쟁의 원인을 제공했던 노예 문제까지 중국은 국제 무대에서 거론한다.

중국은 민주주의를 그들 스스로 다시 정의하려고 시도해 왔다. "자유롭고 공정한 선거를 통해 정부 권력을 창출하는 것이 민주주의라는 것은 서방 국가들이 정한 것이다. 그것만이 민주주의라는 법이 있는가? 어느 국가가 민주주의인지 아닌지를 결정하는 것은 '누가 정부 권력을 선출하는가 하는 문제가 아닌, 어느 정부가 국민을 더 행복하게 해주는가'다." 중국 공산당은 당당하게 주장한다. 중국은 공산당 일당 독재이지만, 세상 어느 국가의 정부보다 더 국민을 행복하게 해준다고.

이런 주장들은 2010년대 초반 중국에서 열리는 국제회의에 가는 곳마다 미리 녹음된 것처럼 반복적으로 들을 수 있었다. 어떤 중국 발표자는 "21세기는 서구 민주주의와 중국 민주주의의 경쟁"이라고 선언했다. 그러면서 지지율 50%도 받지 못하는 서방 세계 민주주의와 지지율 90%를 넘는 중국을 비교하며, 중국 민주주의가 경쟁에서 이기고 있다고 기고만장하던 것을 잊을 수 없다.

링컨 대통령의 남북전쟁 전투터에서의 게티즈버그 추모 연설에 등장하는 문구가 있다. "국민의, 국민에 의한, 국민을 위한 정부. government of the people, by the people, for the people." 민주주의의 핵심은 국민에 의한 정부라는 것이 서방 세계만의 독점적 정의가 아닌, 독재의 고통 속에서 또는 권위주의의 압제 속에서 민주주의를 갈망하는 세계 모든 사람의 똑같은 생각이 아닌가. 국민의 이름으로 선거를 통해 정부를 선택하지만, 결과적으로 잘못 선택할 수도 있다는 것은 역사가 증언해 준다. 잘못된 정부를 국민이 심판할 수 있는 권리와 가능성, 그것은 중국 민주주의에서는 불가능한 것이다. 중국이 절대 도전하지 말라고 선을 긋고 있는 것은 중국도 민주주의를 하는데, 서구 세계의 기준을 들이대지 말라는 주장이다.

'중국의 경로와 체제'는 중국어 원문으로 '道路制度', 영어로는 'China's path and system'이다. 중국은 중국 공산당이 독점적 권력을 행사하는 정치 체제를 선택했고, 시장 자본주의의 일부를 빌렸을 뿐이다. 이것은 실체적 사실인데, 중국이 이것을 '레드 라인'으로 선을 그은 이유는 중국의 정치 경제 체제가 서구식 자유민주주의 시장 자본주의와 다르다고 비판하지 말고, 서구 체제로 변화해야 한다고 압박하지도 말라는 것이다. 트럼프가 시작했던 화웨이 압박과 바이든의 중국을 겨냥한 기술 수출 통제는 중국의 발전을 가로막고 있다고 공격해 왔다.

시진핑의 레드 라인은 그간 중국이 국제 무대에서 주장해 온 것들의 연속선에 있다. 미중 패권 경쟁이 본격화되기 전에는 '대만, 티베트, 천안문 민주화 시위(공교롭게도 이 세 단어의 영어는 모두 T로 시작하기에 3T로 불린다.)'가 중국의 레드 라인이었다. 홍콩 민주화 시위와 중국의 강압적 진압에 대한 국제사회의 반발이 거세어지자 홍콩이 레드 라인에 올랐다.

중국이 트럼프를 향해 레드 라인을 선언했다고 해서, 트럼프 대통령과 미국 정부가 중국이 일방적으로 정한 '금지 구역'을 지킬 가능성은 희박하다. 중국 정부는 이를 충분히 예견할 수 있지만, 그럼에도 레드 라인을 미리 선언한 것은 트럼프 2기 때 본격화될 미중 신냉전에서 명분을 쌓으려는 의도가 아닐까.

왜 대만인가

세상이 주목하는 것은 대만을 첫 번째 레드 라인으로 선언했다는 것이다. 왜 대만일까? 2016년 12월로 시간을 되돌려보자. 대만 총통의 전화를 받은 트럼프 대통령 당선인. 예상을 깨고 대선에서 승리한 트럼프 당선자는 대만 총통인 차이잉원蔡英文과 통화한다. 10분간의 통화에서 차이잉원은 트럼프의 당선을 축하했고, 아태 지역의 경제 안보 등에 대한 이야기를 나눈 것으로 알려졌다. 트럼프는 통화 사실을 트위터로 세상에 알렸다. 중국은 발끈했다. 세계 언론은 트럼프가 중국을 자극한다고 속보를 쏟아냈다.

국가 정상들 간의 축하 전화인데 웬 야단법석이냐고 의문을 가질지도 모른다. 하지만 통화의 주체가 한쪽은 미국 대통령이고, 다른 한쪽은 대만 총통이기 때문이다. 1979년 미중 국교가 수립되는 과정에서 미국과 국교가 단절된 대만이 미국 대통령 당선자와 직접 통화하는 것은 처음이었다.

대만을 주권 국가로 인정하지 않고 중국의 일부라고 주장하는 중국의 입장에서 보면, 트럼프와 차이잉원 간의 전화 통화는 미국 대통령 당선자와 중국의 작은 성 대만의 최고 관리자 간의 통화에 불과한 것이다. 트럼프 당선자를 축하해 줄 수 있는 중국의 유일한 적법한 정치인은 베이징의 시진핑 주석이라는 것이 중국의 생각이었다.

트럼프 당선인은 1기 때부터 차이잉원 대만 총통과 통화하며 '대만 지도자와는 전화도 방문도 하지 않는다'는 오랜 묵약을 깼다. 정식 외교 문서로 합의한 것은 아니지만, 미국 정부가 중국을 자극하지 않으려고 자제해 왔던 오래된 관습은 트럼프가 받은 전화 한 통으로 깨어져 버렸다.

1972년 2월 닉슨 대통령의 중국 방문, 마오쩌둥 주석과의 회담 이후 공산주의 중국과 외교 관계 수립을 위한 오랜 협상 끝에 1979년 1월 미국은 중화인민공화국People's Republic of China과 공식적으로 수교하게 된다. '죽의 장막'의 고립을 끝낸 중국의 국은 국제무대 등장은

UN 등 주요 국제기구에서 중화민국Republic of China의 퇴장으로 이어졌다. UN 안전보장이사회의 상임이사국 지위에서도 퇴출되었다. 그 자리에는 중화인민공화국이 들어왔다. 중화민국은 대만이라는 이름으로 미국과 비공식 관계를 맺게 된다. 1979년 4월 미국 의회는 대만관계법Taiwan relations act을 통과시켰다. 이 법을 근거로 대만에 미국 대만 협회American Institute of Taiwan를 세웠다. 간판만 협회이지 사실상 외교 역할을 수행하는 대표부였다. 그리고 대만관계법에 따라 미국은 방어용 무기를 대만에 판매해 왔다.

트럼프 행정부는 미국-대만 관계를 더욱 심화시키기 위한 일련의 조치를 추진해 나갔다. 안보 협력 강화를 위해 무기 판매를 확대했고, 고위급 공무원이 대만을 방문했으며, 미국 공직자와 대만 고위 공직자의 상호 방문과 교류 제한의 족쇄를 푸는 대만 여행법Taiwan travel act이 제정되었다. 코로나19를 '중국 바이러스'로 불렀던 트럼프 대통령은 코로나19에 맞서 철저한 방역으로 세계에 모범 사례로 부각되고 있던 대만에 알레스 아자 보건부 장관을 보냈다. 현직 미국 장관의 대만 방문은 거의 유례가 없었기에 중국의 반발을 샀다. 대만과의 협력 강화는 바이든 행정부에서도 계속되었다. 인권과 가치를 중시하는 바이든은 민주주의 정상회의에 대만을 초대했다.

"대만 독립을 지지하지 않는다"는 미국의 기존 입장을 재확인했지만, 바이든 대통령은 만약 중국이 대만을 침공한다면 미국은 대만을 방어할 것이라고 공개적으로 발언했다. 그것도 무려 네 차례

나. 중국의 반도체 추격을 봉쇄하기 위한 협력체인 칩4chip 4 결성에 한국, 일본과 함께 대만을 포함시켰다.

중국 관점에서 보면, 트럼프 이후 미국이 중국-대만 관계를 오랫동안 유지해 왔던 전략적 모호성을 깨고 점점 더 대만 편으로 기우는 방향으로 선회하고 있는 것은 정말 성가시고 짜증 나는 일이다. 충격적인 것은 트럼프 1기 행정부에서 국무장관이었던 마이크 폼페이오와 UN 대사였던 니키 헤일리가 대만의 UN 가입을 주장하고 있다는 사실이다. 대만을 독립 주권 국가로 인정해야 한다는 미국 공화당의 거물 정치인들의 연이은 발언은 그들이 공직을 떠난 후 대만 방문에서 나온 것들이지만, 중국은 즉각 공식적으로 반박했다.

오늘의 우크라이나는
내일의 대만?

미국은 '하나의 중국'을 '인지'하고 있을 뿐이다

미국 의회가 미국-대만 관계를 촉진하는 법안이 발의될 때마다, 미국의 고위 공직자가 대만을 방문할 때마다, 바이든이 중국으로부터 대만 방어 의지를 밝힐 때마다 중국은 강하게 반발했다. 미국은 '하나의 중국 원칙'을 위배하고 있다는 외교부 대변인의 공식 반박 성명이 나왔다. 중국이 계속해서 표명하는 하나의 중국 원칙One China Principle은 무엇인가. 하나의 중국 원칙은 국제 무대에서 중국을 대표하는 것은 베이징에 수도를 둔 중국 공산당이 이끄는 중화인민공화국(PRC, People's Republic of China)이 유일함을 의미한다. 따라서 하나의 중국 원칙은 대만(지리적 명칭)에 자리 잡은 중화민국(ROC, Republic of China)을 주권 국가로 인정하지 않음은 물론, 대만은 중국의 일부라는 것을 의미한다. 미중 수교의 조건으로 중국 정부가 하나의 중국 원칙을 내세웠을 때, 미국 정부는 "중국 정부가 '하나의 중국' 원칙을 가지고 있다는 것을 인지한다"는 것으로 마무리했다.

미국은 중국의 "하나의 중국 원칙"에 동의하지 않았다. 다만, 중국이 그런 입장을 주장한다는 것을 인지acknowledge한다고 했을 따름이다. 국제법적 용어로 표현하면, 중국 정부는 하나의 중국 원칙을, 미국 정부는 하나의 중국 정책One China Policy을 가지고 있다. "당신의 주장에 나는 동의한다"와 "당신이 그렇게 주장한다는 것을 인지하고 있다"는 전혀 다른 명제가 아닌가. 국제 관계에서 하늘과 땅처럼 엄청난 차이이다. 대만이 미국과 중국 사이에서 첨예한 외교 쟁점으로 부상할 때마다, 언론은 미국이 중국과의 수교 때의 약속을 어긴 불량배처럼 보도하는데, 사실관계를 제대로 확인하지 않은 탓이다. 미국은 한 번도 중국의 하나의 중국 원칙에 손을 들어준 적이 없다.

중국은 시종일관 하나의 중국 원칙을 주장하고 있으며, 1979년 1월 미중 수교 개시 이후 미국은 지금까지 하나의 중국 정책을 고수해 오고 있다. "대만은 중국의 일부"라는 중국의 주장에 대해 미국의 공식적인 입장은 "대만의 지위는 결정되지 않았다"는 것이다. 미국은 양안관계(대만해협을 가운데 둔 중국과 대만의 관계를 외교적, 우회적으로 표현하는 단어)의 현상 유지status quo를 지지하고, 중국 또는 대만 중어느 한쪽이 일방적으로 현상 유지를 변경하는 것에 반대하며, 양안관계 갈등은 평화적으로 풀어야 한다는 공식적인 입장을 천명해

오고 있다. 일방적으로 현상 유지를 변경하는 것에는 대만의 독립과 중국의 무력 침공이 포함된다. 2022년 발표된 미국의 국가안보전략 NSS은 이를 재확인하고 있다.

중국의 대만 포위 훈련

2022년 8월 2일 낸시 펠로시 미국 하원의장이 대만을 공식 방문했다. 미국 하원의장은 국가 서열 3위로, 대통령과 부통령 다음이다. 미국 하원의장의 대만 방문은 21세기 들어 처음 있는 초대형 정치 이벤트였다. 1997년 당시 하원의장이던 공화당의 뉴트 깅그리치 이후 처음이다.

펠로시는 40대 중반에 정치를 시작한 이래 지난 40년간 워싱턴 정가를 떠나 본 적이 없는 경력의 민주당 정치인이다. 그해 11월에 치러질 중간선거는 공화당 승리가 예상되어 다수당이 차지하는 하원의장에서 내려올 것이 유력시된 상태이다. 펠로시의 대만 방문 계획이 발표되자, 중국은 즉각 반발했다. 바이든 대통령도 펠로시의 대만 방문을 말렸다. 공개적으로 "지금은 좋은 생각이 아니다. Not a good idea right now."라고까지 했다.

펠로시의 대만 방문 계획이 언론에 처음 보도된 것은 2022년 4월이다. 2021년 1월 취임한 바이든 대통령은 시진핑 주석의 희망과는 달리 트럼프가 쌓아올렸던 대중국 고관세를 전혀 거두어들이지 않았다. 2022년 2월 푸틴의 군대는 우크라이나 국경을 넘어 전쟁을 시작했고, 중국은 러시아의 침입을 두둔했다. 미중 관계는 바닥으로 끝없이 내려가고 있었다.

펠로시가 누군가. 트럼프 대통령 면전에서 그의 연설문 원고를 빡빡 찢은 펠로시 아니던가. 그것도 세계로 생중계되는 미국 대통령의 국정 연설에서. 새로운 해가 시작되면 미국 대통령은 의회에서 상원과 하원의원이 모두 출석한 가운데 'State of the Union'으로 명명된 국정 연설을 해 왔다. 대통령의 국정 계획의 성과를 회고하고 신년의 구상을 밝히며 의회의 협조를 구하는 신년 국정 연설은 미국 정치의 오랜 전통으로 자리 잡았다. 2020년 2월 트럼프의 국정 연설이 끝난 후, 하원의장 펠로시는 트럼프의 연설문이 인쇄된 종이를 찢기 시작했다. 한 페이지, 또 한 페이지, TV 중계로 모든 미국인이, 전 세계인이 지켜보는 가운데.

대통령은 손님이었고 펠로시는 손님을 초대한 주인이었다. 아무리 생각을 달리하는 정치 앙숙이지만, 그 행동은 파격을 넘어 경악 그 자체였다. "하나도 진실된 문장을 찾을 수 없었다. 거짓말의 집대성이었다"라고 펠로시는 의기양양하게 자신의 행동을 정당화했다. 펠로시는 자신의 정치를 위해서라면 권력자와 면전에서 충돌하기를 두려워하지 않는 정치인이다.

중국이 펠로시의 대만 방문에 반발한 이유는 그녀의 공식 서열도 서열이거니와, 펠로시의 오래된 반중 성향 때문이다. 펠로시는 처음 하원의원에 당선된 후 1991년 중국 공식 방문에서 초대형 사고를 쳤다. 새벽에 베이징 천안문 광장으로 가서 천안문 민주화 운동 희생자를 추모하는 시위를 벌였다. 동료 의원 몇 사람과 함께 "중국의 민주주의를 위해 죽은 사람들에게"란 글이 중국어와 영어로 쓰인 현수막을 들고 추모 성명을 낭독했다. 놀란 중국 공안이 현장에 긴급 출동했고, 펠로시는 구금되었다. 2022년 베이징 동계올림픽 개막식에 미국 고위 공직자의 불참을 주도한 것도 펠로시였다. 중국의 인권 탄압을 이유로.

2022년 7월 29일, 펠로시의 대만 방문이 시시각각 다가올 때, 시 주석은 바이든 대통령에게 전화 통화로 "불장난하면 반드시 불에 타 죽는다"고 섬뜩한 경고까지 날렸다. 중국의 반발도, 바이든의 만류도 펠로시 하원의장의 대만 방문을 막지는 못했다.

중국의 반발은 행동으로 이어졌다. 펠로시의 아시아 순방은 싱가포르와 말레이시아로 시작했고, 그의 대만행이 다가오면서 중국은 인민해방군의 무력 개입 가능성을 노골적으로 시사했다. 말레이시아를 떠난 펠로시의 비행기는 남중국해 위를 비행하는 일반적인 경로를 택하지 않고 인도네시아와 필리핀 영공으로 우회했다.

펠로시가 2박 3일의 대만 일정을 마치고 다음 방문지인 한국으로 떠난 이후, 중국은 대만을 사방에서 포위하고 포격 훈련, 비행 훈련으로 무력 시위를 했다. 중국군은 대만 해역으로 미사일을 난사

248

했다. 그중 한 발이 타이베이 인근 상공을 지나 떨어졌다. 그중 다섯 발은 일본의 배타적 경제 수역 EEZ에 떨어졌다. 중국은 발사 장면을 언론에 공개했다. 중국의 미사일 발사 때문에 인천에서 대만으로 떠날 예정이던 비행편은 취소되었다. 대만 상공을 통과하는 항공편들은 지연 또는 취소가 불가피했다. 중국의 대만 포위 무력 시위는 8월 10일까지 일주일간 계속되었다.

중화민국에서 대만으로

대만의 공식 명칭은 중화민국이며, 영어로는 'Republic of China'다. 붉은 바탕을 배경으로 푸른 하늘에 하얀색 태양을 아로새긴 청천백일기를 공식 깃발로 내걸고 있다. 중국의 공식 명칭은 중화인민공화국이며, 영어로는 'People's Republic of China'다. 붉은 바탕에 노란색 별 다섯이 새겨진 오성홍기가 그들의 공식 깃발이다.

중국은 대만은 중국의 일부라는 하나의 중국 원칙을 공식 입장으로 내세우고 있다. 1979년 미국과 중국이 공식 수교한 이후 중화민국은 국제사회에서 자신의 공식 이름을 쓰지 못하고 있다. 주권 국가들만 가입할 수 있는 국제 기구에는 회원국의 지위에서 퇴장해야 했다. 가입 자격이 관세 정책을 스스로 집행할 수 있다고 판단되는 경제 단위인 경우 또는 국제 스포츠 기구에 중화민국은 차이니스 타이베이라는 명칭으로 가입해 있다. 2024년 11월 WBSC 프리미어 12 결승전에서 일본을 누르고 우승했던 대만 야구팀의 공식 명칭도 차이니스 타이베이였다. 이들 기구의 공식 행사에서 청천백일기는 금지되어 있다. 대만인들은 청천백일기를 대만에서 열리는 대회에서조차 마음껏 흔들며 응원할 수 없는 기막힌 현실이다. 국제관계는 한겨울의 추위보다 더 냉혹하다.

청천백일기의 유래는 청 제국의 멸망 이후 중국의 혼란기로 거슬러 올라간다. 왕조는 무너지고 서구 열강은 중국을 분할하려고 하던 난세, 중국의 미래는 알 수 없는 안개 속을 헤매고 있었다. 분열된 중국을 통일하려던 세력들의 군웅할거 속에 장제스가 이끄는 국민당이 먼저 선두 주자로 부상했다. 청천백일기는 이때 탄생한 것이다. 오성홍기의 역사는 이보다는 짧다.

1949년 국민당과 공산당의 중국 내전이 공산당의 승리로 끝나고, 베이징을 수도로 중화인민공화국이 건국된 후 새로운 국가의 깃발을 공모한 끝에 탄생한 것이 오성홍기이다. 국민당은 우세했던 내전에서 패배한 후, 패배를 받아들이지 않고 중국 대륙 바다 건너 남쪽의 조그만 섬 대만으로 패주해 그들만의 국가를 세웠다. 대륙에 휘날리던 청천백일기는 이제 그 섬에서만 휘날린다.

국민당과 공산당의 중국 내전은 1949년 공산당의 승리로 끝났지만, 아직 끝나지 않았다. 국민당은 대만에 중화민국을, 공산당은 대륙에 중화인민공화국을 각각 건국한 이래 75년의 세월을 이어오고 있다. 대만 통일은 중국 입장에서는 완전한 중국 통일의 마지막 단계이다. 반면 대만에서 태어나고 성장한 대만의 청장년 세대는 그들을 중국인으로 생각하기보다는 대만인으로 생각하는 성향이 강하다. 그들에게 민주주의는 공기와 마찬가지이다. 언론의 자유, 집회의 자유, 결사의 자유는 그들의 삶의 자연스러운 일부이다. 정당 간의 치열한 논쟁, 때로는 극렬한 몸싸움까지 민주주의의 이름으로 허용된다. 그런 대만과 전혀 다른 정치 체제의 중국이 통일할 수 있을까.

국민당이 대만으로 도망쳐 오면서 건국하는 과정에서 대만에 있는 공산당 세력을 몰아내려는 시도는 비극적인 유혈 사태를 초래했고, 장제스는 역사 속으로 퇴장할 때까지 계엄령에 의존하며 통치-'정치'가 아닌-했다. 국민당이 장악해 오던 대만은 2020년 5월 민주진보당(민진당)의 천수이볜을 총통으로 선출하면서 격변의 세대를 스스로 열었다. 대만 최초의 정권 교체이자 최초의 대만 출생 총통이 탄생했다.

역사의 수레바퀴는 가끔 인간의 상상과는 다른 방향으로 굴러간다. 2000년 대만 선거에서 민진당은 국민당의 독재 종식을 외치면서 대만 독립을 주장했다. 국민당은 중국과의 협력을 강조했다. 대만 경제의 성장과 정치 안정을 위해서는 공산당이 통제하는 중국과 잘 지내야 한다는 국민당의 입장이다. 공산당과의 내전에서 패배하고 중국 대륙을 내주었던 국민당이 공산당을 용서할 수 없는 원수로 저주하고 대립하는 것이 공산당과 협력해야 한다니. 지금 대만의 정치 구도는 대만 독립 성향의 민진당 대 대만 독립 반대 성향의 국민당 구도이다. 대만인은 경제 성장이 중요하지만 안정도 못지않게 중요하다고 생각한다. 대놓고 대만 독립을 외치면 중국이 초강경 반발로 나와 경제가 흔들리고 불안해질 것을 안다. 중국은 언제든지 두꺼운 지갑으로 무장한 대규모 관광객들의 대만 여행을 금지할 수 있음을 보여주었기 때문이다. 대만 기업들의 지속된 대규모 중국 투자는 중국 경제의 성장뿐만 아니라 대만 경제 성장도 이끌어 왔다.

21세기를 민진당 정부의 탄생으로 시작한 대만은 천수이볜이 이끄는 민진당 정부의 부패와 혼란을 경험한 다음, 중국과의 관계 회복을 외치는 친중 노선의 국민당을 선택했다. 마잉주 총통은 중국과의 자유무역협정과 시진핑과의 정상회담을 추진했다. 2015년 11월 7일, 싱가포르에서 마잉주 총통은 중국의 시진핑 주석과 회동을 가졌다. 1949년 중국과 대만이 세계 정치 지도에 등장한 이후 66년 만에 양측 최고 정치 지도자의 회동이었다. 양안 정상회담이라는 공식 이름으로 진행된 역사적 회동에서 시진핑과 마잉주는 중국과 대만은 하나의 중국, 2개의 정치 체제라는 일국양제 원칙을 재확인했다. 3연임 금지법에 따라 집권 마지막 해를 보내고 있던 마잉주가 하나의 중국을 외치며 시진핑의 손을 잡고 있을 때, 대만은 2016년 1월 16일 총통 선거를 앞두고 친중의 국민당 후보가 대만 독립을 외치는 민진당 후보에게 밀리고 있었다. "중국과 좋은 관계를 유지해야 하지만, 중국과의 통일은 원치 않는다. 민주주의 대만, 이대로가 좋다"는 대만인들의 지배적인 정서는 민진당의 차이잉원을 새로운 총통으로 선출했다.

선거 유세에서 차이잉원은 양안 관계를 어떻게 설정할 것인가를 묻는 안팎의 빗발치는 질문에 전략적인 모호성으로 일관했다. 평화롭고 안정적인 관계를 유지하고 싶다는 원론적인 이야기 외에는 미소로 대신 답했다. 그의 입에서 대만 독립이라는 말이 나오면 중국이 성난 표정으로 거칠게 압박해 올 것이고, 양안 관계에 긴장을 조성하고 대만인의 불안 심리를 고조할 것은 뻔히 내다볼 수 있는 형국이다. 승기를 잡고 있는 선거 막판에 역풍을 몰고 와서 패배할 수는 없는 노릇이다. 민진당 출신으로 처음 총통 자리에 오른 천수이벤이 대놓고 대만 독립을 꺼내어 중국과의 불화를 자초하고 양안 관계를 벼랑 끝으로 몰아갔던 그 아찔한 경험을 차이잉원은 되풀이하고 싶지 않았다. 정치인의 말과 행동은 신중하고 사려 깊어야 한다. 때로는 정적의 면전에서도 웃을 만큼 배포와 여유를 가져야 하지만, 그 뒤에 냉철한 계산과 그 다음 수를 준비하지 않는다면 그냥 '순진하고 어리석은 사람'으로 치부된다. 마음속 생각을 있는 대로 말로 다 뱉어낸다고 호기롭고 당당한 정치인일 수는 없다. 정치에는 상대가 있고, 다음 선거에서 나의 운명을 결정짓는 것은 나와 상대방이 격돌하는 현장의 복잡함, 다급함과는 멀리 떨어져 있는 자신만의 일상에 매몰되어 있는 시민들이다. 차이잉원의 상대는 국민당 후보뿐이 아니었다. 바다 건너 베이징의 시진핑의 생각을 읽고 그의 계산을 파악한 다음 움직여야 한다.

차이잉원 집권 8년 동안 미중 관계는 협력에서 대립으로 급반전했다. 그는 공화당 트럼프 당선자에게 당선 축하 전화를 건 최초의 대만 총통이 되었다. 트럼프를 이기고 대통령에 오른 민주당 바이든은 대만이 중국의 공격을 받는다면 대만을 지키겠다고 분명히 말했다. 그 질문에 대한 미국 정부가 되풀이해 오던 모범 답안은 "양안 관계의 현상 유지를 원한다"였지만, 바이든은 준비된 답안을 반복하지 않았다.

2024년 1월, 대만은 중국과 대립각을 세우는 라이칭더 민진당 후보를 총통으로 선출하였다. 2024년 5월 20일 취임한 라이칭더 총통은 반중국 노선을 숨기지 않는다. 그의 취임식 직후, 중국은 대만해협 중앙선을 넘는 도발을 감행했다. 군함과 전투기들이 이틀간 무력시위를 했다. 라이칭더는 "중화민국은 113살이지만, 중화인민공화국은 75살에 불과하다"고 중국을 자극했다. 2024년 10월 10일 국경일 행사에서 중국이 대만을 대표할 권리는 없다는 그의 발언 이후, 중국은 대만을 포위하고 대규모 군사 훈련을 벌였다. 대만해협의 긴장 수위는 확연히 높아졌다.

트럼프는 대만을 카드로 쓰려고 하는가

대만은 중국이 태평양으로 나올 수 있는 길목에 위치해 있다. 대만해협을 지나 대만을 빠져나와야 중국 해군은 태평양으로 전력을 전개할 수 있다. 대만 주변은 미국의 군사 동맹국들로 연결되어 있다. 동쪽으로는 일본, 북동쪽으로는 한국, 남서쪽으로는 필리핀이다. 미군이 주둔하고 있으며 전략 본부가 위치하고 있다. 미중 패권 경쟁이 시작되면서 미국은 중국을 경제 안보의 최대 위협이라고 공식화했다. 중국이 태평양과 인도양으로 군사력을 전개하는 것을 견제하기 위해 인도-태평양 전략을 선언했다. 인도-태평양 전략 구상의 원저자는 아베 신조 수상으로 알려져 있다. 미국은 일본, 호주, 인도를 연결하는 4개국 쿼드Quad를 출범시켰다.

바이든은 트럼프가 시작한 인도-태평양 전략을 그대로 추진해 나갔다. 중국을 봉쇄하고 저지하려는 인도-태평양 전략에서 대만 해협은 미국이 포기할 수 없는 저지선이다. 중국은 '대만은 중국의 일부고 이것은 양보할 수 없는 원칙'이라고 하며, 미국은 '대만해협의 현상 유지를 지지한다. 중국은 양안 관계에 긴장을 고조하는 무력 행동을 중단하라'고 맞선다.

대만은 독립을 원하지만 공개적으로 "대만 독립 만세"를 외칠 수 없는 현실이다. 중국을 자극할뿐더러 미국도 원하지 않는다. 중국의 거친 공세, 어쩌면 군사 행동을 불러올 수도 있다. 미국은 '국제 무대에서는 중국이 대표하지만, 대만은 지금 그대로 민주주의 체제를 유지'하는 현상 유지를 원한다.

대만 정부가 대만 독립을 공식화하는 그런 순간이 온다면, 대만은 스스로 불 속으로 들어가는 것을 자초하게 될 것이다. 대만이 속내를 숨기고 대만 독립을 공식화하지 않더라도 중국이 지금의 현상 유지를 언제까지 끌고 나갈 수 있을까. 시진핑은 마오쩌둥 이후 그에 필적하는 가장 강력한 정치 지도자로 부상했다. 마오가 떠난 후, 중국 공산당 지도부가 합의한 "5년 임기 주석은 2번까지 연임 가능"이라는 묵계를 깨고 2022년 3번째 5년 임기를 시작했다. 세상은 이런 그를 "21세기 중국의 황제"라고 부르고 있다. 임기 제한이 아예 없는 황제. 자신만이 자신의 임기를 정할 수 있는 황제. 그럼에도 황제는 끝없는 내부의 권력 찬탈의 위협 속에 놓여 있음을 역사는 보여주고 있다. 시진핑 주석이 그의 정치적 수명을 계속 연장하려면 마오쩌둥에 버금가는 업적을 이루어야 한다고 주변에서 이미 합의한지 오래다. 그것은 단 하나, 대만 통일.

평화적인 통일이 바람직하지만, 손뼉도 마주쳐야 소리가 나는 법이다. 대만의 정서를 생각하면 평화적인 통일은 우물에서 숭늉을 찾는 꼴이다. 그래서 세상은 중국이 대만을 침공할지도 모른다고 생각한다. 서구의 군사, 정보 전문가들은 이미 그 침공의 시기가 언제일까를 예측하기 시작했다.

"시진핑 주석이 중국 군부에 2027년까지 대만 침공 준비를 완료하라는 명령을 내렸다는 첩보를 가지고 있다"는 윌리엄 번즈 미국 CIA 국장이 2023년 2월 3일 조지타운대학교 세미나에서의 발언이다. "2027년 대만 침공을 결정한 것인지는 확실하지 않지만, 시 주석의 야망과 결기를 결코 과소평가해서는 안 될 것"이라고 그는 주장했다. 변수는 교착 상태에 빠진 우크라이나 전쟁이라는 관측도 흘러 나오고 있다. 푸틴의 우크라이나 침공이 전광석화처럼 단기간에 승리로 끝날 줄 알았는데 장기전이 되고 있는 현실에서 시진핑이 주저하고 있다는 소문도 떠돈다. 역으로, 대만 침공은 속전속결로 끝내야 한다는 결의를 다지고 있다는 풍문도 들려온다.

만약 중국이 군사 작전을 감행하여 대만이 위태로운 상황에 처하면, 미국은 어떻게 할까? '중국이 대만을 침공할 경우 미국이 방어에 나설 것'이라고 했던 바이든 대통령은 무대에서 퇴장했다. 미국이 대만을 방어해 주지 않는다면, 대만은 혼자서 자신의 운명을 감당해야 한다. 푸틴의 우크라이나 침공 사태를 지켜본 대만의 불안은 더 고조되고 있다.

트럼프에게 대만은 무엇일까. 대선 전 트럼프는 "대만을 침공하면 중국에 200%의 추가 관세를 물리겠다"고 큰소리쳤다. 대선 승리 후 그는 "중국이 대만을 침공하면 방어할 것인가"라는 질문을 받고서는, "답하지 않겠다. 왜냐고? 협상해야 하니까"라고 반응했다. '중국이 대만을 침공할 경우 미국이 방어에 나설 것'이라고 했던 바이든 대통령의 명확성과는 달리, 트럼프는 모호함을 보인다. 트럼프의 모호함은 전략적일까, 아니면 진심일까?

트럼프는 진짜 관세 핵폭탄으로 중국을 협상 테이블로 끌어낼 수 있다고 믿고 있을까? 어떤 협상이 가능하다는 말일까? 트럼프가 원하는 것은 시진핑 주석과 대만의 정치적 미래를 협상하는 것이 아닝, 대만에 상상을 초월하는 수준의 방위비를 받아내는 것이 아닐까? 트럼프의 200% 관세 핵폭탄은 중국을 향하는 것이 아니라 대만도 함께 사정권 안에 들어 있는 것 아닐까? 대선 유세 때 트럼프의 말들을 들어보라.

"반도체 사업을 빼앗아 부를 축적한 대만은 방위비를 내야 한다."
"대만 방어는 공짜로 해주고 있는데, 바보들만 그런 짓을 한다."

대만은 그들의 평화와 안전을 위해 트럼프를 돈으로 사야 할 운명에 내몰릴 것이다. 방위비 분담도 파격적으로 늘리고, 미국에 일자리를 창출할 수 있도록 투자도 늘려야 한다. TSMC는 트럼프 2기 동안 새로운 공장을 미국에 착공하도록 요구받을 것이다. 다시 백악관으로 돌아오는 트럼프의 첫해인 2025년의 대만은 그의 첫 백악관 시작인 2017년의 대만이 아니다. 동아시아 국가에서 한국과 함께 20세기 후반 국제무역에서 치열한 경쟁을 하며 개발도상국을 탈피하고 신흥 공업국으로 부상했던 대만. 중진국이 된 대만은 중진국 함정에 빠진 듯했다. 성장은 정체되고 소득은 제자리걸음이었다. 2012년 대한민국 대선에서 여당과 야당 모두 "이제는 일자리가 없는 성장보다는 경제적 약자에게 더 많은 기회를 보장해야 한다"고 경쟁할 때, 경제민주화를 구호로 외칠 때, 정치인, 경제인, 언론인들 모두 대만으로 날아갔다. 대만의 성장은 중소기업 주도, 한국의 성장은 대기업 주도라는 도식법 양분법에 익숙한 그들은 대만의 비법을 궁금해했다. 그 시절, 경제 전문가들을 데리고 나도 대만을 찾았다. 그때 그들이 들려준 이야기는 상상하지 못한 것이었다. "대만은 지금 극심한 경제 침체에 빠져 있다. 우리는 한국이 부럽다. 세계 무대에서 알려진 대기업들이 있지 않는가."

디지털 대전환의 시대. AI와 반도체가 산업의 미래, 군사력의 미래를 결정한다는 시대가 펼쳐지면서 대만 경제는 살아났다. 성장 엔진이 다시 돌아가기 시작했고, 소득 수준은 오랜 잠에서 깨어나 우상향 그래프를 그려 나갔다. 대만의 1인당 소득은 한국과 일본을 따라잡았다. 대만의 TSMC는 이제 세상에서 모르는 사람이 없는 범지구적 기업이 되었다. 불과 5년 전, 코로나19의 검은 그림자가 세상을 덮칠 때 TSMC는 전문가들만 아는 이름이었지만, 미중 기술 경쟁이 가속화되고, 디지털 세상이 현실 속으로 더 깊숙하게 들어온 지금 TSMC는 반도체와 같은 단어가 되었다.

2025년, 대만의 중요성은 역사의 운명, 지정학의 충돌, 정치 이념과 가치의 대결 차원을 넘어섰다. 미중 기술 패권 경쟁의 전쟁터인 반도체 카드를 쥐고 있기 때문이다. 대만은 트럼프와의 협상 테이블에 그들의 자리를 만들 수 있을까?

유럽은 트럼프와
한배를 탈 수 있을까?

2022년의 젤렌스키, 1941년의 처칠

2022년 12월 21일. 크리스마스를 앞두고 볼로디미르 젤렌스키 우크라이나 대통령은 전격적으로 미국 워싱턴 D.C.를 방문했다. 바이든 대통령과 정상회담을 가진 후, 젤렌스키는 미국 의회를 찾았다. 상원과 하원의원들이 모두 참석하여 푸틴의 불법적인 침공에 맞서 영웅적인 항쟁을 하고 있는 그의 생사를 초월한 리더십에 경의를 표하는 기립박수로 환영했다. 이젠 세상 모든 사람이 알아볼 수 있는 복장을 입고 연단에 선 젤렌스키 뒤에는 낸시 펠로시 하원의장, 카멀라 해리스 상원의장(미국은 부통령이 상원의장을 겸한다)이 노랑과 파랑이 새겨진 우크라이나 대형 국기를 흔들며 응원과 격려를 보냈다. "재정적인 지원을 요청합니다. 재정적 지원은 자선 사업이 아닙니다.

국제사회의 안전과 민주주의를 위한 투자입니다." 열정적인 연설로 미국 의회를 설득하려는 젤렌스키의 모습 위로 81년 이맘때의 한 장면이 떠올랐다.

1941년 12월 26일, 영국의 윈스턴 처칠 수상이 미국 의회에서 연설을 했다. 1941년의 유럽은 히틀러가 시작한 전쟁으로 쑥대밭이 되었다. 유럽 대륙은 나치의 군화발 아래 대부분 넘어갔고, 영국만이 히틀러에 맞서 영웅적으로 버티고 있었다. 미국을 끌어들이지 못하면 나치와의 전쟁에서 승리할 수 없다는 것을 잘 알고 있던 처칠은 이미 수차례 미국 대통령 프랭클린 루즈벨트에게 간곡한 요청을 했지만, 번번이 거절당했다. 대서양 건너 다른 땅에서의 전쟁에 뛰어든다는 결정은 미국을 대공황의 위기에서 구해내고 있었던 루즈벨트에게는 부담스러운 결정이었다. 무엇보다 의회를 설득하기가 쉽지 않았다.

이미 20세기 초반, 경제력으로 영국을 앞질러 세계 최대 경제 대국이 된 미국이지만, 그 경제력을 엄청난 전쟁에, 그것도 남들의 전쟁에 쏟아붓는 것은 상상하기 어려운 결단이었다. 1941년 12월 7일 제국주의 일본의 하와이 진주만 기습 공습은 모든 것을 바꿔버렸다. 전혀 준비되지 않은 상태에서 기습 공격을 당한 미국은 다음날 제국주의 일본과의 전쟁을 선포했다. 그로부터 2주일 후, 처칠은 대서양을 건너 미국 워싱턴 D.C.를 찾아왔다. 루즈벨트와 기자회견을 했고, 크리스마스 트리 점등식에도 참석했다. 크리스마스 다음 날 처칠의 의회 연설은 "역사상, 외국 지도자의 가장 중요한 연설"로 기록되었다. 처칠은 문명 사회를 위협하는 나치에 맞서 미국이 자유 문명과 민주주의를 지키는 데 앞장서 달라고 촉구했다.

"미국 땅도 아닌데 우리가 왜?"

81년의 시간을 넘어 유럽 대륙이 전쟁의 화염에 휩싸이고 민주주의는 생존의 갈림길에 섰다. 1941년에도, 81년을 지난 2022년에도 유럽은 미국 없이는 그들의 민주주의를 지킬 수 없는 상황이다. 그때도, 지금도 미국은 민주주의의 마지막 보루다.

1949년 중국 대륙을 노동자와 농민의 깃발로 뒤덮은 중국 공산당. 국민당과의 오랜 내전을 승리로 이끌고 중국의 마지막 왕조였던 청 제국의 수도 베이징에 입성한 마오. 중화인민공화국을 건국한 마오는 처음으로 외국 방문을 떠났다. 중국 바깥을 한 번도 나가 본 적이 없는 마오쩌둥의 첫 번째 외국 여행의 목적지는 모스크바다. 1949년 12월, 붉은 공산주의 혁명의 본산에서 스탈린을 만났다. 왕조가 흥망을 거듭하던 중국 대륙에 처음으로 공산주의 국가를 세운 마오였지만, 마음은 급했다. 오랜 전쟁으로 생산 기반은 무너져 내렸고, 인민의 삶은 궁핍했다. 스탈린의 도움이 절실했다. 그런 마오를 스탈린은 의도적으로 홀대하였다. 세계 공산 혁명을 꿈꾸고 있었던 스탈린에게 중국에 공산주의 국가를 세운 마오가 부담스러웠다. 공산주의 혁명의 동지이지만 경쟁자였다.

2023년 3월 20일, 시진핑은 모스크바의 푸틴을 찾아갔다. 흰색 벽을 황금으로 장식한 회의실에서 푸틴을 만난 시진핑은 내내 여유가 넘쳤다. 1년 전 푸틴의 전격적인 우크라이나 침공으로 유럽 대륙이 2차 세계대전 이후 가장 큰 규모의 전쟁의 불길에 휩싸인 후, 전쟁은 우크라이나를 지원하는 미국과 유럽의 나토, 그리고 러시아를 지원하는 중국으로 전선이 확대되었다. 우크라이나 침공 후 미국과 유럽의 경제 제재로 인해 에너지 수출 길이 막힌 러시아의 구세주는 중국이었다. 시진핑은 푸틴에게 우크라이나와의 중재안을 제의할 것이라는 언론 보도가 뒤따랐다.

1949년 12월 공산주의 혁명의 1호 국가 소련의 최고 지도자를 중국 공산주의의 지도자와 2023년 3월 소련이 붕괴되고 그 잔해에서 다시 살아남은 러시아의 지도자를 찾아간 중국의 최고 지도자. 74년의 세월을 건너뛰어 러시아와 중국은 미국과 서방 세계에 대항하는 핵심 국가로 남았다. 그때는 러시아가 리더였다면, 이제는 중국이 선두에 섰다. (미국과 유럽에서는 소련을 '러시아'로 부른다. 소련은 러시아와 지금의 중앙아시아 등 주변 국가들을 포함한 국가였지만, 주변 국가를 공산화시켜 자신의 통치권 아래 편입한 것은 러시아였기 때문이다.)

독재 전체주의의 축은 중국을 리더로 결속력을 보이고 있는데, 이에 맞서는 자유민주주의 진영의 리더인 미국은 스스로를 의심하고 있다. "왜 미국 땅도 아닌 다른 지역의 전쟁터에 우리 젊은이들을 보내야 하나?" "동맹국이라는 이유로 지금까지 군대를 주둔시키고 군사 시설을 운영하는데, 그들은 얼마나 방위비를 지출하고 있는가?" "동맹국이란 이름으로 언제까지 미국인의 세금으로 그들의 방위를 지켜 달라고 뻔뻔하게 이야기할 수 있나?" "그들의 전쟁은 그들 스스로 책임져야 하지 않겠는가?"

1945년 세계대전의 종식 이후 미국이 주도하는 민주주의 진영과 소련이 주도하는 공산주의 진영이 냉전의 역사를 짓누르고 있을 때, 이런 질문들은 미국 정치에서는 상상하기 어려웠다. 서구 열강 제국주의의 침략에 의해 식민지로 떨어졌다가 다시 독립한 국가들에서는 세계 곳곳에 군대를 주둔시키고 군사기지를 운영하는 미국의 행태를 미국 제국주의로 비난했지만, 미국 내에서는 냉전 초기 공산주의 편향 유력 인사를 몰아내기 위한 소동을 겪은 후 더 이상 공식적인 논란은 사라졌다.

미국이 아닌 다른 지역의 전쟁터에 미군을 파견하는 것, 동맹국의 방위를 미국인의 세금으로 지키는 것은 자유 세계의 평화를 책임지는 미국으로서 당연히 감당해야 할 책임이라는 정치적 합의가 있었다. 트럼프의 등장은 이 모든 것을 바꾸었다.

"유럽을 보라. 그들은 자신의 방위에 쓸 돈을 우리에게 받아내고, 정작 자신들의 방위비는 러시아에 에너지 수입하는 데 쓰고, 중국에 투자하는 데 쓴다. 미국은 봉인가?"

거친 표현이지만, 그의 말은 정곡을 찌른 것이다. 그동안 미국이 제공하는 안보 우산을 쓰고 경제 발전에 몰두해 온 유럽, 일본, 한국에게는 충격적인 이야기겠지만 말이다. 유럽, 일본, 한국, 즉 미국의 대표적 동맹국이자 전쟁의 역경을 딛고 경제 성장에 성공한 민주주의 경제 선진국에 트럼프의 주장은 이단적인 주장이었다. "미국이 동맹국에 안보 우산을 제공하고, 동맹국은 경제를 제대로 궤도에 올려놓은 것이 동맹국의 정치적 안정을 가져오며, 그것은 미국에게도 좋은 것"이라는 주장은 미국 내 정치적 합의였다. 그 합의는 2016년 미국 대선에서 깨졌다.

유럽의 혹독한 겨울

미국의 안보 우산 아래서 동맹국들이 선택한 경제 성장의 공식은 안미경중(유럽은 안미경중 에러)이다. 안보는 미국이 책임지고, 경제는 중국과 연계하는 패러다임이 굳어졌다. 그 패러다임은 중국과의 경제, 러시아와의 에너지 유착 관계가 깊어질수록 평화를 가져다줄 것이라는 가정, 또는 믿음에 근거한 것이다. "민주주의 국가들이 권위주의 국가들과 무역, 투자를 통해 '전략적 상호 의존성'을 확대하면 체제 간 차이에서 오는 긴장과 갈등을 줄일 수 있다"는 명제로 정리된 21세기 포용 정책은 세계화 시대를 전파하는 학계의 복음이었다. 분열은 결국 찾아왔다. 그 전제를 먼저 깨뜨린 측은 권위주의 체제 국가였다.

2012년 시진핑의 등장과 미국 패권에 도전을 선언한 신형 대국 관계로의 전환 요구는 전략적 포용론에 취해 있던 미국 정치에 경각심을 불러일으켰다. 미국 군부의 강경 대응론에도 불구하고 중국을 자극하기를 주저하고 두려워했던 오바마 대통령과 달리, 시진핑은 미국 문민 정부의 취약성을 간파했다. 트럼프가 시작한 중국과의 무역전쟁과 기술전쟁에 대해 유럽은 말리거나 방관하는 자세로 일관했다. 중국은 유럽의 놓칠 수 없는 무역 상대국이었으니까.

2022년 푸틴의 우크라이나 침공은 유럽에 찬물을 끼얹었다. 지난 10년간 독일이 주도한 러시아와의 전략적 에너지 의존도 심화는 평화는커녕, 유럽의 겨울을 더 가혹한 추위로 내몰았다. 앙겔라 메르켈 총리가 주도했던 러시아와의 포용 정책은 실패로 돌아갔다.

안보 무임승차의 종말

2021년 겨울, 우크라이나 국경 주변으로 러시아 병력의 집결이 탐지되고 전쟁의 북소리가 멀리서 들려올 때, 미국 대통령 바이든은

266

"지상군 투입은 없다"고 단언했다. 민주주의 국가를 전체주의 국가가 무력으로 침공하기 직전인 상황에서 사람들이 듣기를 기대했던 말은 분명 아니었다. 바이든은 "모든 가능성은 열려 있다All options are on the table"고 단호한 어조로 선언했어야 했다.

우크라이나를 침공했을 때 미국이 어떻게 나올지 확신이 없던 푸틴은 쾌재를 불렀다. "군대를 투입 안 한다는 말이지!" 미국은 약해졌다. 전쟁에 휘말리고 싶지 않은 것이다. 동맹과의 연대를 강조하던 바이든, 인권 탄압을 일삼는 전체주의의 폭거에 맞서 자유민주주의 동맹을 결속하자던 그 바이든이었는데.

젤렌스키가 21세기의 처칠이 되어 미국 의사당을 가득 채운 정치인들에게 간절하게 지원을 호소하지만, 미국 정치에서는 우크라이나 전쟁을 지속하는 것에 대한 합의가 없다. 전쟁 지원안을 의회에서 통과시켜야 하는 바이든은 회의적인 일부 공화당 의원들을 넘어서야 한다. 그 뒤에는 트럼프가 있다. 그 트럼프가 다시 대통령의 자리에 돌아온다.

"취임 즉시, 우크라이나 전쟁을 끝내겠다." 트럼프는 선거 유세 기간 동안 공언했다. 명확한 승자도 패자도 없는 전쟁을 끝내는 방식은 두 가지가 있다. 종전 협정을 체결하거나 휴전 협정을 체결하는 것이다. 말 그대로 '종전 협정'은 전쟁을 끝내고 각자 일상으로 돌아가는 것이다. '휴전 협정'은 전쟁을 중단하기로 교전 당사국들이 합의하는 것이다. 둘 다 협정이 발효되는 순간, 사격은 멈춘다. 그러나 휴전 협정은 다시 전쟁으로 돌아갈 수 있는 빌미를 줄 수도 있다. 논리적으로는 휴전 협정이 일시적인 협정이므로, 따라서 종전 협정으로 나아가야 한다. 국제 관계의 현실은 책상머리의 논리와는 전혀 다르게 전개된다. 세계에서 가장 오랜 휴전 협정은 71년째 유지되고 있다. 바로 한국전쟁을 멈추게 했던 1953년 휴전 협정이다. 종전 협정을 체결했다고 해서 항구적인 평화가 보장되는 것은 아니다. 다른 국가의 영토를 총, 칼, 미사일로 빼앗을 수 있다는 악의가 세상에 존재하는 한, 언제나 경계심을 늦추지 말아야 한다.

우크라이나는 불안하다. 어떤 형태의 협정이 체결되더라도 그들을 지킬 역량이 푸틴의 그것에 필적하지 않는다면, 협정은 종이에 불과하다는 것을 잘 알고 있다. 푸틴은 불만스럽다. 전쟁으로 확보한 우크라이나 영토를 포기하라고 하면 그런 협상은 받아들일 수 없다. 전쟁을 멈출 것인가의 결심은 젤렌스키와 푸틴의 결정이지만, 그들을 결심으로 몰아가는 것은 중재자의 역량이다. 트럼프는 스스로 그런 중재자가 되고 싶어 한다.

우크라이나 전쟁을 취임 첫날 종식시키겠다고 호언장담한 트럼프가 미국 대선에서 승리하자 나토는 준비했던 계획을 실천에 옮겼다. 막 퇴임한 나토 사무총장은 세계에서 가장 영향력 있는 언론 중 하나인 〈파이낸셜 타임스〉에 기고문을 보냈다. 동시에 나토 사무총장은 트럼프를 찾아가 우크라이나 전쟁의 현재 상황과 섣부른 종전이 가져올 우려를 전달했다.

엔스 스톨텐베르그 전 나토 사무총장은 〈파이낸셜 타임스〉에 보낸 기고문에서 이렇게 주장했다. 그는 2014년부터 2024년까지 나토 사무총장을 맡아 트럼프 1기 때 합을 맞추어 본 적이 있다. 지금 생각하면 그때만 해도 좋은 시절이었다. 이젠 나토를 떠난 스톨텐베르그는 유럽이 트럼프의 나토 회의론을 불식할 만큼 방위비 분담금을 증액하고 미국을 나토에 붙잡아야 한다고 역설했다. 그의 주장을 들어보자.

"트럼프가 복귀하면 이미 위협했던 것처럼 미국의 지원을 줄이고 유럽이 안보 위협에 홀로 대처하도록 내버려 둘 것이라고 우려하고 있다. 이런 우려가 현실화할지는 우리 자신에게 달려 있다. 지금의 우크라이나 지원에 대한 트럼프의 회의론도 전혀 틀린 것은 아니다. 유럽은 우크라이나가 수긍할 수 있도록 트럼프의 협상 전략을 뒷받침해야 한다. 유럽은 더 나은 동맹이 되었지만, 안보 환경이 심각하게 나빠져서 지속 가능한 동맹의 기준은 더 높아졌다. 유럽이 자신의 몫을 한다면 트럼프 2기 행정부도 여기에 부응할 것으로 확신한다."

나토를 이끌면서, 푸틴의 우크라이나 침공을 마주했던 스톨텐베르크는 피를 토하는 심정으로 유럽을 향해 절규했다. "우리는 국방에 더 많이 투자하고 더 많은 책임을 나누어야 한다. 강대국 패권 경쟁의 시대에 미국과 유럽의 관계가 미국에 짐이 아니라 핵심적인 전략적 자산임을 트럼프에게 알려야 한다. 유럽은 무임승차자Free Rider가 아닌, 파트너라는 것을 증명해야 한다."

전 나토 사무총장이 유럽을 향해 부담 공유burden sharing를 호소하는 사이, 현 나토 사무총장 마르크 뤼터는 행동으로 나섰다. 그는 2024년 11월 22일 트럼프 미국 대통령 당선인의 저택을 찾아갔다. 러시아에 유리한 방향으로 러시아·우크라이나 전쟁이 마무리되면 북한과 중국, 이란의 위협이 증가할 것이라는 우려를 전달했다. 뤼터는 러시아의 우크라이나 침공과 중국의 대만 위협을 비교한 뒤 "시진핑 중국 국가주석은 이 상황이 어떻게 마무리될지 유심히 지켜보고 있다"고 말했다. 중국이 대만을 위협하는 상황에서 러시아가 우크라이나 영토 일부를 지배하는 식으로 전쟁이 마무리되면 좋지 않은 선례가 만들어진다고 경고했다. "미국 적대국의 결속력 강화는 결국 미국 안보에 위협이 될 것"이라는 이야기도 빼놓지 않았다.

대서양 동맹 균열의 위기

미국의 지리적 위치를 떠올려보라. 거대한 국토의 한쪽은 대서양, 다른 쪽은 태평양으로 막혀 있고 북쪽은 캐나다, 남쪽은 멕시코가 자리하고 있다. 국경을 마주한 어느 국가도 미국에 적대적이지 않다. 대양은 미국을 다른 세계로부터 격리하고 있다. 미국은 과연 안전한가? 기술은 전쟁의 양상을 변화시켰다. 떠올리기 조차 끔직한 9·11 테러, 끊임없이 반복되는 사이버 공작, 그리고 미국 대륙을 노리는 북핵의 위협…. 미국은 결코 안전하다고 자신할 수 없다.

미국이 먹고 사는 문제에만 집중하기 위해, 죽고 사는 문제에 대한 성찰을 포기한다면 21세기 미국은 힘은 있지만 국제 무대에서 서서히 그 영향력과 존재감을 잃어갈 것이다. 고립주의로의 회귀는 미국의 해결책이 될 수 있을까.

'2:1.' 포퓰리스트 대 글로벌리스트의 시합 스코어다. 2016년에 시작한 경기는 2024년 현재 포퓰리스트가 이기고 있다. 그 포퓰리스트가 투표권을 가진 시민들에게 던지는 질문이 있다. "20세기 냉전에서 미국은 자유민주주의의 리더였다. 21세기 신냉전에서도 여전히 리더일 수 있을까?" 21세기 신냉전은 본격화되고 있다. 이젠 중반전에 돌입했다. 민주주의 진영의 지휘 본부에는 트럼프가 다시 돌아왔다. 그는 민주주의의 가치를 위해 무엇을 할 수 있을까?

트럼프는 2024년 11월 대선에서 모든 예상을 비웃듯이 압도적인 승리를 거두었다. 트럼프가 접수한 공화당은 하원과 상원도 접수했다. 트럼프는 자신의 원하는 것을 마음대로 밀어붙일 수 있게 되었다. 트럼프 2기 행정부 각료 인선을 시작하면서, 트럼프는 숙청의 칼날을 휘둘렀다. "폼페이오와 헤일리는 트럼프 2기 행정부에서는 함께하지 않는다"고 자신의 SNS에 공개했다. 트럼프가 파괴적인 말과 충동적인 행동으로 전통적인 동맹 관계를 흔들 때마다, 그들이 트럼프가 냉정을 찾도록 해주었다. 트럼프 2기 내각에서는 그런 "입바른 조언"을 하는 "경험 많은 현자"의 자리가 없다. 충성파들로 트럼프 2

기 내각은 채워졌다.

트럼프 2기의 외교 안보 정책을 현장에서 집행해야 하는 그룹들은 세 가지 유형으로 분류된다. 첫째, 비개입파다. 사업가였던 트럼프에게 미국 대통령의 야망을 꿈꾸게 만든 스티브 배넌이 대표적이다. 이들은 미국의 국력을 해외에 투사하는 것에 반대한다. 지금 당장 미국의 안보가 위협받지 않는 해외 전쟁에 미국이 원조 물자를 보내고 군대를 파병하는 것은 원칙적으로 반대한다. 동맹국은 스스로 더 많은 책임을 져야 한다고 주장한다. 2024년 대선에서 트럼프가 부통령 후보로 낙점한 JD 밴스도 고립주의 계보에 이름을 올렸다. 비개입주의파는 미국이 나토에서 탈퇴해야 한다고 목소리를 높이고 있다.

2024년 5월, 11명의 공화당 상원의원과 57명의 하원의원이 미국의 우크라이나 추가 지원 반대에 표를 던졌다. 바이든 행정부가 우크라이나 지원에 공들이는 만큼 불법 이민의 급증을 막을 국경 관리의 강화에는 왜 무관심한가가 그들의 반대 이유이다. 바이든식 가치 외교의 공허함을 맹공하는 것이다. 미국의 안전과 일자리를 위협하는 눈앞의 문제인 불법 이민에는 눈 감은 채, 대서양 너머 유럽의 전쟁에는 민주주의라는 가치를 내걸어 대대적인 지원을 한다는 그들의 비판은 트럼프의 생각과 다르지 않다.

둘째, 중국우선파다. 그들은 미국에게 중국이 최대의 위협이라고 생각한다. 지금 미국의 역량으로는 두 개의 전쟁을 동시에 수행할 능력이 없다고 그들 스스로 평가한다. 이 때문에 유럽과 중동에서의 전쟁에 미국의 전투 역량을 분산하지 말고, 중국 견제와 봉쇄에 집중해야 한다고 주장한다. 이들은 21세기 미중 패권 경쟁이 결국 대만을 둘러싼 미중 격돌로 판가름 날 것으로 보고 있다. 중국 하나만 봉쇄하기에도 벅찬데, 미국은 쓸데없이 전력을 분산하지 말아야 한다는 주장이다.

셋째, 동맹파다. 트럼프 1기 때 부통령 마이크 펜스, 국무장관 마이크 폼페이오, 국가안보보좌관 존 볼턴, UN 대사 니키 헤일리가 이 계보에 속한다. 그들은 미국이 세계 평화와 안전을 책임지는 리더 역할을 자임해야 한다고 굳게 믿고 있다. 반인권, 반자유주의, 반민주주의 세력으로부터 자유민주주의 국가들을 지키려면, 가치 공유국들과 동맹을 맺고 동맹국에 미국의 군사 전력을 전개해야 한다고 믿는다. 유럽의 나토, 동아시아의 한국, 일본의 역할을 그들은 중요하게 여긴다.

트럼프 1기를 돌이켜 보면, 트럼프의 공약은 비개입파가 써 준 대로 외교 정책을 추진한 듯하다. 트럼프는 왜 미국 청년을 먼 해외의 전장에 보내서 피 흘리게 하느냐고 유세마다 기염을 토했다. 그는 독재자를 친구라 부르고, 김정은과 교환했던 서신을 'a beautiful love letter(아름다운 러브 레터)'라고 불렀다. 트럼프의 그런 말들은 비개입파에 "트럼프의 외교 정책은 우리가 그리는 대로 움직인다"는 착각을 느끼게 만들었다.

막상 트럼프의 백악관 4년이 끝났을 때쯤 알게 된 사실은, 그는 뼛속까지 비개입주의자는 아니었다. 아프가니스탄에서 철수하겠다고 했지만 철수하지 않았고, 북한 핵 문제를 금방이라도 해결할 듯 공언했지만 김정은과의 스몰 딜에 그쳤다. 스몰딜을 깬 트럼프다. 나토에서 미국을 빼겠다는 그의 말은 허언으로 끝났다. 문제는 다른 곳에 있었다.

이런 결과에 이르는 과정에서 트럼프는 공식 라인을 마음대로 무시하고 수시로 개입했으며, 그의 말은 과격했고 과장되기 일쑤였다. 일관성이 부족한 것은 물론이다. 상업적인 거래에서 통하던 그런 방식을 트럼프는 외교로 확장한 것 아닐까. 그런 방식으로 그는 상대의 의표를 찌르고 자신이 원하는 것을 얻어내려고 했을지 모른다. 그런 그가 가장 얻고 싶었던 것은 세상의 관심media attention이 아니었을까. 트럼프 2기에서 동맹파, 비개입파, 중국 우선파가 트럼프의 귀를 붙잡으려고 각축을 벌이겠지만, 그들의 차이만큼이나 그들의 공통점에 주목해야 한다. 그들은 모두 중국을 미국의 최대 위협이자 도전으로 간주하고 있다는 것이다.

"유럽은 유럽이 지켜라"

2024년 12월 첫째 주, 대통령 당선인 트럼프는 프랑스 파리 노트

르담 성당 재개관식에 참석하러 대서양을 날라왔다. 젤렌스키, 마크롱 프랑스 대통령과 엘리제궁에서의 삼자 회동이 이어졌다. 트럼프는 자신의 평화구상을 밝혔다.* "우크라이나는 유럽이 지켜라." 트럼프는 미국의 개입을 원하지 않는다고 분명히 선을 그었다. 젤렌스키는 받을 수 있을까? 어떤 형태의 협정이 맺어지더라도, 푸틴은 다시 침입하려고 군사력을 증강할 것이라고 믿는 젤렌스키를 안심시킬 수 있는 유일한 방법은 러시아가 만약 다시 침공하는 경우, 푸틴의 러시아군은 우크라이나군이 아닌 나토군과 싸우는 상황을 만들 것이다. 나토는 미국이 지휘하고 유럽이 참여하고 있기 때문이다. 젤렌스키는 지금 당장이 아니면, 언제 우크라이나가 나토에 가입할 것인지 명확하게 보장하라고 요구하고 있다.

트럼프는 우크라이나의 나토 가입을 반대하고 있지만, 휴전이건 종전이건 포화가 멈춘 우크라이나의 평화가 지속될 수 있는 가능성을 조금이라도 높이기 위해서는 나토가 우크라이나에 있어야 한다는 것을 알고 있다. 그래서 그가 생각해 낸 대안은 협정 준수를 위한 감시와 러시아에 대한 견제 세력으로 유럽군이 우크라이나에 주둔하는 방안이다.

유럽은 받을 수 있을까? 지금까지의 우크라이나 전쟁에 군사적 지원보다는 비군사적 지원으로 일관했던 유럽으로서는 곤혹스럽다.

---

* WSJ Wall Street Journal 2024.12.13 Trump to Europe: Overseeing a Ukraine Cease-Fire Would Be Your Job

어느 규모로 어떤 국가의 군대들이 우크라이나로 갈 수 있다는 말인가. 서로 눈치 보고 부담을 떠넘기기 바쁘다. 그렇다고 젤렌스키가 요구하는 나토 가입 일정을 확실하게 제시하지도 못하고 있다. 유럽과의 동맹 강화, 자유주의 동맹 강화를 통해 중국과 러시아의 전체주의에 대항하려던 바이든도 우크라이나의 나토 가입 문제를 해결하지 못했는데, 그 이야기는 아예 꺼내지도 못하게 하는 트럼프인데….

푸틴은 받을 수 있을까? 국경 바로 건너편에 유럽군이 주둔하는 상황을 그는 수용할 수 있을까? 트럼프는 이 대목에서 관세를 꺼냈다. 중국에 관세 폭탄을 흔들면 시진핑이 푸틴을 협상 테이블로 데리고 올 것이라고. 트럼프는 그 관세 폭탄을 유럽 국가에도 흔들 수 있다. 우크라이나에 주둔하기를 꺼리며 서로 책임을 미루기 바쁜 유럽을 향해 지금 전쟁이 멈춘다면, 협상의 시작은 현 상황을 동결하는 것이다. 전쟁은 지금 전선에서 멈춘다. 국토의 20%를 푸틴에게 뺏긴 젤렌스키로서는 불리한 형국에서 협상을 시작해야 한다.

3년을 이어온 비극은 끝날 수 있을까? 트럼프의 중재안은 아직 확정되지 않았다. 그가 지명한 안보팀들이 상황을 파악하고 다양한 중재안들을 마련하며 가능성과 한계를 면밀하게 분석하고 토론하고 있다. 전쟁이 끝날지, 어떤 방식으로 평화를 약속할지, 세계가 지켜보고 있다. 트럼프 중재안에 대한 유럽의 반응을 보면, 유럽은 오랜 세월 미국의 공짜 안보 우산에 중독되었다는 허탈한 심정을 지울 수 없다.

트럼프 1기 때 "모두 약속한 GDP 대비 2% 방위비 지출 지켜라"는 숙제 검사를 유럽은 이 핑계, 저 핑계로 일관하지 않았나. 미국이 제공하는 안보 우산을 조금이라도 같이 들기 위해 부담해야 하는 돈은 아까웠다. 메르켈 독일 총리는 푸틴과 러시아 천연가스를 유럽 대륙을 통과하지 않고 발트해를 지나 독일로 직접 연결하려는 해저 파이프라인 공사를 추진했다. 트럼프 행정부는 반대했다. 영토 야욕에 불타는 푸틴에게 메르켈은 트로이 목마를 스스로 만들어 독일로 끌어들이는 것이 뻔히 보였는데, 그 트로이 목마는 노드스트림 2Nord Stream 2란 이름으로 완성되었다. 그리고 푸틴은 우크라이나를 침공했다.

트럼프가 중국의 위협으로부터 미국을 디커플링하려고 시도하기 시작할 때, 메르켈은 강 건너 불구경하고 있지 않았다. 탈원전을 목표로 내세웠던 메르켈은 푸틴으로부터 더 많은 에너지를 사들여 독일 제조업을 돌리는 데 필요한 전기를 확보하려고만 했지, 푸틴이 돌연 변심했을 경우에 대한 전략은 없었다. 단지, 가스관의 작동을 정지시킨다는 것 외에는. 그 경우, 독일, 그리고 다른 유럽 국가에 미칠 파장은 어마어마할 텐데. 그것을 미리 내다보고 대비하는 독일 특유의 전략적 기민성은 어디로 갔을까. 세계화의 복음에 너무 취했을까. 아니면, 미국의 문제 제기를 경제 문제를 냉전적인 시각으로만 보려는 미국의 참견이라고 치부하고 그냥 무시했을까.

시간은 메르켈의 어리석음을, 유럽의 순진함을 세상에 알렸다. 그

아까운 돈으로 방위 증강에 힘썼다면…. 말만 거창하고 실천 역량
도, 의지도 없으며, 한 수 앞을 내다보는 전략적 사고도 없는 유럽을
트럼프는 경멸하고 있지 않을까? "미국과 엄청난 무역수지 흑자를
누리고 있는 독일은 독재자 푸틴보다 더 나쁘다." 트럼프 1기를 대표
하는 그의 동맹에 대한 노골적인 속내를 드러낸 말이다. 그때는 동
의하기 어려웠지만, 이제 그 진의를 이해할 수 있게 되었다면 우리는
모두 트럼프 지지자가 된 것인가.

★ ★ ★ ★ ★

TRUMP
AGAIN

★ ★ ★ ★ ★

PART 5

2028 트럼프
이후의 세상

"Make America Great Again"

암살 시도가 만든 성지

2028년 7월 13일, 펜실베니아 주 버틀러. "Make America Great Again!" "Make America Great Again!" 여름의 더위도 아랑곳없이 붉은색 모자를 쓴 사람들은 계속 구호를 외쳤다. 피츠버그에서 북쪽으로 차로 달리면 45분 거리에 위치한 버틀러, 그 외곽에 마련된 무대. 미국 대선 유세가 뜨겁게 달아오르고 있었다.

4년 2024년 바로 오늘, 이곳 유세장에서 공화당 도널드 트럼프 후보가 선거 유세 도중 저격수의 암살 시도에서 기적적으로 살아난 바로 그곳. 총격 소리와 함께 반사적으로 연단 아래 몸을 숨겼다가, 경호원들의 부축으로 다시 일어난 트럼프는 주먹을 불끈 쥐고 "Fight! Fight! Fight!"를 외쳤다. 그해 트럼프는 민주당 후보를 물리치고 4년만에 다시 백악관의 주인공이 되었다. 버틀러는 그렇게 공화당의 성지聖地로 태어났다.

트럼프 2기는 2029년 1월 19일 끝날 예정이다. 새로운 백악관의 주인공은 2028년 11월 첫째 화요일 선거에서 결정된다. 헌법에 따라 현직 대통령 트럼프는 2028년 대선에 출마할 수 없다. 현직 대통령 트럼프가 4년 전 버틀러를 다시 찾아왔다. 이번에는 도전자가 아닌, 현직 대통령으로. 트럼프가 2016년 대선에서 승리한 후, 그는 공약한 대로 불공정무역으로 미국 제조업 일자리를 빼앗아가고 기술을 훔쳐간 중국을 상대로 전쟁을 시작했다.

미중 무역전쟁, 기술전쟁은 트럼프가 선전포고를 한 것이다. 중국을 미국이 만든 자유다자주의 체제 속에서 변화시키려던 구상이 돌이킬 수 없이 틀어지고 있다는 판단에서 시작된 미중 패권 경쟁은 12년을 이어오고 있다. 트럼프가 시작했고, 바이든이 이어 받았고, 트럼프가 다시 고삐를 잡았다. 상대는 시작부터 지금까지 시진핑이다. 2012년 가을 중국 권력의 정점에 오른 시진핑은 2017년에 2연임을 확정했고, 2022년에 3연임을 확정했다. 작년 2027년 시진핑은 4연임을 확정했다. 미중 패권 경쟁을 시작해서 21세기 신냉전의 서막을 연 트럼프는 이제 무대에서 사라지는데, 중국은 시진핑은 여전히 그 무대에 남아있다. 미중 패권 경쟁은 중반전을 넘어 이제 마지막 순간을 향해 나아가는데. 미국의 지휘 총사령관은 누구일까?

2024년 대선에서 트럼프에게 패배한 민주당은 2028년 대선에서 다시 패배할 수 없다는 절박함에 내몰리고 있다. 두 번 이나 트럼프에 패배했던 민주당. 그때마다 승패를 가른 것은 저학력 백인 노동자. 전통적인 민주당의 표밭이었던 그들이 변심할 때마다 백악관은 트럼프의 차지가 되었던 뼈아픈 경험을 세 번씩 반복해서는 절대 안된다는 각오로 그들의 표심을 붙잡을 정책을 개발했다. 공화당보다 더 강력한 중국과의 디커플링 구상이 곧 발표될 예정이다.

공화당, 민주당 모두 중국 손보기에 관해서는 초당적인 합의가 형성되어 있는 미국. 미국 여론 조사 기관인 퓨리서치센터Pew Research Center의 자료는 미국 내 반중 기류가 얼마나, 어떻게 형성되어 왔는지를 잘 보여준다. 2005년 중국을 호의적으로 보던 미국인은 43%로, 비호의적으로 보던 사람인 35%보다 많았다. 2013년부터 반중국 비율이 친중국 비율을 역전하기 시작했다. 2013년은 시진핑이 집권한 첫해다. '신형대국관계'를 내세워 중국을 아시아 지역의 패권 국가로 인정하라는 중국의 공세적 대외 정책이 본격화되고 중국의 개혁과 개방이 확연히 후퇴하기 시작했다는 분석이 봇물처럼 터져나오기 시작한 그 시점이다. 2017년 트럼프가 집권하고 미중 무역전쟁을 시작하면서 친중국 대 반중국 비율 격차는 가위를 벌리듯 점점 더 벌어져갔다. 2020년 대선에서 그 비율은 77:21, 2024년 대선에서는 81:16이었다.

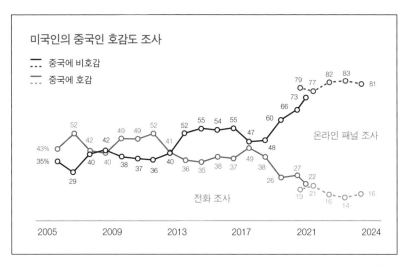

미국인의 중국인 호감도 조사

- 중국에 비호감
- 중국에 호감

온라인 패널 조사

전화 조사

2005   2009   2013   2017   2021   2024

자료: 퓨리서치센터

　버틀러의 유세장을 가득 메운 지지자들에게 트럼프는 외쳤다. "내가 영웅적으로 시작한 미국에 드리운 중국의 위협을 그림자를 제거하는 작업은 성공하고 있습니다. 미국의 기술과 안보를 위협하는 중국제품은 사라지고 있습니다. 우리는 더 많은 제조업 일자리를 만들었습니다. 제조업 투자가 계속 이어지고 있습니다. 대통령에 도전할 때보다 지금 미국 경제는 더 부유해졌고, 더 강해졌습니다." 트럼프는 하늘을 향해 주먹을 불끈 쥐었다. 지지자들은 열광한다. "Make America Great Again!"

미국을 제조업 초강대국으로

버틀러에서 트럼프의 암살시도가 있었던 그 다음 주 2024년 7월 중순, 위스컨신 밀워키. 공화당 전당대회가 예정대로 열렸다. 암살시도를 기적적으로 모면한 트럼프를 공화당의 대선 후보로 확정했다. 그 전당대회에서 공화당은 집권 플랜을 제시했다. "미국을 제조업 초강대국으로." 무역 분야 집권 플랜의 결론이다. "불공정 무역으로부터 미국의 노동자와 농민을 보호해야 한다"고 시작한 정책강령은 핵심 구상은 다음과 같다.

· 무역수지 적자 해소
· 중국으로부터 전략적 독립 확보
· 미국 자동차 산업 보호
· 핵심 공급망의 미국 내 확보
· 미국제품을 사고, 미국인을 고용한다(Buy American and Hire American)

무역수지 적자, 미국제품을 사고 미국인을 고용한다는 정책안은 트럼프 1기 때와 같다. 미국 자동차 산업 보호, 핵심 공급망의 미국 내 확보는 새로운 정책안이다. 바이든 행정부가 추진했던 전기차 보조금 취소, 중국산 자동차 수입 금지가 핵심 추진 사안이다. 핵심 공급망의 미국 내 확보는 바이든이 본격화한 중국 의존적 핵심 분야 공급망 재편의 연장선상이다. 트럼프는 전기차 자체를 문제로 보는 것이 아니라, 보조금으로 전기차 구매를 유도하는 것을 친환경정책적인 발상이라고 공격한다. 트럼프와 공화당의 사전에는 기후 변화란 없다.

트럼프의 무역 분야 공약 중 가장 눈을 끄는 것은 대중국전략이다. 중국의 최혜국 대우 지위 박탈, 미국에서 중국 핵심 제품의 단계적 퇴출, 미국 부동산과 산업의 중국인 소유 금지가 그것이다. 2024년 트럼프와 미국 공화당이 인식하고 있는 중국 문제는 2016년보다 훨씬 앞서 나갔다. 2016년 트럼프에게 중국은 막대한 무역수지 흑자를 누리는 미국의 제조업 일자리 파괴 국가, 미국으로부터 수입은 늘리지 않는 불공정 무역 국가였다.

그로부터 8년, 미국의 견제에도 불구하고 중국의 기술 굴기는 지속되었고, 중국의 제조업 분야 생산 역량은 확장되고, 기술 수준은 진일보했다. 이제는 "미국산 수입을 더 늘려라"는 방식으론 미중 무역 문제를 해결할 수 없다. 통계와 학계의 분석은 트럼프의 중국과의 관세전쟁은 성공적이지 않았음을 보여준다. 2020년 1월 미국산 대량 구매 약속을 담은 1단계 합의를 중국은 이행하지 않았다. 팬데믹이 그 핑계였다. 합의를 이끌어낸 트럼프가 사라지고, 권력을 잡은 바이든은 중국에게 무역 보복이 아닌 트럼프가 쌓아 둔 중국 고관세를 유지하는 것으로 대신했다. 고관세가 유지되는 속에서도 중국의 대미 무역수지 흑자는 미국의 기대만큼 파격적으로 줄어들지 않았다.

트럼프 1기 첫해 2017년, 즉 미중 무역전쟁이 시작하기 전 해에 중국의 미국 수출은 5,050억 달러, 미국의 중국 수출은 1,300억 달러. 2023년 중국의 미국 수출은 4,270억 달러, 미국의 중국 수출은 1,480억 달러였다. 중국의 미국 수출이 780억 달러 감소했고, 미국의 중국 수출은 180억 달러 증가했다. 미국의 중국 무역 압박이 거세짐에 따라 중국은 베트남과 멕시코를 통한 우회 수출을 시도했다. 이런 방식은 이 기간 동안의 새로운 수출 형태로 자리 잡았다. 결론적으로 관세 인상으로 중국과의 무역수지를 해결한다는 발상은 성공하지 못했다. 아직까지는!

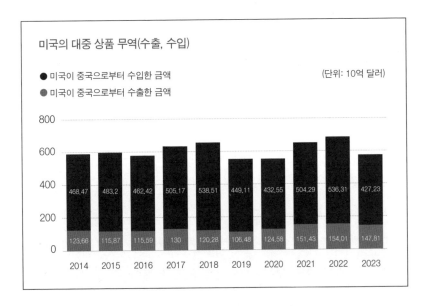

미국의 대중 상품 무역(수출, 수입)

● 미국이 중국으로부터 수입한 금액 (단위: 10억 달러)
● 미국이 중국으로부터 수출한 금액

	2014	2015	2016	2017	2018	2019	2020	2021	2022	2023
수입	468.47	483.2	462.42	505.17	538.51	449.11	432.55	504.29	536.31	427.23
수출	123.66	115.87	115.59	130	120.28	106.48	124.58	151.43	154.01	147.81

트럼프는 왜 제조업에 집착하나

'부시 대통령(1988년 취임한 부시 일가의 첫째 대통령. 그의 아들 부시는 2000~2008년 동안 미국 대통령이었다) 때부터 오바마 대통령까지 미국은 5만 5,000개의 공장을 잃었고, 600만 개의 제조업 일자리를 빼앗겼다. 또한 12조 달러의 무역 적자마저 쌓였다. 작년에는 8,000억 달러의 무역 수지 적자를 기록했다. 이것은 모두 나쁜 정책, 나쁜 리더십 때문이다. 미국은 다시 이겨야 한다.' 2018년 3월 7일, 트럼프가 트위터를 날렸다. 트럼프의 숫자 인용은 부정확하고 과장되어 있다. 그가 전달하려는 메시지는 분명했다. 자신은 미국의 망가진 제조업을 살려내는 최초의 대통령이 되겠다는 것이다.

트럼프가 제조업 일자리 숫자를 들먹일 때마다 반드시 등장하는 또 다른 숫자가 있다. 무역 수지 적자! 그의 머릿속은 '제조업 일자리 상실=무역 수지 적자'라는 등식으로 프로그래밍되어 있다. 미국 무역 수지 적자의 무려 절반을 안겨주는 중국을 그냥 두고 미국 제조업을 회복시키려는 그의 성전이 승리할 수는 없다.

트럼프의 입장에서 무역전쟁은 쇠퇴해가는 제조업 대국의 명성을 되찾는 역사적 전쟁이다. 트럼프 1기 국가 경제 자문 위원장이었던 게리 콘Gary Cohn은 '미국은 제조업 대국이 아닌 서비스 대국이며, 세계 무역은 미국이 강한 서비스 분야를 더욱 강하게 한다'는 견해를 가지고 있었다. 미국의 거대 금융 회사인 골드만삭스Goldman Sachs

회장 출신답게 게리 콘은 미국 파워 엘리트들의 것과 같은 주류 경제관을 가지고 있었다. 자유 무역 체제에서 미국의 강점은 금융, 법률, 지식 서비스 등을 세계로 수출하여 더 많은 일자리를 만들어내고 더 높은 소득을 가능케 하는 것이라는 관점을 트럼프에게 심어주려던 게리 콘의 노력은 제조업이야말로 미국의 핵심이라는 트럼프의 고집에 막혔다. '서비스 대국인 미국은 철강, 자동차 등 전통적 제조업의 부진을 염려할 필요가 없다. 미국은 자신의 강점인 서비스 산업을 더욱 성장시키고, 제조업 분야는 독일이나 한국, 일본 등 비교 우위를 가진 국가들이 더 성장시키도록 해 국제 무역을 거쳐 주고받으면 누이 좋고 매부 좋은 것win-win'이라는 게리 콘의 주장은 백악관에서 한 걸음도 앞으로 나가지 못했다.

막무가내인 트럼프에게 콘은 왜 그렇게 제조업에 집착하는지 물었다. 트럼프의 대답은 의외로 간단했다. "그냥 제조업이 좋다." 연기를 내뿜고 달리는 기관차, 하늘 위로 새까만 연기를 날리는 제철소, 뜨거운 화염을 토해내는 용광로, 이런 제조업이야말로 미국의 상징이라는 트럼프에게 자유 무역은 미국의 상징을 파괴시키는 적일 뿐이었다. 그 적들 중 주적은 중국이었다.

미국은 이미
마음대로 하고 있는데

위협받는 중국의 PNTR

이런 학습 효과 때문에, 트럼프는 더 높은 관세를 생각했다. 60% 중국 관세 카드를 흔들고 있다. 제3국을 통한 우회 수출도 금지할 생각이다. 모든 국가의 수입품에 10%-선거 유세 후반에 가면서 20%로 올라갔다-수입 관세를 매기겠다는 것은 중국의 우회 수출 경로를 차단하려는 구상의 하나다. 60% 관세로 중국을 막을 수 있을까? 중국 제품의 가격 경쟁력, 중국 제품의 수입 대체 가능 여부에 따라 다르겠지만, 관세만으로는 해결책이 되기 어렵다. 트럼프와 그의 실무자들이 꺼낼 비장의 카드는 중국의 최혜국 대우 지위 박탈이다.

미국은 중국의 WTO 가입 협상을 끝내면서 중국에게 미국 국내

법의 PNTR 지위를 부여했다. 미중 협상은 클린턴 행정부가 타결했고, 미국 의회가 비준했다. 2000년 미국은 중국에 PNTR 지위를 부여했다. 만약 미국이 중국의 PNTR 지위를 박탈하는 결정을 한다면, 중국은 쿠바, 러시아. 북한, 벨라루스와 같은 취급을 받는 무역 지위로 강등된다. 러시아는 2022년 우크라이나 침공에 대한 경제 제재로, 벨라루스는 러시아의 침공을 도왔다는 이유로 PNTR 지위를 박탈당했다. 중국이 PNTR 지위를 박탈당하면, WTO 협정에서 미국이 모든 회원국에 약속한 관세를 내고 수출하는 최혜국 대우 지위를 중국은 더 이상 누리지 못하게 된다.

"미국은 이미 자기 마음대로 관세를 매기고 있는데?"라는 의구심이 들지 않는가. 예리한 지적이다. 2017년 트럼프가 집권한 이후 미국은 몇몇 제품에 대해 WTO 협정에서의 그들의 약속을 깨기 시작했다. 철강과 알루미늄 관세가 그 시작이었다. WTO 협정 위반이라는 시비거리를 의식해서, 미국 국내법에서 인정한 국가 안보라는 이유로 포장했다. 동맹으로부터 수입하는 철강과 알루미늄이 어찌 미국의 안보를 위협하는지는 설명하지 않았다. 트럼프와 시진핑이 조금도 물러서지 않고 치고받으면서, 급격히 인상된 미국의 대중국 관세와 중국의 대미 관세는 미국과 중국 간의 양자적 관계 속에서 진행되었다. 비록 지금 WTO가 존재하면서도 아무런 존재감을 가지지 못하는 상황이지만, 모든 회원국이 협정에서 약속했던 관세 수준, 서비스 분야 자유화 약속 등은 여전히 유효하다. 이런 이유 때문에 미국이 중국에게 더 이상 PNTR지위를 주지 않겠다는 것의 국제 통상법적 심각성이 있다. 더 심각한 것은 미국이 중국에게 부여했던 PNTR을 해제하는 경우, 미중 관계는 폭풍 속으로 휘말려 들어간다는 것이다.

중국이 PNTR을 부여받기 전 상황을 다시 돌이켜보자. 미국 의회는 매년 중국의 무역 지위를 결정하기 위한 표결을 했다. 미국을 다른 WTO 회원국들과 같은 지위(미국법이 규정한 Normal Trading Relations)를 1년 동안 부여할지를 결정하는 표결이었다. 그 과정에서 중국의 인권, 정치적 자유, 중국의 불법 복제 등 중국의 국내 정치와 경제 정책이 미국의 정가에서 제기되고, 토론되고, 논란거리가 되었다.

트럼프가 중국의 PNTR을 박탈하는 결정을 내리는 과정은 미국 의회가 주도하는 입법 과정을 거치게 된다. 그 모든 과정은 미국, 중국, 세계로 실시간으로 중계될 것이다. 왜 미국이 2000년에 중국에 주었던 무역 지위를 25년이 지난 지금 박탈하려 하는지, 미국 시민들, 중국 인민들, 세상 사람들은 의아해 하고 궁금해 하지 않을까. 중국이 무슨 잘못을 했길래. 그 토론과정에서 경제, 무역, 기술, 인력, 심지어 중국의 인권, 정치, 모든 것들이 미국 정치인들의 말을 통해 세계로 방송될 것이다. 중국은 그냥 보고만 있어야 할까.

중국이 PNTR에 목매던 1990년대와 2025년은 결정적으로 두 가지가 다르다. 먼저 중국의 변화다. 1990년대 중국은 개혁개방을 시작한지 10년이 막 지났다. 1989년 천안문 민주화 시위를 무력으로 진압한 후, 개혁개방이 중단될 위기에서 중국 공산당은 개혁개방을 이어갈 것을 결심했다. 빈곤으로부터 탈출을 위한 경제 발전이 중요했던 중국은 세계 최고의 시장 미국이 놓칠 수 없었다. 그래서 미국 의회에서 벌어지는 NTR 논쟁을 인내심을 가지고 지켜볼 수밖에 없었다. 2025년의 중국은 그때의 중국이 아니다. 중국은 그냥 인내심으로만 일관하지는 않을 것이다.

둘째, 미디어 환경이 변했다. 1990년대 미국 내 NTR 논쟁은 신문과 TV로만 보도되었다. 인터넷의 태동기였다. 지금 세계 뉴스의 전파 매체가 된 스마트폰은 세상에 존재하지 않았다. 중국 문제를 미국 의회에서 갑론을박한다는 것은 정치가, 평론가, 전문가들 사이에서만 뉴스거리였다. 시민, 청년세대, 아시아, 유럽, 남미 등 미국과 중국을 제외한 다른 국가에는 그다지 중요한 뉴스거리가 아닌 세상이었다.

2025년 지금 세상의 뉴스는 SNS로 실시간으로 전달된다. 미국 정치권에서 생각하고 있는 중국의 모습-디지털 통제 국가, 기업의 경제 자유가 억압되는 국가, 군민 협력으로 미국의 산업 기밀, 군사기밀을 빼가는 국가, 이 모든 뉴스가 14억 중국인 개개인에게 전달되는 상황이 펼쳐질 것이다. 막으려고 하겠지만 막을 수 있는 일이 아닐 테다. 중국 당국은 심각한 내정 간섭이고, 사실의 왜곡이며 과장, 허위사실 날조라고 날 선 비난을 할 것이다. 중국이 미국에 공개적으로 경고한 넘어서는 안 되는 선, 레드 라인을 미국이 넘게 되는 상황 속으로 들어간다.

미국이 중국에 준 PNTR을 해제한 다음, 중국 수입품 관세는 미국 마음대로 매길 수 있다. 너무나 당연히 중국은 미국을 WTO에 제소하겠지만, 실효성은 없다. 모든 중국산을 미국이 전혀 수입하지 않는 상황은 상상할 수 없기 때문에, PNTR 지위 박탈 이후 중국산 수입품 관세부여는 여전히 숙제로 남아 있다. 미국 국내법에 따른 절차는 1930년 관세법으로 돌아간다는 것이다. 미국 정치는 거의 100년 전 관세법에 중국 관세를 맡겨 두지는 않을 결심이다.

중국에 부여한 PNTR을 박탈하자는 법안은 2024년 초 발의되었다. 트럼프 2기 국무장관으로 지명된 마르코 루비오, 상원의원 톰 코튼, 조시 홀리, 세 상원의원이 공동으로 중국의 PNTR 박탈 법안을 발의했다. 2024년 11월 중순에는 하원 중국 공산당 특별위원회 의장인 존 물리나르가 같은 취지의 법안을 발의했다.

트럼프가 무역대표부USRT를 이끌 책임자로 지명한 제이미슨 그리어는 2024년 5월 의회 청문회에서 중국의 PNTR 지위 박탈을 주장했다. 그 청문회를 개최했던 미중 경제안보검토위원회는 2024년 보고서에서 그 의견에 동조하는 결론을 제출했다. PNTR을 박탈한 이후 중국 관세를 어떻게 결정할지는 미지의 세계이지만, 중국처럼 원자재, 소비재, 중간재, 기술품 등 경제 전반을 아우르는 거의 모든 품목을 미국과 무역 관계를 구축한 경우, 관세 설정을 미중 관계로만 접근할 수는 없다. 경제 문제고, 2024 대선의 명암을 가른 인플레이션과 직결된다.

워싱턴 D.C.에 자리한 국제경제연구로 권위와 명성을 인정받고 있는 피터슨 연구소Peterson Institute for International Economics는 미국의 대중 관세가 1930년 관세법으로 회귀하는 경우 영향 분석 보고서를 공개했다.[*]

보고서는 시행 첫해 중국 GDP 0.6% 감소, 미국 GDP의 0.1% 감소, 미국 인플레이션은 0.2% 증가, 중국이 보복하는 경우 0.4% 증가를 예측했다. 미국 농업과 제조업의 충격이 다른 분야보다 더 클 것으로 예측했다. 농업은 3.5%, 제조업은 2.5% 각각 생산량의 감소를 예측했다.

중국을 1930년 관세법으로 회귀시키는 경우의 경제적 충격은 관점에 따라 우려하는 만큼 심각할 수도, 심각하지 않을 수도 있다. 핵심은 중국의 PNTR 지위 박탈로 무엇을 얻으려는가 하는 것이다. 트럼프와 공화당이 추구하는 것은 미국 안보와 직결되는 무역 품목을 중국에서 몰아내겠다는 것. 그 목표를 관세로 해결하려면, 1930년 관세법이 아닌 2025년 대중국 관세법을 의회가 행정부가 머리를 맞대고 만들어내야 한다. 지금 의회에 발의된 법안은 중국의 수입품을 일반품목과 민감품목 두 종류로 분류하여 서로 다른 관세를 매기자는 것이다. 국가안보와 연관된 품목은 100%, 일반 품목은 35%를 각각 기준으로 하여 단계적으로 추진하려는 구상이다. 국가안보

---

* Economic implications of revoking China's permanent normal trade relations(PNTR) status, Megan Hogan, Warwick McKibbin, and Marcus Noland September 2024

에 의약품이 포함되어 있음에 주목할 필요가 있다.

전방위 중국 포위

미국 안보와 직결된 품목의 중국 의존을 줄이고, 궁극적으로 차단하려는 전략적 디커플링은 관세만으로 해결되지 않는다. 관세는 트럼프가 생각하는 게임의 첫 수순이다. 트럼프는 더 큰 그림을 그리고 있다. 여기서 미국 무역대표부 대표로 지명된 그리어의 머리속을 들여다보는 것이 도움이 될 듯하다. 의회 청문회에서 그는 중국과의 디커플링 전략을 추진하기 위해서 중국의 PNTR 지위 박탈과 함께 다섯 가지 정책을 제안했다.

· 중국의 우회 수출 차단

제3국을 통한 중국의 우회 수출은 그 국가와 미국이 체결한 자유무역협정의 혜택을 주지 않는다. 제3국으로부터 미국에 수출되는 제품에 포함된 중국산 소재, 부품 등이 미국이 허용한 수준을 초과하면 그 제품 역시 혜택에서 제외된다. 세관 통제로 중국, 중국산의 우회 수출을 막겠다는 것이다.

· 중국으로 수출 통제

항공기, 운송 장비, 레거시 반도체 제작 장비 등의 중국 수출을 금지한다. 바이든 정부의 수출통제 범위를 더 확대해야 한다는 생각이다.

· 중국 투자 통제

경제 안보와 연관되는 중국 투자를 심사하고 통제한다. 이것 역시 바이든 행정부의 기술 수출 통제와 같은 맥락이다.

· 중국의 경제 보복에 대처

중국 통제정책으로 피해를 입게 된 기업과 노동자에게 재정 지원을 한다. 미국의 중국 통제 정책으로 생긴 중국 시장의 공백을 외국 기업이 채우는 경우, 그 기업에 대한 제재 조치를 발동할 수 있다.

· 미국 제조업 지원 정책

미국의 경제 안보를 위한 중국과의 경쟁 관계에 처한 산업을 보조금, 세제 혜택 등으로 의회 입법을 통해 지원한다. 의약품, 의료장비, 항공기, 자동차, 에너지, 통신, 로봇 등 분야를 열거했다.

바이든 행정부가 의회와 함께 협력적으로 입법했던 반도체법 칩 Act, IRA의 연장선상이다.

미국의 중국 통제 정책에 중국이 미국산 수입 금지로 보복하는 경우, 수입 금지로 중국 시장을 잃게 된 해당 기업과 노동자에게 재정 지원을 해야 한다는 것, 나아가 중국의 미국산 금지로 반사이익을 누리는 외국 기업에도 미국은 제재해야 한다는 것이 트럼프 2기 미국 무역대표부를 지휘할 그리어가 그리는 그림이다. 트럼프 2기가 추진하려는 중국과의 전략적 디커플링은 행정부 단독이 아닌 의회의 초당적 협력으로 진행될 것이다. 미국 여론의 압도적인 반미정서도 불을 지를 것이다.

트럼프의 속도전

다음 임기가 없는 트럼프

트럼프 2기는 공식적으로 2025년 1월 20일에 시작해서 2029년 1월 19일에 끝난다. 그러나 그는 대통령 선거에 승리가 확정된 직후부터, 세상에 존재감을 확연히 부각시켰다. 미국 증시는 그의 당선에 환호했다. 인플레이션과 불법 이민을 앞세운 그의 승리에 시장은 경제 성장에 베팅한 것이다. 반면 바이든 행정부가 약속했던 반도체 보조금, 전기차 보조금이 사라질지도 모른다는 불안감은 한국증시를 바닥 모를 자유낙하로 내몰았다. 트럼프 2기 내각 인선이 발표될 때마다, 시장은 불안과 안도의 양극단을 왔다 갔다 했다.

취임식은 2025년 1월 20일이지만, 이미 2024년 11월 대선 운명을 결정 지은 첫째 화요일 밤이 끝나기 전에 트럼프는 미국과 세계의 중심으로 떠올랐다. "처음 내가 대통령이 되었을 때, 세상은 나와 싸우려고 하더니, 이제는 모두 나와 친구가 되려 한다." 트럼프와 각을 세웠던 유럽의 정치 지도자들, 나토 사무총장, 캐나다 총리, 실리콘밸리의 CEO, 모두 그를 만나고 싶어했다. 동맹국들 지도자들이 트럼프와 소원하고 서먹서먹했지만, 그런 트럼프와 친해서 '트럼프의 푸들'이라는 달갑지 않은 별명까지 얻었던 아베 수상. 그는 트럼프의 귀환을 반기지 못하는 불귀의 객이 되었지만, 그의 아내는 트럼프를 만났다. 정작 현 일본 총리 이시바는 트럼프를 만나지 못했는데. 2023년 11월 도쿄에서 만난 일본 지인들에게 트럼프가 다시 귀환한다면 일본은 어떤 준비가 되어 있는지 물어본 적이 있다. "우리는 지금 아베가 없다"는 답이 돌아왔다. 그 질문이 현실이 된 지금, 일본에는 아베는 없지만 아베의 아내가 있었다. 마사요시 손(한국 이름 손정의)도 거물 사업가들의 마라러고 행렬에 합류했다. AI에 1,000억 달러 투자를 약속하며 그는 세상을 깜짝 놀라게 했다. 세상의 권력자, 재력가들이 트럼프와 친구가 되고 싶어한다. 트럼프의 유통기간은 언제까지일까.

트럼프의 재임 기간은 4년이며 2026년 11월, 중간 선거가 있다. 4년 주기 대선의 중간에 진행되는 의회선거라서 붙여진 '중간선거'. 2년 임기 하원의원 전원이 재신임을 유권자에게 묻게 된다. 또한 임기 6년인 상원의원은 2년 주기 의회 선거에서 100명의 상원의원 중 3분의 1이 재신임을 묻게 된다. 상원의원마다 임기는 6년이지만, 시작 시점이

다르게 선거 시스템을 설계했기 때문이다.

　중간선거 이전 처음 2년이 트럼프의 정치적 자유도가 가장 높을 때라는 것이 세간의 예상이다. 번번이 빗나가는 선거 예측이지만, 중간 선거에서 미국은 집권당이 아닌 야당을 선택했다는 역사적 경험에 근거한 것이다. 운이 좋게도 트럼프는 2026년 11월 중간선거에서 상원 선거는 승리할 가능성이 높다고 관측된다.[*]

　하원 다수당을 민주당에 넘겨준다 해도, 상원 다수당은 여전히 공화당일 가능성이 높다는 전망이다. 대법관 임명, 고위 공직자 임명, 국제 조약의 비준 등 상원의 독보적인 지위를 고려하면, 트럼프는 임기 4년 내내 그가 원하는 대외 정책을 밀어붙일 가능성이 크다. 그렇지만 트럼프는 다음 대선에 출마할 수 없는 4년 임기 대통령이다. 이 때문에 그의 2기 정책 집행은 신속하고 전면적으로 집행될 것이다. 그의 내각 인선은 그런 구도를 가늠하게 충분하다.

　"패배한다는 생각은 안 했지만, 승리할 줄은 몰랐다"던 트럼프의 2016년 11월 대선에서의 당선. 트럼프 자신에게도 충격이었는지 그의 내각 인선은 지지부진했다. 전통적인 공화당 주요 정치인들의 2016년 공화당 전당대회에 아예 발길을 끊었다. 거친 말을 쏟아내고, 품위와 격식과는 거리가 먼 이단아를 자처하는 그를 공화당의 대선후보로 옹립하는 자리에 자신들의 이름을 남기고 싶지 않았다.

---

[*] 서정건, 2024, 미국 대통령 선거와 양극화 정치, EAI

집권하면 자신의 공약을 실천할 현장의 지휘 본부를 어떻게 꾸릴지에 대한 고심은 그의 1기 인선에 적나라하게 드러났다. 트럼프는 어쩔 수 없이 명망가들에게 손을 내밀었다. 국방장관 제임스 매티스, 국가안보보좌관 존 볼턴, 국무장관 마이크 폼페이오 등 그 분야에서 경험과 전문성이 입증된 '어른들'이 공화당 대통령이 실패해서는 안 된다는 사명감으로 내각에 참여했다. 그들의 미국을 위한 충성심은 트럼프와 충돌했고, 마티스와 볼턴은 스스로 사임하는 길을 선택했다.

트럼프 2기 내각은 무질서와 혼동으로 뒤범벅되었던 그의 1기 내각과는 전혀 다른 모습으로 세상에 나타났다. 미국을 위한 충성심이 아닌 트럼프에 대한 충성심이 인선이 기준이었다. 트럼프의 뜻을 토달지 않고 신속하고 과감하게 집행할 수 있는 인사들로 채워졌다. 외교 안보 분야는 이런 구상을 거울처럼 투영하고 있다.

경제 통상 분야는 이야기가 조금 다르다. 중국과 무역전쟁, 기술전쟁을 치러야 하는 상무부, 미국 무역대표부에는 중국에 초강경한 태도와 생각을 가진 사람들을 골랐다. 상무장관에 지명된 월가 투자은행 캔터 피츠제럴드 CEO 하워드 루트닉Howard Lutnick, 무역대표부 대표에 지명된 제이미슨 그리어Jamieson Greer는 바로 그런 유형이다. 경제 정책 전반을 조율하고 국제 금융, 재정을 책임지는 자리에는 '깜짝 쇼보다는 안정을 선호하는' 시장이 안심할 수 있는 인선을 했다. 재무장관에 지명된 헤지펀드 키스퀘어 그룹 창업자 스콧 베센트Scott Bessent, 백악관 국가경제위원회 위원장에 지명된 케빈 해셋Kevin Hasset이 바로 이런 유형에 속한다. 특히 재무장관의 경우, 트럼프의 대선 유세에 전격적으로 뛰어들어 그의 응원단장을 자처했던 일론 머스크가 끝까지 강력하게 밀었던 하워드 루트닉을 물리치고 스콧 베센트를 지명했다는 점에서 트럼프가 탁월한 정치 감각이 있다는 것을 읽을 수 있는 대목이다. 베센트가 재무장관으로 지명된 다음 날, 미국 증시는 환호했다.

트럼프는 중국과의 경제전쟁 현장에는 매파, 경제 정책 기획과 조율에는 비둘기파를 배치하였다. 트럼프 1기 때도 경제 통상 분야 각료 인선에 같은 조합을 포진했음에 세상은 주목했다. 트럼프는 관세 폭탄이 날아다니는 중국과의 무역전쟁이 시장에 가져다줄 불안감을 상쇄하려면 시장이 환호하는 것을 주어야 한다고 본능적으로 알고 있다. 평생을 사업 현장에서 살았기에 얻은 감각이다. 시장의 환호는 숫자로 나타난다. 상승하는 증시, 경제성장율, 세금을 내고 통장에 숫자로 찍히는 월급의 증가. 이 세 가지를 보여주는 그래프의 상승 곡선과 자신의 정치 생명의 상승 곡선은 같은 것이라고 트럼프는 믿는다.

경제 성장, 건전 재정, 규제 완화, 낮은 세금을 믿는 베센트 재무장관 지명자는 3-3-3 경제 정책을 트럼프에게 제안했다. 일본 아베 신조 총리가 '3개의 화살'로 자신의 경제 정책을 설명했던 아베노믹스에서 영감을 받았다고 한다. 2028년 트럼프 2기 끝날 때까지 미국은 재정 적자를 3%로 낮추고, 연간 경제성장률 3% 달성하며, 매일 석유 생산량을 300만 배럴 증가하려고 한다.

현재 6.2% 수준인 GDP 대비 연방 재정 적자를 3%로 줄여서 재정의 건전성을 확보하고, 미국의 에너지 자립도를 높이자는 구상이다. 트럼프 2기는 '정부 효율화'를 밀어붙이려고 작심했다. 정부효율성부(DOGE, Department of Government Efficiency)로 번역되는 조직을 만들고* 사업 혁신가인 일론 머스크에게 이미 책임을 맡겼다. 민주당 정부에서 비대해진 연방 정부의 몸무게를 감량하는 것이 당장의 과제다. 재정 지출 축소는 정부 효율성 확보 작업과 연결되어 있다. 미국의 부채는 36조 달러가 넘는다. 코로나19를 극복하려고 공격적인 예산을 편성하고 집행했기 때문인 것만은 아니다. 민주당 정부가 집권할 때마다, 그들의 정치 가치를 반영하는 조직이 만들어지고 예산이 배정되면서 이제는 손대기 어려운 고정적인 상수가 된 구조적 특성도 있다.

미국의 경제성장률이 최근 2~2.5%(코로나19 기간은 제외) 범위였던 것을 감안하면 3% 성장률은 야심 찬 목표다. 베센트는 규제 완화와 낮은 세금으로 기업가정신을 자극하면 혁신으로 생산성 증대하여 가능하다는 생각이다. 지금 세상을 휩쓸고 있는 디지털 혁명의 최전

---

* 국방부, 상무부처럼 상설 정부 부처가 될지는 아직 미지수다. 위원회쯤으로 자리 잡을 것이라는 관측이 유력하다.

선에 있는 미국 기술과 산업 생태계가 그 자신감의 근거다.*

트럼프가 공화당을 중산층 정당에서 세계화의 조류에 올라타지 못한 백인 남자들의 당으로 바꾼 것만 보면 더 큰 그림은 보지 못한다. 지금 미국의 공화당은 1980년 로널드 레이건이 지은 큰 집에 살고 있다. 세상의 변화에 적응하면서, 그 큰집의 창문, 식탁, 주방은 새로 만들고 수리했지만, 집의 기둥은 그대로다. 규제 완화, 낮은 세금, 민간 주도. 이 세 기둥은 여전히 큰 집을 떠받치고 있다. "영어에서 가장 위험한 아홉 단어가 무엇인지 아십니까?" 레이건이 세상을 향해 던진 질문이다. "I'm from the government. How may I help you? (나는 정부에서 나온 사람인데, 제가 어떻게 도와드리면 될까요?)"

레이건은 정부는 문제 그 자체이지, 문제를 푸는 해법이라고 생각하지 않았다. 1980년대 시대정신으로 부상한 작은 정부, 규제 완화, 세금 축소는 그런 신념의 소산이다. 히스패닉과 흑인 유권자가 증가하고, 이민자가 급증하면서 인구 구조가 공화당에게 불리해진 상황을 성난 백인 남자들의 표심으로 돌파한 트럼프지만, 그의 관세 폭탄의 위협 뒤에는 작은 정부, 규제 완화, 세금 축소라는 변하지 않는 레이건 공화당의 철학이 고스란히 유지되고 있다.

---

* 낮은 세금이 경제 성장을 자극하는가는 1980년 레이건의 감세정책 실시 이후 미국 정치의 핵심 논쟁거리다. 경제학자 아서 래퍼는 미국의 높은 세금을 적절하게 내리게 되면 더 열심히 일하고 더 많은 투자를 유도하는 등 경제활동을 자극하여 더 높은 경제 성장을 가져오고, 결과적으로 정부 재정 수입도 높은 세금일 때보다 더 많이 거둘 수 있다는 주장을 했다.

더 강력해진 미국

트럼프 2기 행정부 출범의 시작점에서 미국의 강점과 약점, 기회와 위협요인은 무엇일까. 무엇보다 미국 경제의 지속적인 성장 추세가 미국의 가장 강력한 강점이다. 코로나19 이후 급속하게 성장세가 약화된 중국 경제, 러시아의 우크라이나 침공으로 에너지 대란을 겪으면서 그렇지 않아도 저조한 경제실적이 더 악화된 유럽경제와 비교하면 미국의 강하고 혁신적인 경제의 전략적 강점은 더욱 두드러진다.

여전한 인플레이션의 그림자는 미국과 트럼프 2기 행정부의 취약점이다. 트럼프가 예고한 전 세계를 상대로 한 보편 관세, 높은 관세 장벽을 앞세운 중국과의 전략적 디커플링이 추진된다면 물가에 미치는 충격은 불가피하다. 중국 제품을 대체할 가능성이 높은 소비재의 경우 가격 수준에 미치는 충격은 일시적일 가능성이 높다. 이 경우 지속적인 물가의 상승을 의미하는 인플레이션으로 연결될 가능성은 낮겠지만, 기민한 정책 대응이 필요하다.

무역 상대국에 휘두르는 관세 몽둥이 못지않게 심각한 것은 트럼프가 예고한 불법 이민자 추방이다. 미국 내 불법 이민자는 1,100만 명으로 추산(미국 국토안전부 2022년 통계)된다. 이들을 모두 미국 국경 바깥으로 추방하는 정책이 시행되는 경우, 그 정책의 적법성 차원을 떠나 경제적 파장은 심각할 것으로 예견된다. 이들 불법 이민자들은 대부분 미국의 농장, 서비스업, 건설 현장 등에 고용되어 있다. 이들이 사라지고 동시에 노동 시장이 제대로 작동한다면 이들을 대체할 적법한 노동 인력은 더 많은 임금을 요구할 것이다. 업종에 따라서는 국경 바깥으로 추방된 그들을 대체할 인력을 신속하게 구하지 못할 가능성도 높다. 어떤 경우에도 가격 상승은 피할 수 없다. 물가 상승, 노동 시장의 혼란 등이 뉴스에 계속 등장하고 사회적 쟁점으로 부상하면, 트럼프 행정부는 어느 순간 속도 조절을 해야 할 수밖에 없다. 1,100만 규모의 불법 이민자를 모두 추방할 결심을 했다면, 더 큰 정치적 혼란과 경제적 충격을 자초할 것이다. 경제적 충격 비용과 지지자 결집 효과라는 정치적 계산을 비교하려 들 것이다.

2025년 미중 패권 경쟁 3막을 여는 트럼프 2기 행정부에 유럽의 각성은 중요한 기회요인이다. 미중 무역전쟁, 기술전쟁을 시작한 트럼프 1기 때 유럽은 그들의 전쟁이라고 생각하지 않았다. 방위비 분담금을 약속한 GDP 2% 수준을 요구하는 트럼프에게 반발하고 저항했던 유럽. 화웨이가 민주주의 국가에 미칠 안보 위협을 제기했을 때, 독일과 프랑스는 코웃음 쳤다. 5G를 가장 싼 가격에 구현할 수 있는데 웬 냉전 시대 잣대를 들이대느냐고 그들은 비웃었다. 그러던 유럽이 깨어났다. 코로나19 위기 와중에서 선명하게 부각된 중국의 가면, 푸틴의 우크라이나 침공으로 깨어진 안보와 경제의 분리, 유럽이 가장 전면에 내세우는 기후 변화에 대응하는 경제 전환의 혜택을 독점적으로 누리고 있는 중국 전기차, 태양광 패널, 배터리의 공습으로 가치와 체제가 다른 중국과 러시아는 유럽의 경제 안보 위협임을 이제야 깨달았다. 국내적인 진통이 불가피하지만, 유럽은 유럽 자신을 위해 더 많은 부담금을 지출해야 한다고 생각하게 되었다.

인도 태평양 지역의 미국 동맹국이 미국과 같은 배를 타려는 정치적 의지를 가졌는지도 중요한 변수다. 유럽에서 미국의 군사 자원을 인도 태평양 지역으로 재배치하여 중국을 봉쇄하려는 구상이 성공하려면, 한국, 일본, 호주, 필리핀 등 중국의 해양 진출 길목을 지키고 있는 동맹국들과의 협력을 얻어야 한다. 한국과 일본의 경우, 국내 정치가 변수다. 한국은 2024년 12월 비상 계엄령 발동과 해지, 탄핵정국이 펼쳐지면서 한미일 3각 경제 안보 협력 체제를 최우선에 두었던 외교 안보 전략의 지속가능성이 시험대에 올랐다. 이시다 총리가 이끄는 일본 역시, 저조한 지지도 때문에 강력한 외교 정책을 주도하기 어려운 상황이다. 정권의 향배에 따라 외교 안보 정책이 한쪽에서 다른 한쪽으로 급선회해온 한국에 비해, 일본의 경우 그 진폭은 미세하다. 일본과 호주는 인도-태평양 전략의 출발점인 쿼드를 구성하는 국가들이다.

G1에서 멀어지는 중국

시간은 중국의 편이었나

2025년 트럼프가 마주할 중국은 2017년 그가 상대했던 중국이 아니다. 2017년 '시간은 중국의 편'이라는 대세론이 세상을 활보하던 시절이었다. 중국의 경제력이 언제 미국을 추월할 것인가라는 질문을 두고 국제 기구, 연구 기관, 컨설팅 회사, 금융 회사들이 경쟁적으로 자신들의 예측을 내어놓던 것이 대유행이었다. 2024년, 2025년, 2030년…. 숫자가 조금씩 다르기는 했지만 중국의 G1 등극은 거스를 수 없는 대세처럼 보였다. 그들의 예측은 실현되고 있을까. 2017년 미국 GDP의 60% 수준까지 따라갔던 중국은 2021년 75.2%까지 추격했다. 그것이 정점이었다. 2022년부터 중국은 급속한 저성장국면으로 진입하면서 2023년 중국의 GDP는 미국의

65.0% 수준으로 오히려 미끄러지고 있다. 2022년 이후 중국 경제의 성장세의 하락은 눈에 두드러진다. 세계은행은 2024년 연차 보고서에서 "중국은 중진국 함정에 빠졌다"고 기록하고 있다.

중국의 경제력이 언제 미국을 추월할 것인가? 지난 수년간 세계 각지에서 진행된 필자의 강연 초반에 청중의 관심을 끌기 위한 단골 질문은 이것이었다. 트럼프 등장 이전 2015년만 해도 청중들은 자신들이 생각하는 중국의 G1 등극 시기를 경쟁적으로 외쳐댔다. 놀라운 것은 트럼프 등장 이후 그 분위기가 싹 바뀌었다는 데 있다. 트럼프의 미국이 기존의 포용 정책에서 공세적 저지 정책으로 전환하면서, 중국의 G1 등극 시기를 이야기하지 않는 청중이 늘어났다. 트럼프 집권 후반기로 갈수록 점점 더 많은 사람이 침묵의 대열에 동참하는 것을 흥미롭게 관찰할 수 있었다. 그들은 중국이 미국을 추월하는 순간을 결코 오지 않을 것이라는데 손을 들었다. 그들의 추론은 단순하고 명쾌했다. 경제는 정해진 경기 규칙에서 진행되는 게임인데, 지금까지 중국의 비약적인 상승세를 가능케 한 것은 미국의 중국 포용 정책 때문이었다는 것이다. 중국이 변화할 것이라는 외교 전략적 구상으로 중국을 포용하고 중국에 자신의 시장, 자본, 기술, 교육을 개방했던 미국이다. 그 미국이 변심해서 경기 규칙을 바꾸었는데, 과거와 같은 중국의 성장세가 가능하지 않을 것이라는 것이 청중들의 상식적인 생각이었다.

차이나 쇼크 2

중국 경제가 하강 국면에 진입했고, 인구 역시 같은 궤적에 진입했다는 관찰과 증거에도 불구하고 2024년 서구는 새로운 차이나 쇼크에 직면하고 있다. 중국 전기차는 서구 시장을 융단폭격하고 있다. 세계 최고의 인구와 제조업 규모를 가졌음에도 자동차 산업의 강자가 되지 못했던 중국이 기후 변화에 대비하기 위한 전기차로의 전환에 세계 최강자로 부상하고 있다. 중국차의 고속 질주 배경에는 2015년 중국 정부가 내걸었던 그들의 산업 정책인 '중국제조 2025'가 있다. 파격적인 보조금과 시장 보호에 힘입어 중국은 전기차 배터리의 초기 강자였던 한국과 일본을 따돌리고 세계 시장 점유율 최상위권에 이름을 올렸다. 놀라운 것은 중국의 전기차 생산능력은 판매량의 거의 두 배에 육박한다는 것이다. 언제든지 마음만 먹으면 지금의 판매가격보다 훨씬 싼 가격으로 서구 소비자의 마음을 사로잡을 준비가 되어 있다는 뜻이다.

중국이 초강세를 보이는 전기차, 태양광 패널, 배터리는 중국 정부의 전폭적인 지원을 받고 있다. 중국 정부는 이 분야의 세계 시장을 선점해서 경쟁국들의 추격을 차단할 각오다. 전기차로의 조기 전환을 통해 환경 친화적 자동차 산업 생태계 구축, 일자리 공급, 환경 문제 해결의 세 마리 토끼를 잡아서, 침체에 빠진 유럽 경제를 혁신하려던 유럽은 충격으로 망연자실한 상태다. 당장은 중국 전기차에 고율 관세 부과를 하는 카드를 꺼내 들었지만, 임시 방편일뿐 근본적인 대책이 될 수 없음을 그들도 잘 알고 있다. 유럽 최대 자동차 기업인 폭스바겐이 자국 내 공장 폐쇄를 고민해야 하는 지경으로 몰린 것은 어쩌면 시작에 불과할 수도 있다.

2018~2023년 동안, 중국의 제조업 수출은 40% 증가했다. 한편 2013~2018년 동안, 중국의 제조업 수출이 15% 증가했음과 비교해 보라. 중국은 제조업 생산의 절반을 세계로 밀어내고 있다. 제조업 무역수지 흑자는 전 세계 GDP의 2% 부근에 도달했다. 경제사학자들은 이 숫자는 제2차 세계대전이 끝날 때 미국에 필적한다고 한다. 제조업 강국이던 독일, 일본, 한국을 제쳤다. 1970년대 후반에서 1980년대 초반, 독일과 일본이 제조업이 전성기를 구가하던 시절, 그둘의 제조업 무역수지 흑자를 합친 것보다 지금 중국의 제조업 무역수지 흑자가 더 크다.

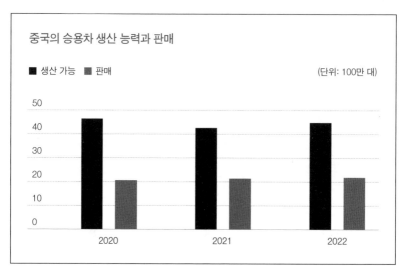

출처: Automobility, China Passenger Car Association

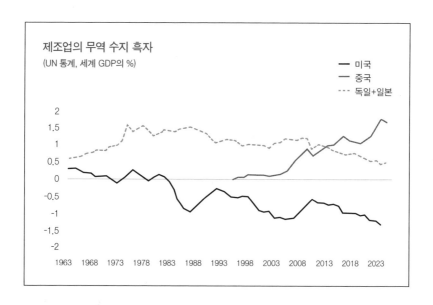

2025년 트럼프와 미국이 마주하는 중국은 두 개의 얼굴을 하고 있다. 2017년처럼 끝없이 날아오를 듯한 기세는 사라졌지만, 친환경 신기술 산업 역량으로 세계를 융단폭격하는 중국. 앞의 중국은 최고의 절정의 순간이 지난 피크 차이나의 모습이고 뒤의 중국은 차이나 쇼크 2탄의 중국이다. 피크 차이나의 중국은 초조하다. 미국을 추월해야 하는데, 추월하기 직전이라 생각했는데 그 순간은 이제 점점 더 멀어져간다. 위풍당당 기세로 미국에게 "중국도 대국이니, 걸맞은 대우를 해달라"던 그 중국의 모습은 사라져간다. 차이나 쇼크 2탄의 중국은 서구를 두렵게 한다. 유럽이 기후 변화와 에너지 전환을 종교처럼 믿고 있다. 그 웅장한 문명사적 서사를 시작하고, 그 무대의 주연 배우였다고 생각했던 유럽은 중국에 무대를 내주고 조연으로 전락했다. 차이나 쇼크 2탄이 만들어낸 배역 교체다.

트럼프에 이은 바이든의 중국의 기술 굴기 견제와 봉쇄에도 불구하고 중국은 중국방식의 기술 굴기를 진행하고 있다. 2017년의 중국은 가장 싼 비용으로 최종 조립을 가장 빠른 시간에 할 수 있는 세계의 공장이었다. 2017년 중국은 세계와 연결되는 글로벌 공급망 때문에 세계의 공장이 될 수 있었다. 2025년 중국은 상상할 수 없을 만큼의 생산 역량을 구축하고 상상할 수 없는 가격으로 세계 시장을 공략하는 제조업 수출 대국이다. 2025년의 중국은 미국의 기술 굴기 저지 전략을 저지하기 위해 기술 주권 선언을 하고 중국에서 시작해서 중국에서 끝나는 중국 공급망을 구축한 중국이다. 2017

년 세계의 공장이었던 중국은 세계를 필요로 했고, 세계 역시 중국을 필요로 했다. 2025 중국은 환경 전환 산업의 최전선에서 자유민주주의 국가들의 경쟁자로 부상했다. 얼마든지 가격을 내릴 수 있고, 얼마든지 더 많은 제품을 시장에 공급할 수 있는 '무시무시한' 경쟁자로. 2017년 중국과 세계의 관계는 상생win-win이었다. 2025년 중국과 세계의 관계는 승자독식win or lose으로 바뀌었다. 2017년 중국과 세계는 양방향 도로로 통했다. 2025년 중국과 세계는 중국에서 세계로 가는 하나의 도로밖에 없다.

차이나 쇼크 2탄이 시작되었기에 2016년 트럼프의 미국 대통령 당선의 원인을 제공한 중국 제품의 미국 공습을 차이나 쇼크 1탄이라 명명할 수 있겠다. 차이나 쇼크 1탄의 경우, 중국이 세계로 그들의 제조업 제품을 수출할 때, 원자재, 소재, 부품, 기계류는 중국이 세계로부터 수입했다. 차이나 쇼크 2탄의 중국은 세계로 그들의 전기차, 태양광 패널, 배터리를 수출할 때, 그들의 원자재, 소재, 부품, 기계류를 쓴다. 그 사이에 자급자족하는 중국의 제조업 생태계가 완성된 것이다.

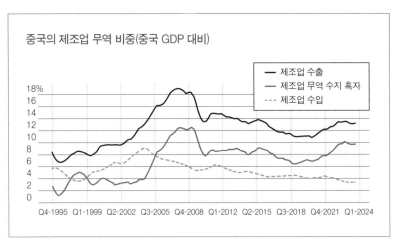

중국의 제조업 무역 비중(중국 GDP 대비)

자료: Haver Analytics

중진국의 함정

부다페스트 컨센서스

21세기가 막 시작되던 2001년 12월 부다페스트 국제 학술 행사에 참석하고 있었다. "중국과 인도 가운데 누가 21세기 IT 강국이 될까"라는 질문이 모든 참석자에게 주어졌다. 그 행사에 참석한 30여 명의 학자는 모두 인도라고 재빠르게 대답했다. 중국이라고 대답한 사람이 한 명도 없었다. 돌아가면서 각자 그 이유를 설명하기 시작했다. 부분의 차이를 생략하고 그들이 모두 합의할 수 있었던 이유는 세 문장으로 압축된다.

- IT 강국이 되려면 상상력과 창의력이 기업가 정신으로 발현되어 시장에서 성공해야 한다.
- 인도는 그것이 가능하고, 중국은 그것이 가능하지 않을 것 같다.
- 인도는 민주주의, 중국은 공산주의이기 때문이다.

그로부터 25년이 흘렀다. 다시 그 질문을 생각해본다. 중국과 인도 사이의 선택이라면, 지금까지 IT 강국은 중국이다. 인터넷 혁명. 그렇다. 혁명이라고 부를 만큼 충격적이었다. 가장 충격적인 것은 소수의 권력자, 부자의 전유물로 생각했던 기술의 소유권이 세상 모든 사람에게 평등하게 제공되었다는 사실이다. 이 혁명의 초기, 인도는 IT 소프트의 미래라고 생각되었다. 인도의 IT 인력과 세상이 만나는 디지털 천지창조의 순간이었다. 하버드 경제학과 교수들이 학생들의 기말 시험을 지구 반대편에 있는 인도 공과대학 대학원생들이 채점한다고 이야기하던 시절이다. 미국과 인도를 연결하는 초고속 인터넷망, 수많은 인도 학생의 명석한 두뇌, 선진 미국보다 훨씬 싼 가격에 고용할 수 있는 인도의 인력 시장. 이 세 박자가 맞아 떨어진 결과였다.

그러나 이후 역사의 경로는 부다페스트에 모였던 학자들의 생각과는 다른 방향으로 흘러갔다. 다른 체제의 이단적인 사상과 뉴스들이 디지털 공간으로 침투해올 것을 두려워서, 가능하지 않았다 믿었던 디지털 만리장성을 쌓기 시작했던 중국. 놀랍게도 중국에서 그들의 IT 챔피언이 하나둘 나타나기 시작했다. 중국의 IT 챔피언들은 "디지털 공간은 통제할 수도 없고 통제하면 안 된다"고 철석같이 믿고 있던 서구로 몰려갔다. 서구 자본가에게 더 많은 돈을 벌게 해준다고 속삭였다. 달콤한 유혹은 금방 현실로 이루어졌다. 알리바바, 텐센트, 화웨이…. 중국에서 시작한 IT 기업은 그렇게 세계를 자신의 무대로 만들었다.

25년 전, 부다페스트 컨센서스는 오류로 판명났는가. 반드시 그런 것도 아닌 것 같다. 중국이 지금의 IT 강국으로 성장한 것은 "상상력과 창의력이 기업가 정신으로 녹아 들어가서 시장에서 성공"했기 때문이다. 중국이 공산주의여서 그럴 수 없을 것이라는 것은 그들이 중국을 몰랐기 때문이다. 중국산 IT 기업이 세계적인 IT 기업으로까지의 성장의 가파른 상승 곡선을 그릴 수 있었던 것은, 공산주의 일당 독재 정치 체제 임에도 불구하고 민간이 전면에서 마음껏 이윤을 창출할 수 있는 환경을 만들어냈기 때문이다. 디지털 기술혁명이 상업적 성공으로 연결될 수 있는 환경을 말이다. 신기술의 부정적 영향을 미리 걱정해서 이런저런 선제적 규제 장치를 만들어놓지 않고, 마음껏 무엇이든지 시도할 수 있는 자유를 주었다. 공산주의가 그것이 가능하다고? 그것이 중국이었다. 중국 스스로 자신의 정체성을 규정한 중국 특색의 공산주의 때문이다. 초고속 열차, 태양광 패널,

배터리, 전기차, 교통, 통신 인프라, 에너지 전환 산업에서 중국은 세계 최강의 수준에 이미 도달했다.

중국의 압도적인 성장에도 불구하고, 25년 전 부다페스트 컨센서스는 아직 그 타당성을 입증할 시간이 기다리고 있다. 중국 특색의 공산주의가 변심했기 때문이다. 민간의 이윤추구 기업가 정신을 전면에 내세우던 중국이 "기업은 공산당 아래 있다"고 단호하게 선을 그었다. 정치 권력과 경제 권력의 서열 구분이 이보다 더 명확할 수는 없다. 2017년 시진핑 주석이 2연임이던 불문율을 깨고 3연임 시동을 본격화하던 시기와 맞물린다. 중국의 기술 굴기가 미국의 안보와 경제를 위협한다고 트럼프가 행정부가 결론을 내린 시점과도 맞물린다.

중국은 '성장의 법칙'에서 예외일 수 있을까

세계 시장으로부터 차단된 상태에서 중국의 기술 굴기는 가능할까. "글로벌 공급망에서 중국과의 의존 관계를 강화하라. 만약 외국이 공급을 중단하면, 강도 높은 반격 능력과 억지 능력을 키워라." 2020년 4월 내부 회의에서 시진핑 주석의 지시였다고 공산당 기관지 〈치우스求是〉는 전했다. 중국 시장을 지렛대로 경제 보복도 불사하겠다는 의지를 보여준다.

중국의 제조업 수출주도 성장은 어디까지 갈 수 있을까? 중국은 두 개의 관문을 열어야 한다. 첫 번째 관문은 지정학의 충돌이다. 차이나 쇼크 2탄으로 불리는 중국의 첨단 제조업 굴기와 수출 주도 성장은 그들의 경쟁국과 주요 수출 시장으로부터 경계심을 불러일으키고 반발을 사고 있다. 세계 최대의 소비 시장인 미국과 유럽은 싼 가격의 중국 제품을 환영하던 예전의 미국과 유럽이 아니다. 그들은 중국의 신기술 제품이 그들의 경쟁 산업을 쓰러뜨리지 않을까 경계하고, 그들의 안보를 위협하지 않을까 의심한다. 그들은 먼저 수입 관세 인상으로 대응한다.

공급 과잉과 저가로 무장된 중국의 신기술 제품에 웬만한 관세 인상으로는 장벽이 되지 않는다. 이제 그들은 더 강력한 장벽을 쌓으려고 할 것이다. 트럼프가 외치는 전략적 디커플링(미국 시장에서 경제 안보를 위협하는 중국 제품의 완전한 퇴출)에 유럽도 같은 배를 탈 수 있다. 거기까지 상황이 악화되지 않기를 중국은 원한다. 그렇다면 선제적 조치가 사후 약방문보다 나을까. 미국의 결기를 시험해 보려면 갈 데까지 가봐야 한다. 자칫하면 트럼프 1기의 무역전쟁의 재판이 벌어질 수 있다. 그때에 비해 중국 경제 체력은 약해졌다. 중국은 버틸 수 있을까. 정치적 비용을 생각한다면, 갈 데까지 가봐야 한다. 미국의 강압에 당당히 맞서는 중국. 인민에게 보여주고 중국의 단합을 이끌어낼 수 있다. 경제적 비용을 고려한다면, 선제적 조치가 처방이다. 제2의 미중 무역전쟁이 불러올 충격은 제1의 무역전쟁과는 비교가 되지 않을 것이다. 중국 경제 성장이 하강 국면으로 돌입했고, 비상 상황에 꺼낼 정책 수단의 유용성도 제한적이라는 분석이 나돈다. 이제는 미국 하나가 아닌 유럽까지 상대해야 하기에 중국이 대치하는 전선의 상황은 더 불리해졌다.

베트남, 멕시코 등으로 우회 수출을 시도해 보지만, 이것도 갈수록 한계에 부딪힌다. 트럼프의 관세 폭탄에 중국은 핵심 광물의 수출 통제로 대응하려 해 보지만, 중국에 부메랑으로 돌아올 가능성이 크다. 중국이 수출을 중단하면 그 핵심 광물은 아프리카, 남미 등 개발도상국에서 본격적으로 채광될 것이다. 중국은 칼집에서 칼을 빼는 시늉으로 그 섬광의 번득임으로 위협할 뿐, 그 칼을 빼지는 못할 것이다.

중국을 기다리는 그 다음 관문은 중국의 내수다. 세계 유력지는 연일 경고한다. 중국은 수출에만 매달리지 말고 국내 소비를 늘리라고. "앞서 선진국으로 간 경험에 따르면, 내수 중심으로의 전환은 중국에 좋은 것"이라고 슬쩍 선생님이 학생에게 한 수 지도하듯 결론 내린다. 중국도 그들만의 고민이 있다. 소비중심으로 성장방식을 전환하라는 요구는 이미 중국 스스로 시도해 보려던 것이다. 미국의 무역전쟁, 기술전쟁에서 살아남기 위해 중국이 채택한 쌍순환 전략이 바로 그것이다. 코로나19 때문에 닫혔던 중국인의 두꺼운 지갑은 쉽게 열리지 않는다. 코로나19는 끝났지만, 이제 지갑은 얇아졌다. 그럼에도 그 지갑은 쉽게 열리지 않는다. 은퇴 이후 노후 대책을 스스로 책임져야 하는 시스템이 바뀌지 않는 이상, 미래를 내다보는 현명한 중국 인민은 선전과 홍보에 마음을 열지 않는다.

국내 소비의 획기적인 증가도 어렵다면, 중국의 투자주도 제조업 수출경제는 중국의 경제 성장을 어디까지 데려갈 수 있을까? 세계경제사의 경험으로 확립된 성장의 법칙에서 중국은 예외가 될 수 있을까? 빈곤에서 탈출을 시도하는 경제 성장의 초기에는 생산 요소 투입을 증대하면 성장은 이루어진다. 생산 요소 투입 증대가 계속 이어지면 성장 가도를 이어갈 수 있다. 한국처럼 짧은 기간에 집중적으로 요소 투입을 증가할 수 있으면, 고속 성장의 신화를 쓸 수도 있다. 한국의 경제 성장이 한강의 기적이었던 이유는 유럽이 200년 걸려서 도달한 곳에 한국은 50년 만에 올라갔기 때문이다. 더 오래, 더 열심히 일한 것만으로는 가능하지 않았다. "우리 세대의 가난을 다음 세대에는 물려주지 않겠다"는 결심이 있었고, 집요한 노력이 뒤따랐다. 안팎의 위기가 수시로 앞길을 가로막았지만, 견디어 냈고 극복했다. 요소 투입은 끝없이 확장할 수는 없는 운명이다. 언젠가는 한계에 봉착한다. 그 한계를 확장하려는 정책들이 고안되고 시도된다. 여성의 경제 참여, 은퇴 후 고용 확대, 외국 인력에 노동 시장 개방 등이다. 하지만 이들 역시 한계에 부딪힌다.

한계에 다다른 요소 투입형 경제 성장의 끝을 극복하는 방법은 단 하나. 혁신을 통한 생산성 향상이다. 경제 성장을 비행에 비유한다면, 세계 역사는 성장의 경험을 몇 가지 유형으로 분류한다.

유형 A

게이트를 떠나 활주로로 가는 도중, 몇 번이나 시동이 꺼지고 다시 켜지고 하다가 결국 활주로에 진입하지 못하는 유형이다. 빈곤과 궁핍에서 탈출하려고 경제 성장의 엔진을 켜려고 하지만 엔진이 돌아가지 않는 국가들이다. 경제 성장을 시작하기 위한 준비가 안 된 경우라고 하겠다.

유형 B

활주로를 질주하여 하늘을 올라가는 듯하다가 비행 궤도에 안착하기도 전에 추락하는 유형이다. 경제 성장을 시작했지만, 정치적 혼란, 외부 충격 등 어려움을 극복하지 못해 성장을 멈춘 나라들이 여기에 속한다. 저개발 빈곤 사회의 역사가 오랠수록, 전통 사회에서 경제 성장의 시작은 문화적 충격이다. 경제 성장의 새벽은 공장에서, 작업장에서, 가게에서 다른 사람들과 조직적 관계 속에서 일하는 데서 시작된다. 서로 약속한 정해진 시간에 출근하는 것, 작업 지시를 착오 없이 실행하는 것. 규율을 의미하는 이 모든 것들을 수용할 태세가 된 사회일수록, 비행기는 게이트에서 활주로로 진입하여 하늘로 날아올라 비행 궤도에 진입할 확률이 높다.

강력한 정치적 리더십이 있는 사회, 사회적 합의를 이룬 사회도 비행 궤도에 진입할 수 있다. 비극적인 것은 지구에 존재하는 200여 국가들 가운데, 절반 이상이 A 또는 B에 속한다는 것이다.

유형 C

성공적으로 비행 궤도에 진입했지만 비행 도중 난기류를 만나 목적지까지 비행을 포기하거나, 새로운 항로를 모색해야 하는 유형이다. 경제 성장의 초반기 성과에 도취했지만, 그 단계를 넘지 못하고 주춤하고 있거나, 성장에서 추락하는 나라들이 여기에 속한다. 중진국 함정에 빠진 국가들도 여기에 속한다.

유형 D

비행 도중 난기류를 만나 비행기가 흔들렸지만 정상 항로로 다시 진입하여 순항하는 유형이다. 경제 성장의 성숙단계에 진입한 국가들이다. 비행 도중 예상되었던 난기류는 연습한 대로, 예상하지 못한 난기류는 임기응변과 노련함으로 극복하고 성장궤도를 유지하는 나라들이다. 산업혁명을 시작한 유럽 국가들, 그들의 이민으로 탄생한 미국, 캐나다, 호주, 뉴질랜드, 그리고 일본, 한국이 여기에 속한다. 200개 독립 주권 국가 가운데 30여 국가만이 누리는 운 좋은 경우다.

중진국 함정에 빠진 중국은 C에 속한다. 그러나 낙담할 필요는 없다. 함정에서 빠져나오면 된다. 요소 투입형 성장의 한계에 도달한 중국은 지금까지의 성공 방식이 아닌 다른 방법을 찾아내야 한다. 지금까지 중국 경제의 성공방식은 투자 주도였다. 문제는 너무 많은 투자가 건물, 도로, 철도에 쏟아졌다는 점이다. 사회 간접 자본에 투자한 것이라고 정당화하지만, 투자의 사회적 비용이 사회적 효과를 뛰어넘는 수준의 대규모 투자가 중국 전역에 오랜 기간 펼쳐졌다. 21세기 초반 중국은 건설 광풍이 몰아쳤다. 중국 변방까지 고층빌딩이 올라가고 8차선 광활한 대로가 건설되었다. 밤에는 유령도시로 변하는 곳까지, 건설은 지칠 줄 몰랐다.

"비용과 효과를 꼼꼼히 따지는 경제 논리만으로는 그 정도 대규모의 건설 광풍은 설명할 수 없다. 베이징의 중앙정부와 지방정부의 정치 역학이 개입되어야 가능하다. 건설사는 자금이 필요하고, 타당성 평가, 예산 감사, 환경평가 등 대규모 건설공사에서 거쳐야 하는 일상적인 검증과 감시는 생략되고 단축되었다. 그 틈을 비집고 부정과 부패가 뿌리내리기 시작했다."

2012년 10월, 서울에서 열린 국제학술행사에서 누리엘 루비니 교수의 주장이다. 2008년 미국발 금융위기를 예견했다는 이유로 '닥터 둠'의 별명을 얻게 된 루비니는 다음의 세계 경제 위기가 온다면, 그것은 중국발 경제 위기일 것이라고 주장했다. 그 위기의 주범은 과도한 인프라 건설, 감당할 수 없는 부채, 고질적인 부패의 세 가지라고 설명했다. 12년이 흐른 지금, 아직 루비니 모먼트는 오지 않았다. 그동안 미국의 중국 디커플링이 시작되었고, 코로나19 펜데믹이 지나갔다. 중국 경제는 5% 아래로 성장률이 둔화되기 시작했다. 지정학의 충격, 팬데믹의 충격, 성장률의 충격, 세 개의 충격이 중국 경제를 시험대 위에 올려놓고 흔들고 있다. 여기에 루비니 모먼트까지 온다면 중국 경제는 상상하지 못한 세상으로 들어갈 것이다.

중국은 그때가 오기 전에 성공 방정식을 바꾸어야 한다. 투자 주도형에서 혁신 주도형 경제로 가야 한다. 중국은 미중 패권 경쟁이 시작되며 민진국퇴民進國退에서 국진민퇴國進民退로 전환했다. 획일성과 통제가 압도하는 공산주의 체제에서도 민간의 기업가 정신을 활용할 줄 알았던 중국 특색 공산주의는 국진민퇴의 국가 주도 경제 체제에서 가능할 것인가.

트럼프의 관세 폭탄에 시진핑도 관세 폭탄으로 응수하면서 시작된 미중 무역전쟁 초기. 시진핑은 '조우전遭遇戰으로 시작된 무역전쟁을 진지전陣地戰으로 바꿔야 한다'는 지시를 내렸다. 예상치 못한 트럼프의 일격을 맞아 준비가 덜 된 상태에서 시작되었던 무역전쟁이라는 '조우전'에서 승리하기 위해서는 적의 전투력을 소모시키는 '진지전'으로 전환해야 승산이 있다는 계산이었다.

1930년대 중국을 침략한 일본 군국주의와의 불리한 전황을 극복하기 위해 마오쩌둥은 '섣불리 싸우지 말고 시간을 벌면서 상황을 바꿔 나가면 최후의 승리는 중국에 있다'며 3단계 지구전론을 제시했다. 적이 공격해 오면 싸움을 피하며 힘을 빼는 전략적 방어(1단계)에 주력하고, 힘의 균형이 이뤄지면 전략적 대치(2단계)로 전환하며, 모든 조건을 아군에 유리하게 바꾼 연후에야 전략적 반공(3단계)에 나서야 한다는 것이다. 중국 공산당은 마오의 지구전 방략으로 항일전쟁에서 이겼다고 믿는다.

미중 패권경쟁을 이끌고 있는 시진핑은 중국의 전력을 어떻게 평가하고 있을까. 2017년과 달리 2025년 중국의 경제력은 미국에 비해 상대적으로 약해졌지만, 기술 굴기와 군사적 위협은 더 날카로워진 상태. 1단계 전략적 방어를 계속할 것인가, 아니면 2단계 전략적 대치로 전환할 것인가.

세계화의 종언

디커플링 4단계

　미중 패권 경쟁의 모습은 '미국에 깊숙이 뿌리내린 중국 의존을 걷어내는 것'으로 나타나고 있다. 디커플링은 정치, 경제, 과학기술, 국방, 사회 각 방면에서 나타나는 그런 모습을 표현하는 하나의 단어다. 2016년 미국 대선에서 트럼프의 등장과 당선 이후 디커플링은 지금까지 네 단계로 진화되어 왔다.

　1단계는 트럼프의 관세전쟁으로 시작되었다. 중국 시진핑 주석은 미국의 관세 폭격에 중국도 같은 크기의 관세 폭탄을 던지며 맞대응했고 이는 무역전쟁으로 번졌다.

　2단계는 2020년 예고 없이 세상을 덮친 팬데믹으로 시작되었다. 코로나19의 진원지인 중국이 전면 봉쇄로 팬데믹을 차단했다. 세계가 앞다투어 국경을 통제했다. 중국 공장은 차단되고, 생산은 멈추었다. 중국의 소비재, 산업용 중간재 수출 통제가 뒤따랐다. 마스크 배급제가 실시되는 세상이 시작되었다. 중국산 중간재가 수입되지 않아 자동차 공장이 문 닫아야 하는 세상이 찾아왔다. 냉전이 끝난 후 체제가 달라도 거래할 수 있다는 세계화의 질주, 세계화는 중국을 미국이 생각하는 멋진 방향으로 바꿀 것이라는 미국 정치인들의 믿음으로 미국과 중국, 그리고 세상이 합작했던 중국판 세계화는 저주의 역풍이 되어 세상을 덮쳤다. 2020년 11월 미국 대선에서 트럼프에 승리한 바이든은 중국에 의존적인 핵심 분야 공급망을 개편해야겠다는 결심을 굳혔다. 21세기 산업의 쌀로 불리는 반도체를 대통령 바이든이 손에 들고 있는 사진은 반도체 디커플링의 신호탄이 되었다. 미국이 주도하고, 동맹과 연합하는 민주주의 기술 동맹이 탄생했다.

3단계는 2022년 2월 푸틴의 우크라이나 침공과 함께 시작되었다. 젤렌스키 우크라이나 대통령은 영웅적인 항전으로 자유 세계의 희망으로 떠올랐다. 미국과 유럽은 러시아에 경제 제재를 실시하고, 우크라이나에 군사적, 비군사적 지원을 했다. 미국과 유럽의 지상군은 투입되지 않았다. 시진핑은 푸틴에게 "중국과 러시아의 우정은 끝이 없다"고 브로맨스를 과시했다. 중국은 러시아의 침공을 침공으로 규탄하지 않았다. 서방의 경제 제재로 수출길이 막힌 러시아 에너지의 구매자가 되었다. 냉전의 종식 후 존재감을 드러낼 이유가 없던 나토가 폭력적인 독재 전체주의의 대항 세력으로 세상에 다시 모습을 나타내었다. 오랜 세월 전략적인 안보 중립을 고수해 온 러시아의 이웃, 핀란드와 스웨덴은 신속하게 나토 가입 신청을 했고 회원국이 되었다. 2022년 여름, 나토 정상회의는 중국을 최대의 위협으로 규정했다. 그 정상회의에는 나토의 지리적 영역과는 무관했었던 아시아 태평양 지역의 한국, 일본, 호주, 뉴질랜드 정상이 초대되었다. 그렇게 대서양과 아시아 태평양의 안보는 연계되었다. 그 고리는 자유민주주의 진영의 리더인 미국이다. 유럽 대륙이 전체주의 대 민주주의 전쟁의 현장이 되면서, 그때까지 미중 패권 경쟁에서 한 발 떨어져 있던 유럽은 중국의 반대편 진영에 합류했다. 미중 패권 경쟁의 전선은 아시아 태평양에서 유럽까지 확대되었다.

4단계는 중국 전기차의 유럽 공습으로 시작되었다. 기후 변화, 녹색 전환을 자신의 정체성으로 추진해 온 유럽에 중국 전기차의 융단 폭격은 충격과 경악에 빠뜨렸다. 화석 연료 중심 경제에서 친환경 경제로 다른 국가보다 선제적 전환을 추구해 온 결과가 중국에 최대의 과실을 안겨주다니! 그럼에도 중국 시장을 잃을까 조바심을 내는 독일은 유럽이 중국과 무역전쟁에는 소극적이다. EU 집행위원장 우르술라 데 라이엔은 디커플링이 아닌 디리스킹derisking을 선언한 상태다. 경제 전반의 단절을 의미하는 디커플링이 아닌, 부분적인 단절을 뜻하는 디리스킹이란 단어를 선택한 것에서 유럽의 고심이 보인다.

다른 형태의 세계화

미중 패권 경쟁의 전선이 뚜렷해지고, 무역전쟁으로 시작했던 전선이 기술, 군사, 정치 체제까지 확대되고 있다. 미중 패권 경쟁은 더 이상 미국과 중국 간의 경쟁이 아니다. 패권전쟁이 거의 10년에 가까워지면서 세상은 세계화의 종말을 수군거리기 시작했다. 물론 통계는 세계화의 종말은 섣부른 주장임을 확연히 보여준다. 하지만 우리가 알던 세계화와는 다른 형태의 세계화가 진행되고 있음도 분명하다.

기존의 세계화는 '세계의 공장'인 중국이 한 축에 '세계의 소비 시장'인 미국이 다른 축에 있었다. 많은 나라가 경쟁 우위, 비교 우위에 따라 소재, 부품, 장비를 출하거나 자동차 공장, 반도체 공장, 배터리 공장을 짓기 위한 투자를 했다. 혁신 기술을 연구하는 스타트업을 인수할 때도 거래 상대방의 뒤에 숨은 국가 정치 체제를 의식하지 않았다. 이런 '묻지 마 세계화'의 시대는 확실히 막을 내리고 있다. 21세기 초반 익숙했던 세계화를 세계화 시즌 1이라고 한다면, 지금 벌어지고 있는 세계화를 세계화 시즌 2로 구분해서 부르자. 세계화 시즌 2는 정치적 경계를 의식하고, 정치적 경계에 민감한 세계화다.

세계화 시즌 1에 비해 세계화 시즌 2는 제품 기획 단계에서 최종 생산까지, 더 많은 비용이 들고, 더 오래 시간이 걸린다. 그럼에도 불구하고 세계화 시즌 2로 옮겨가는 이유는 미국이 중국을 더 이상 신뢰하지 않게 되었기 때문이다. 기대하고, 희망했던 '중국의 바른길로의 변화'는 이루어지지 않았다. 미국은 '헤어질 결심'을 굳혔다. 세계화 시즌 1은 세계와 중국의 상호의존도가 깊어지는 결과를 가져왔다. 유럽, 한국, 일본, 대만 모두 안미경중, 즉 안보는 미국 경제는 중국이라는 패러다임이 지배하던 때였다. 그 패러다임이 통용될 수 있었던 것은 역시 안미경중이 중국의 올바른 방향으로 변화를 가져올 것이라는 믿음이었다. 적어도 유럽은 중국의 변화에 미국과 함께 베팅했다. 한국과 일본은 안미경중이 아시아의 평화를 가져다줄 것으로 믿었다.

미국의 '헤어질 결심'을 확인한 중국은 상호의존도를 무기화한다. 보복 대상은 미국이 아닌 한국, 일본, 대만, 필리핀, 대만이다. 동중국해 센카쿠 분쟁이 터지자 일본으로의 희토류 수출을 통제했다. 대만에 몰려가던 중국 관광객의 발길이 어느 날부터 뚝 끊긴다. 남중국해가 자유 항해 지역이라는 필리핀에 바나나 수입 금지령을 내린다. 정치 체제가 다른 국가끼리 무역과 투자로 국가 간 상호 의존도가 높아지면 그 국가 간의 분쟁은 잦아든다는 국제 관계의 정설은 이제 "그때는 그랬지" 하는 이론으로 추락했다. 지정학의 귀환, 지경학의 습격이 일상화된 세상이 세계화 시즌 2의 모습이다.

경제 논리가 안보 논리를 압도했던 세계화 시즌 1은 이제 안보 논리가 경제 논리를 압도하는 세계화 시즌 2로 이행되고 있다. 그 과정

334

은 현재 진행형이다. 세계화 시즌 2로 완전히, 언제까지 옮겨갈 것인지는 미래 진행형이다. 그 이유는 국가의 경계를 넘나드는 모든 경제 활동을 두부 자르듯 두 쪽으로 나눌 수 없기 때문이다. 세상사가 모두 안보와 관련되어 있다고 주장하면 망상증이라고 손가락질당하듯, 모든 국제 거래에 안보 논리를 적용할 수는 없다. 운동화, 옷, 모자, 안경, 장갑, 필기구, 문구류, 물감, 캔버스, 운동기구, 가구…. 일상생활의 기본적 용품에까지 안보 논리를 적용할 수는 없다.

문제는 산업용과 군수용 양쪽에 사용되는 기술, 그 기술이 적용되는 전략적 품목이다. 중국과의 디커플링은 전략적인 제품에 한한다. 디커플링은 아직 초기 단계에 불과하다. 반도체가 지금의 전장이다. 다른 전략적 품목은 무엇일까. 트럼프 2기의 현장 지휘관들은 이미 그 목록의 일부를 알려주었다. 이런 관점에서 보면, 디커플링이 아닌 디리스킹이 맞다고 주장해도 좋다. 무역대상 품목의 아주 극소수만 디커플링이 이루어지는 것이니, 전체를 보면 디리스킹이라고 주장해도 무방하다.

디리스킹은 미중 패권 경쟁에도 불구하고 중국과 무역 관계는 단절되지 않고 거의 대부분 예처럼 이루어진다는 정치적 의지가 담긴 말이다. 시장의 불안을 달래려고 조심스럽게 선택된 단어이다.

"돌아가기에는 우리 너무 멀리 왔잖아."

원치 않는 미중 패권 경쟁에 끌려 들어간 유럽은 당황하는 중국을 안심시키려고 한다. 디커플링은 단호한 결심을 보여주기 위해 선택된 단어이다.

"널 믿었는데, 어떻게 나한테 이럴 수가 있어?"

미국은 중국의 면전에서 따지듯 그 말을 내뱉는다.

신냉전은 냉전과 어떻게 다른가

중국과 미국의 동상이몽

중국을 WTO에 가입시키면 중국은 올바른 방향으로 갈 것이라던 미국의 구상은 언제부터 빗나갔을까. 2001년 WTO 가입 후, 중국 제조업은 빠른 시간에 세계의 공장으로 부상했다. 세계가 중국과 연결하는 글로벌 공급망이 구축되어, 가장 싼 가격으로, 가장 빠른 시간에, 가장 많이 만들 수 있는 물리적 국경을 초월한 글로벌 경제가 탄생했다. 21세기의 첫 10년이 끝날 때, 중국은 이미 미국 다음의 경제 대국 G2의 지위를 인정받았다. "인류 역사상 일찍이 경험하지 못한 최대 규모의 빈곤 탈출"이라는 찬사가 이어졌다. 미국은 그런 중국에 "이제 중국 경제 발전에만 치중하지 말고 전 세계적 문제 해결에 서구 선진국들과 함께 책임감을 가지고 앞장 서라"고 채근했다. 중국은 여전히 "우리는 아직도 개발도상국"이라고 몸을 사렸다.

진실의 순간은 2008년 미국 월가에서 시작된 금융위기였다. 미국발 위기가 순식간에 글로벌 금융위기로 번져나갔고, 미국은 기존의 서구 민주주의 국가 중심 G7으로는 급한 불을 끌 수 없다고 판단하고, 선진국 10개 국가와 중국을 맨 앞으로 한 신흥 개발도상국 10개국으로 구성된 G20 정상회의를 출범시킨다. 세계 경제의 중심이 서구 선진국에서 중국까지 확대되었다. G20의 신속한 출범, 보호 무역 자제 선언, 고속 성장을 질주하던 중국 경제의 힘은 글로벌 금융위기가 21세기 대공황으로 번지는 것을 막았다. 중국의 존재감은 확실했다. 이제 글로벌 경제 문제는 중국 없이 해결할 수 없다는 것이 분명했다.

미국은 중국에 개혁개방을 완성할 것을 요구했다. 자본 시장 개방, 투자 개방을 재촉하는 미국에 중국은 무관심과 무대응으로 일관하면서 시간의 바다로 낚시를 나갔다. 2008년 부시 대통령 때 시작한 미중 투자 협상은 5년간 잠자고 있었다. 2013년 협상이 재개되었을 때, 미국은 오바마 대통령이 연임에 성공한 첫해였다. 그 사이 중국의 지도자는 후진타오에서 시진핑으로 바뀌었다. 투자 협상은 시작되었지만, 회의는 겉돌았다. 중국은 이미 결심을 끝낸 후였다. 미국이 원하는 투자 개방, 자본 자유화는 없었다.

시진핑 주석의 등장은 중국의 공세적 진격을 의미했다. 오바마 대통령과의 첫 번째 정상회담에서 그는 "태평양은 광활해서 미국과 중국이 나누어 가질 수 있다"고 야심을 노골적으로 드러냈다. 중국은 거대해진 경제력을 기술력, 군사력으로 투사하려는 구상을 숨기지 않는다. 시진핑 주석의 중국몽은 21세기 패권국 중국이다. 공산 체제인 중국의 대국화가 세계를 위협하지 않는다는 '화평굴기'는 대국으로 성장한 중국에 걸맞은 대접을 하라는 '신형 대국 관계'로 대담하게 전환됐다.

중국은 그들이 설정한 핵심 이익에 대해서는 단호하고 집요하게 관철하기 시작했다. 북한의 미사일 위협에 대한 방어조치인 한국의 사드 배치에 대한 무역 보복, 중국에 취항하는 모든 외국 항공사는 대만을 중국의 일부로 분류하라는 요구, 국제규범을 무시한 남중국해의 군사화. 곳곳에서 중국의 거친 약진은 기존 질서와 충돌하기 시작했다. 미국의 뒷마당인 남미에 진출하여, 남미 대륙의 동쪽 대서양과 서쪽 태평양을 연결하는 대형 프로젝트를 약속하는 중국. 스스로 개발도상국으로 규정하는 중국이 개발도상국 아프리카에 진출하여, 도로를 깔고, 항만을 건설하고, 통신망을 구축하는 사업을 도와주면서 대가로 광물채굴권을 확보하는 중국. 중국의 야망은 세계를 무대로 대국 굴기로 연출되고 있었다. 중국과 유럽을 연결하는 육상, 해상 교통, 통신, 운송망을 구축하려는 일대일로 프로젝트에서 세상은 고대 중국의 21세기 재림을 보았다.

그런 중국의 기세 앞에 미국은 중국을 자극하지 않으려는 소극적인 태도로 일관했다. 미국이 주도한 자유주의 국제 질서가 무너지는 바로 그 현장에서도. 남중국해가 바로 그 리트머스 시험지였다. 남중국해에 군사적 목적의 인공섬을 착착 건설하는 중국의 국제법을 위반하고 무시하는 도발에 미국의 오바마 행정부는 정면으로 대응하지 않았다. 정면 대응을 주장하는 미국 군부에 오바마는 "정면 대응은 상황을 악화시켜 군사적 충돌로 이어질 것"이라며 두려워했다. 남중국해의 자유 항행 작전이 대안으로 채택되었다. 남중국해가 모든 국적이 배들이 자유롭게 항해할 수 있는 공해임을 보여주기 위해 미국 군함을 남중국해에 항해시키는 작전이 대안으로 채택된 것이다. 그 작전은 자유의 항해 작전(FONOP, Freedom of Navigation Operation)으로 명명되었다. 미국 군부는 한숨을 내쉬었다. 이보다 강력한 대응을 예상했던 중국은 미국이 허약하다고 판단했다. 자유주의 국제 질서가 무시되고 무너지는 속에서도 미국은 여전히 그 질서 속에서 중국과 경쟁하고 협력할 수 있다고 믿었다. 시간은 흐르고, 세상은 약진하는 중국, 후퇴하는 미국에 익숙해져 갔다. 중국의 시대로 들어가는 것은 시간 문제라고 세상이 수군거리기 시작했다. 세계 파워 엘리트의 사교장인 다보스 포럼은 '중국이 세계를 지배하는 순간When China Rules the World'이라거나 '슈퍼 파워 차이나'라는 주제를 매년 내걸기 시작했다. 모두가 중국과 친구가 되고 싶어 했다. 2016년 트럼프가 등장하기 전 세상이었다.

미중 대격돌은 구조적 경기 하락세가 이미 진행 중인 중국에 치명적인 위기 상황이다. 중국의 부상을 가능하게 했던 글로벌 공급망은 분절화될 운명이다. 세계 기업들의 중국 탈출, 중국 회피는 시작되었고 가속화될 것이다. 세계화의 상징이었던 애플 아이폰의 중국 생산기지는 축소될 운명이다. 미중 격돌이 오히려 중국의 기술 자립의 계기가 될 수도 있지만, '모방창신'으로 혁신을 추구해온 중국이 모방할 대상에의 접근이 어려워진 열세를 극복해야만 가능하다. 디지털 대전환기에 중국의 기술 굴기를 실현시켜줄 것으로 기대했던 5G와 인공지능은 세계와 연결되지 못하면 이류에 머물 뿐이다. 확대 지향의 상승곡선을 그려왔던 중국은 축소 지향으로의 조정이 불가피할 전망이다. 이 국면을 제대로 관리하지 못하면 중국 공산당 체제의 정당성은 위협에 직면한다. 지구전을 각오하고 있는 중국이지만, 미국의 대중국 강경 기조는 지속될 것이다. 공산당 체제를 위협하지 않는 범위에서만 경제적 자유를 허용했던 '중국 특색 사회주의'는 중국의 미래를 구할 수 있을 것인가.

21세기 신냉전의 네 전장

미중 패권전쟁은 네 개의 전장에서 치열하게 진행되고 있다. 무역, 기술, 군사, 가치다. 트럼프는 무역전쟁, 기술전쟁을 시작했다. 트럼프 1기는 미국과 중국의 대결이었다. 트럼프는 중국과의 무역전쟁에서 동맹국을 향해 미국과 같은 편에 서라고 요구하지 않았다. 무역에 관한한 동맹과 적대국을 구별하지 않았던 그였다. 기술의 경우 이야기가 달랐다. 화웨이를 미국에서 퇴출하면서 트럼프는 동맹국이 같은 편에 서기를 요구했다. 그때만 해도 안미경중 패러다임의 일시적인 충격으로 생각했던 동맹국들은 미국 편에 서기를 주저했다. 화웨이 기술이 그냥 지나치기에는 너무 매력적인 가격으로 제시되고 있었다. 미국의 화웨이 배제 논거가 안보 리스크를 과장한다는 반발도 있었다. 그리고, 자국 경제에, 금융에 깊숙이 상호 의존적 관계를 뿌리내린 중국을 자극하기를 꺼렸다. 트럼프 1기 행정부는 중국을 미국의 자유민주주의 시장경제에 최대의 위협으로 규정했지만, 동맹들을 이끄는 미국이 되지는 않았다. 트럼프 자신이 시간이 오래 걸리고, 조율해야 하는 그런 방식을 좋아하지 않았다.

바이든이 이어받은 미중 패권전쟁 2막은 기술전쟁과 가치전쟁에 집중했다. 중국의 반도체 굴기 봉쇄를 위한 반도체 강국들의 모임인 칩4에 미국이 리드하고 한국, 일본, 대만이 참여 요청을 받았다. 기술 통제 작전이 강화되면서 유럽도 참여하게 된다. 반도체 전쟁 때문에, 대만의 TSMC, 네덜란드의 ASML은 세상에 자신들의 존재감을 드러내었다. TSMC는 첨단 반도체, ASML은 첨단 반도체 제작 장비와 같은 뜻으로 사용되게 되었다. 바이든 행정부는 처음부터 같은 가치를 가진 동맹들을 이끌고 중국의 기술 굴기를 저지할 구상을 가지고 출범했고, 실천에 옮겼다. 그래서 미중 패권전쟁 2막에서 기술전쟁과 가치전쟁은 동전의 앞과 뒤처럼 연결되어 있었다. 2022

년 2월 푸틴의 우크라이나 침공은 중국-러시아의 밀착, 유럽의 러시아 에너지 의존정책의 파탄, 중국을 최대의 위협으로 규정한 나토로 연쇄반응을 일으키면서 가치전쟁의 전선이 더 뚜렷하게 형성되었다.

미중 군사전쟁은 아직 미래 가능성으로 남아 있다. 바이든은 우크라이나에 지상군을 투입하지 않았고, 유럽 역시 비군사적인 지원으로 일관하고 있다. 중국 역시 러시아의 에너지의 최대 구매자가 되었지만, 전선에 군사력을 원조하지는 않고 있다. 중국은 아시아에서 미국의 군사적 영향력을 몰아내려고 한다. 미국은 인도-태평양 전략으로 대응한다. 그 충돌지점은 서태평양, 남중국해, 대만해협일 가능성이 크다.

무역, 기술, 군사, 가치. 이 네 개의 전장은 각각 분리되어 있지만, 패권 경쟁 총지휘관의 머릿속에는 서로 연결되어 있다. 트럼프는 가치전쟁과는 무관한 거래형 사업가가 잠시 정치인의 모자를 쓰고 있는 것이다. 그에게 부정적인 미디어가 만들어 낸 이미지라는 생각을 해 본 적이 있는가. 왜 트럼프는 뻔히 예상되는 엄청난 경제적 혼란과 고통을 감수하더라고 중국과 디커플링할 결심을 했을지 질문을 던져보라. 선거에서 이기기 위한 전략이라고? 당연하다. 선거에서 이겨야 그가 생각하는 세상을 만들 기회가 오니까. 이미 여러 번 이야기 한 것이지만, 중국을 미국의 번영과 안전을 위협하는 국가로 꼭 집어 국가 안보 전략 보고서라는 공식문서에 등장시킨 것이 트럼프 1기 행정부인 것을 상기해 보라. 그 문서 속의 미국은 자유민주주의와 시장경제 미국을 뜻한다. 이미 트럼프는 가치전쟁을 선언한 것이다. 무역전쟁, 기술전쟁은 가치전쟁에서 중국을 압도하기 위한 전쟁이다. 트럼프 2기의 미중 패권 경쟁은 무역, 기술, 군사, 가치 전장 간의 연계가 더 분명해지고, 동시에 동맹과의 연계가 자신의 1기보다 더욱 중요하게 부각될 전망이다.

패권경쟁의 승부처

신냉전의 복합 구조

미중 패권 경쟁이 중반전으로 가면서, 미국 대 중국의 양자 대결 구도가 미국-유럽-인도 태평양 지역 동맹국 대 중국-러시아-북한-이란의 대결 구도로 전선이 확대되었다. 21세기 신냉전이 20세기 냉전과 결정적으로 다른 것은 20세기 냉전에서는 서로 다른 진영에 속한 국가 간의 경제적 의존성이 없었다는 점이다. 냉전 초기 소련이 미국보다 먼저 위성을 쏘아 올리고 과학 기술의 탁월함을 과시했지만, 냉전의 성패를 가른 것은 경제력의 차이였다. 소련의 과학 기술은 산업화, 상업화하지 못했다. 소련 블록에 속하는 국가들끼리만의 무역으로는 과학 기술을 실험실에서 나와 소비자가 선택하는 시장의 검증을 받지 못했다. 이 때문에 비용과는 무관한 군사 기술이 존재할 수 있었다. 그 기술들은 어떤 비용을 지불하더라도 만들어내라는 서슬 퍼런 정치적 위압 아래 정당화되었다. 미국과 소련이 군비경쟁을 하면서, 미국은 군사기술의 상업화가 진행되면서 비용 절감-기술 혁신-신기술 개발로 이어지는 선순환 궤적을 그렸지만, 소련은 그런 선순환 궤적을 그릴 수 없었다. 실험실의 기술과 실험실을 나온 시장 사이의 팽팽한 긴장이 없던 소련은 대신 실험실의 기술과 공산당 체제의 부패가 공생하는 구조로 서서히 고착화되었다. 경제력과 방위전력이 서로 연결되면서 확대 균형으로 나아갔던 미국, 방위 전력의 확장을 뒷받침하지 못하는 경제력의 소련. 냉전 초기 1950년대의 군사력의 충돌, 1960년대의 군사적 긴장과 대립의 단계를 지나 1970년대, 1980년대로 지속될수록, 미국 체제와 소련 체제의 차이는 커졌다. 돌이킬 수 없는 단계를 지나버렸다. 소련의 자체 모순 때문에 스스로 붕괴해버렸다.

21세기 신냉전의 양상은 다르다. 미국의 패권에 도전하는 중국의 힘은 21세기 소련의 군사력이 아닌 경제력이다. 20세기 냉전이 시작될 때, 포용 정책으로 소련이 변화시킬 수 있다는 주장은 없었다. 있더라도 공산주의에 포섭되었다는 의심을 받거나 아예 공산주의자로 내몰렸을 것이다. 21세기 신냉전의 시작은 달랐다. 20세기 냉전이 끝났을 때, 공산주의 종주국 소련의 몰락과 붕괴에도 불구하고 지구상 최대 인구 대국 중국의 공산주의 일당 독재는 살아남았다. 1989년 봄 천안문 광장에 하나둘 모이기 시작하여 수십만, 수백만이 된

학생, 시민들의 민주화 요구는 베이징의 봄으로 이어지지 않았다. 돌이켜 보면, 민주주의에 가장 가까웠던 순간이었다. 1979년 개혁개방으로 전환 이후 최대의 위기였다. 그때 중국이 개혁개방을 포기하고 빗장을 걸어 잠그었다면, 지금 세계 2번째 경제 대국 중국은 없었을 것이다. G2 경제 대국으로 부상한 중국이 없다면 중국의 패권의 꿈은 도상 계획으로만 남았을 것이다. 천안문 민주화 혁명이 아닌 민주화 시위로 역사에 남은 그 봄의 충격적인 사태에도 불구하고, 중국은 다시 개혁개방의 길로 나아갔다. 관망하던 미국과 유럽은 중국을 그들이 설계한 자유주의 다자 체제에 포용했다. 21세기 신냉전은 이미 그때 잉태되었다.

냉전이 서구의 승리로 막을 내린 후 "더 이상의 체제 경쟁은 없다"면서 역사의 종말을 선언했던 서구 정치인들과 파워 엘리트들. 그들은 중국을 몰랐고 오만하기까지 했다. 2001년 12월 카타르 도하 WTO 각료회의에서 중국의 WTO 가입이 확정된 순간, 중국 대표가 했던 말을 기억하는가. "지금은 남들이 만든 규칙을 수용할 수밖에 없지만, 언젠가는 우리가 그 규칙을 쓰는 날이 올 것이다." 그때는 중국 특유의 허장성세로 들렸을 그 말이 20년이 흐른 지금 더 이상 허세로 들리지 않는다면 세계는 미중 신냉전에 이미 돌입해 있는 것이다.

서구가 만든 규칙 속에서 세계적인 제조업 강국 독일과 일본을 차례로 제치고 G2로 부상한 중국. 제조업 강국이자 대국인 된 중국.

그 중국은 역사의 종말을 비웃으면서 역사의 귀환을 선언했다. 미국-유럽-인도 태평양 대 중국-러시아-북한-이란의 양대 축으로 양분되어 대결하는 구도의 전선은 선명하게 나누어지지 않는다. 정치 체제와 이념의 대결 구도는 선명하지만, 경제, 무역, 기술 분야의 대결 구도는 회색 지대다. 중국 의존적 공급망 재편과정에서 산업과 안보 양쪽에 사용되는 기술이 미국에서 중국으로 흘러 들어가는 것을 통제하기 시작하면서, 해당 기술의 같은 정치 체제 국가 간의 공조 체제가 작동하기 시작했다. 반도체가 여기에 해당한다. 미국이 주도하는 반도체 기술 통제가 중국의 반도체 굴기를 막으려면, 미국 외에 반도체 강국인 한국, 대만, 일본, 네델란드의 협력 없이는 불가능하다.

트럼프의 신산업 정책

미국 혼자 힘으로 중국과의 디커플링을 추진하는 것은 어렵다. 트럼프 2기 현장 지휘관들의 인식이다. 2016년과는 다른 정치 지형도다. "미국의 수출 통제로 공백이 생긴 중국 시장에 진출하는 제3국을 통제하지 않고서는 미국의 디커플링의 효과가 반감하기 때문에 제3국을 제재해야 한다"는 그리어 미국 무역대표부 대표의 주장은 그 인식의 결과이다. 미국의 파워 엘리트들은 트럼프 1기의 미국 혼자 힘으로 중국을 몰아붙이는 것의 한계를 학습했다. 제3국과 협의 없는 미국의 일방적인 제재는 그 국가가 동맹이든 아니든 불신과 반발을 초래할 것이다. 일방적인 제재의 집행비용을 이유 없이 높여야 할 만큼 미국 전략가들이 무모하지 않다고 가정한다면(시간은 이 가정의 현실성 여부를 알려줄 것이다.), 동맹과는 협력 메커니즘을 만들고, 동맹이 아닌 제3국과는 '주고받는' 협상을 해야 할 것이다.

트럼프 2기의 경제 안보 전략은 트럼프 1기의 일방주의를 그대로 재연하지는 않을 것이다. 그렇다고 바이든 방식의 '동맹을 앞에서 이끄는 미국'도 아닐 것이다. 트럼프 1기와 바이든의 중간지점인 '동맹과의 선택적 연계' 전략을 추진하려고 할 것이다. 당연히 트럼프 자신은 '동맹'이란 단어를 공식적으로 꺼내지 않으려고 할 것이지만, 정책 방향은 그쪽으로 나아갈 수밖에 없다.

2024년 12월 말, 의회 회기 완료를 코앞에 두고 발의된 법안 하나가 이런 예측을 가능케 하는 길잡이가 된다. '미국의 번영과 안보를 위한 조선업과 항만 시설법SHIPS for America Act'이 바로 그것이다. 상원과 하원에서 공화당 의원 1인, 민주당 의원 1인씩 모두 4인의 의원이 초당적으로 발의한 법안은 중국에 압도당하고 있는 미국의 선박 경쟁력을 안보와 무역의 차원에서 향상하려는 전략적인 의지를 담고 있다.

현재 국제 무역에 투입되고 있는 중국 선박은 5,500척, 미국은 80척. 미중 경쟁이 가속화되는 상황에서 절대적으로 열세에 있는 해상운송 전력으로는 안정적인 해상 운송로를 유지하기 어렵다. 법안은 미국 상선을 10년 내 250척까지 늘려 '전략 상선단'을 운용한다는 목표를 제시했다. 군용, 상업용 선박의 미국 내 건조를 늘리기 위해 조선소 투자, 수리 보수에 금융 지원 방안도 포함했다. 미국 선박을 미국 아닌 한국에서도 수리하는 길로 열리게 된다. 그동안 한국 조선업계가 공들여 온 미국 해군 MRO(유지·보수·정비) 시장이 본격적으로 열리게 된다. HD현대중공업, 한화오션이 이 분야의 한국 대표 기업이다.

냉전 종식 후 평화의 단꿈에 빠져 미국이 '역사의 휴일'을 즐기고 있는 사이, 중국은 와신상담하며 해군력 강화에 박차를 가했다. 유엔 통계는 지난 3년간 전 세계 선박의 47%를 중국이 건조한 반면, 미국은 0.1%에 그쳤음을 보여준다. 2014년부터 2023년까지 중국 해군은 157척의 함선을 진수했지만 미국은 67척에 그쳤다. 문제는 미국 혼자 능력으로는 상황을 개선하는 것은 불가능하다는 것이다. 미국의 조선업 생태계는 붕괴된 상태다. "조선업보다 업무 강도가 낮은 물류 창고 근로자 등의 임금이 팬데믹 이후 크게 오르면서 조선소는 심각한 노동력 부족에 직면해 있다. 용접공의 연간 이탈률이 30%에 달한다"는 보도가 이어지고 있다. 이 때문에 선박 건조 기간이 무작정 지연되고, 예산도 덩달아 상승곡선을 그린다. 조선업 인력 부족은 미국의 안보 문제가 된 상황에서 미국의 조선업 부활은 한국과 일본에 기댈 수밖에 없다. 2023년 한국은 전 세계 선박의 26%

를 건조했다. 51% 중국에 이은 세계 2위였다. 일본이 15%로 뒤를 따르고 있다.

2024년 미국 대선 이전부터 미국 국방부와 해군 측에서는 한국과 일본의 미국 조선업 투자를 적극 요청해 왔다. 트럼프는 대선 승리 후 윤석열 한국 대통령과의 첫 번째 통화에서 조선 산업 협력을 끄집어 내지 않았는가. 이 법안은 미국 의회가 2024년 말 종료되고 2025년 새로 시작하기 때문에 자동 폐기되고 다시 발의해야 하지만, 미국 정치권과 산업계의 광범위한 지지를 받고 있으니 입법까지는 시간 싸움일 뿐이다. 한국은 최신형 이지스 구축함을 18개월 안에 6억 달러 예산으로 건조할 수 있는데, 미국의 경우 28개월에 16억 달러가 필요하다는 충격적인 사실도 언론에 보도되었다. 한국 조선 산업의 놀라운 경쟁력을 보여주는 숫자고, 믿기 어려울 만큼 충격적인 미국 조선업의 현 주소다. 이런 제조업 생태계를 가지고 무슨 방법으로 중국과의 전략적인 디커플링을 하고, 어떻게 '자유롭고 개방된' 인도 태평양 전략을 추진한다는 말인가. 트럼프가 그다지도 사랑한다는 관세 방망이는 미국 조선업에 한국과 일본의 투자를 유도하는 마법의 방망이는 아닐 것이다. 한국 조선 산업의 압도적인 효율성을 미국에 모셔가려면, 그가 그토록 싫어한다는 보조금, 세제 혜택 등 모든 방법과 수단을 다 동원해야 한다.

차이나 쇼크는 제2의 스푸트니크 쇼크?

　20세기 후반을 지배했던 소련과의 냉전에서 미국이 승리한 비결은 미국의 혁신과 개방성이었다. 세계 최초로 우주에 위성을 쏘아 올린 것은 소련이었다. 1957년 10월 스푸트니크$_{Sputnik}$의 성공적인 발사는 미국을 충격에 빠뜨렸다. 과학기술에서 미국보다 한 수 아래로 평가해온 소련이 미국보다 먼저 인공위성 발사에 성공하다니! 우주에 먼저 위성을 보낸 과학기술은 경이로울 뿐만 아니라, 대륙 간 미사일 기술을 소련이 선점하면서 핵탄두를 장착한 미사일로 미국 본토를 선제 공격 할 수 있다는 극도의 공포와 위기감을 주었다. 미국은 교육제도를 혁신하고 우주 경쟁을 할 수 있는 체계를 수립하게 된다. 이제는 세계인들 모두 아는 보통명사가 된 나사(NASA, 미 항공우주국)는 스푸트니크 쇼크의 산물이다. 나사는 1958년 미국 대통령 직속 기구로 탄생했다.

　스푸트니크 쇼크는 미국의 교육제도를 뿌리째 바꾸는 계기가 되었다. 이전까지 미국 교육을 장악하고 있던 창의성, 흥미 위주의 교육이 기초학문의 중요성을 강조하는 교육으로 바뀌었다. 초·중등학교의 교육 과정에서 수학·과학이 중요하게 다루어지게 되었다. 과학계의 인재 영입도 미국인 중심을 벗어나 개방적으로 바뀌어 전쟁 상대였던 독일 출신의 과학자에게까지 문호가 개방되었다.

　나사의 탄생은 우주 경쟁을 국가정책의 우선순위로 정하게 만들었고, 일관성 있는 우주 계획을 지속적으로 추진할 수 있게 했다. 교육제도의 혁신은 과학 분야 인재 수급의 밑그림을 그릴 수 있게 만들었으며, '열린' 인재 영입 제도는 세계의 우수한 인재에게 미국 유학의 꿈을 꾸게 만들었다. MIT, 스탠포드, 버클리는 세계 과학 분야 교육과 연구의 메카로 부상했다. 소련과의 체제 경쟁에서 생존의 위협을 느낀 미국의 대응 방식은 이젠 위기 관리의 매뉴얼에 소개될 만큼 전략적이고 체계적으로 변했다. 제도를 정비하고, 혁신하고, 정부-민간 간의 연계를 강화하여 시너지를 창출하려고 했다. 단기적 대응에만 치중하지 않고, 장기적이고 전략적인 안목으로 인재 영입 제도를 개방, 교육제도를 혁신했다. 20세기 스푸트니크 쇼크는 미국의 각성과 변화, 개혁의 계기가 되었다. 이러한 개혁이 있었기에 미국은 소련과의 냉전에서 승리할 수 있었다. 21세기 차이나 쇼크도 같은 역사적 운명을 가져 올 것인가.

2012년부터 2022년까지 MIT 총장을 지냈던 라파엘 레이프는 "미국 과학 기술 경쟁력의 핵심은 세계 최고의 인재들을 유치하는 능력"이라고 주장했다. 2020년 〈뉴욕타임즈〉에 기고한 칼럼에서 레이프는 "미국이 지속적으로 과학 기술 분야에서 창조성을 발휘할 수 있는 것은 미국의 이질성 때문인 것 같다"는 중국 과학계 리더들의 이야기를 전했다.[*] 베네수엘라에서 태어나 대학원 박사학위를 목

---

[*] Rafael Reif, July 14, 2020, "I'm the President of M.I.T. America Needs Foreign Students" New York Times

표로 미국에 유학 온 그는 박사 학위 과정에서 개방성, 대담성, 독창성을 중시하는 문화, 출신 배경이나 연줄이 아닌 능력으로 사람을 평가하는 풍토가 미국을 과학 기술의 나라로 만든다고 확신하게 되었다고 했다. 미국 과학 기술 분야 박사 학위 과정에 유학 온 중국학생의 83%가 학위 취득 후 5년이 지나도록 미국에 체류하고 있다는 최근 통계도 언급했다. 세계 최고의 인재를 유치하는 능력이 미국 경쟁력의 비결이고 과학기술에서 창조력을 발휘하는 비결이라면, 중국은 세계를 압도하는 '규모'가 있다. 중국의 거대한 인구, 방대한 시장은 중국의 경제적 우위 요소다. 미국의 이질성과 개방성, 중국의 규모. 역사의 미래는 어떻게 쓰일까.

★ ★ ★ ★ ★

TRUMP
AGAIN

★ ★ ★ ★ ★

PART 6

트럼프 스톰
앞에 선 한국

선진국이 된 대한민국,
그래서?

선진국이 되면 다 해결될 줄 알았는데

코로나19의 공포가 세상을 짓누르고 있던 2021년 여름. 여름의
끝자락에서 서울 주재 외교관의 모임에 초대받았다. 저녁 식사를 겸
한 자리였다. 마스크를 쓰고 나타난 참석자들의 화제는 자연스럽게
팬데믹이었다. 전 세계로 돌아다니는 것이 직업의 주요특성인 그들
은 그 기본권이 박탈당한 지난해 여름에만 해도 올해 여름은 다를
것이라 생각했다. 안타깝게도, 올 여름도 그리 다르지 않았다.

자국의 코로나 방역 정책으로 대화가 옮겨졌다. 한 외교관이 아
픈 곳을 찔렀다. K-방역으로 코로나 대치 선진사례였던 한국이 왜
백신 확보에는 부진했는지 의문을 제기했다. 진작 백신을 확보해서
적극적인 접종을 실시한 나라는 봉쇄를 풀고 위드 코로나라는 새로

운 세상으로 나아갔다. 백신 공급으로 코로나로 인한 치사율은 확연히 떨어지고 있는데 아직도 감염자 숫자를 금과옥조처럼 받아들이고, 사회적 거리두기에 올인하고 있는 K-방역에 대해 다들 고개를 갸우뚱거렸다. "그런데 대한민국은 이제 공식적으로 선진국이 된 거 아닌가?" 누군가 툭 던졌다.

그렇다. 2021년 7월 초, UNCTAD(유엔무역개발회의)는 대한민국을 기존의 그룹 A(아시아·아프리카)에서 그룹 B(선진국)로 지위 변경하는 것을 만장일치로 채택했다. 그룹 B에는 유럽 국가와 미국, 캐나다, 호주, 뉴질랜드, 일본만이 들어 있는데, 1964년 UNCTAD이 설립할 때부터 이름을 올린 후 지금까지 요지부동이었다. 그 오랜 역사가 깨진 셈이다. 제국주의 식민 지배를 겪은 국가로서는 처음으로 선진국 그룹에 합류했다. 사실 한국이 2008년 미국발 글로벌 금융위기를 진화하기 위해 만들어진 G20 정상회의 회원국에 이름을 올릴 때 이미 세계는 한국을 선진국으로 인정한 셈이었다. 세계 6위권 무역 대국, 세계 10위권 경제 규모, 국민소득 3만 달러, 제조업 강국 등 한국의 경제적 위상 덕분이었다. 그런 점에서 UNCTAD 결정은 오히려 늦은 감이 있다.

개발도상국일 때는 선진국에만 진입하면 모든 문제가 해결될 줄 알았다. 그런데 막상 선진국이 되고 보니 상황은 전혀 다르다. 빈곤에서 탈출하려던 개발도상국 시절에는 배울 곳이 차고 넘쳤다. 앞서 간 선진국의 설계도가 있었고, 그들이 시도했던 다양한 방식과 결과까지 나와 있었다. 추격자에게는 선발주자의 실수를 되풀이하지 않는 배움의 기회가 있었다. 선진국의 설계도를 가져오고, 그들의 성공의 조건을 분석하고, 실패를 교훈으로 삼아 추격의 시간을 압축했다. 선진국이 주도하는 자유주의 국제 질서가 제대로 작동하던 시절, 앞을 향해 질주하던 개발도상국 한국은 새로운 문제가 터지면 다른 선진국이 어떻게 하는지 유심히 관찰한 다음 따라 하기만 하면 큰 무리가 없었다. 이제 선진국이 된 한국에는 다른 선진국이 먼저 어떻게 하는지 기다릴 여유로운 시간이 주어지지 않는다. 한국이 선진국이 되었다는 것은, 한국이 어떻게 문제를 푸는지 세계가 관심 있게 관찰한다는 것을 뜻한다.

국제 사회에서의 신뢰

국가 간의 약속과 이행은 국제 관계의 일상적인 모습이다. 그 약속은 합의한 협정 또는 일방적인 약속일 수도 있다. 어떤 형태이건 약속은 이행되지 않으면 공허하다. 서로 합의한 협정이 깨어질 때, 국가 간의 신뢰는 손상된다. 일방적인 약속일지라도 지키지 못하는 약속은 상대국이 신뢰를 잃게 만든다. 국제사회에서 신뢰를 잃은 국가의 입지는 흔들리게 된다. "그 나라는 제대로 약속을 안 지키는 나라"라는 달갑지 않은 평판이 붙게 되면, 국제사회에서 그 국가의 발언권과 영향력을 약해진다. 손상된 신뢰를 회복하기는 어렵지만 신뢰를 잃기는 쉽다.

　동맹 간에도 오해는 생기기 마련이고, 소통은 이따금 평소와는 다른 방식으로 흐르며, 돌발 상황이 예고 없이 터진다. 동맹이기 때문에, 동맹이라는 이유로, 오해와 불통 속에서 상대방에 대한 기본 전제는 신뢰에서 출발한다. 하지만 오해가 해소되고 불통의 원인이 시정되고 다음의 돌발 상황에 흔들리지 않는 대처 방안이 마련되어야 그 동맹은 굳건해진다. 동맹 사이가 이럴진대, 동맹 관계가 없는 국가 대 국가 관계는 어떠하랴. 일단 합리적 의심에서 시작하는 것이 기본이다. 계속 거래할 수 있으려면 서로 신뢰를 쌓아가야 한다. 신뢰에 투자도 해야 한다.

　선진 민주주의 국가 가운데 대한민국만큼 국제 관계에서 신뢰를 가볍게 여기는 국가가 있을까. 나라의 생존과 번영이 걸린 문제를 다른 국가와 협상할 때, 한국은 상대를 신뢰할 만한 국가, 신뢰가 의심되는 국가, 신뢰를 잃은 국가, 신뢰할 수 없는 국가로 구분할 예리한 관찰력과 현명한 판단력을 가지고 있는가. 상대국과의 관계 설정과 유지의 큰 그림은 그 관찰과 판단에 근거해서 이루어지는가. 신뢰가 의심되는 국가에게는 어떤 신뢰 확인 장치를 요구하는가. 신뢰를 잃은 국가에게는 신뢰 회복을 협상의 조건으로 요구한다. 신뢰할 수 없는 국가에게는 신뢰를 얻기 위해 무엇을 할 것인지 먼저 요구한다.

　정치권과 언론이 국제 관계를 이해하고 접근하는 수준은 선진국 대한민국과는 어울리지 않는 몰이성적 이분법의 그것이다. 친미와 반미, 친일과 반일, 친중과 반중. 자신의 이념적 지향에 따라 무조건 신뢰, 무조건 불신으로 일관한다. 맹목적인 신뢰와 맹목적인 불신은 패거리 폭력 집단의 문법이 아니든가. 다른 생각을 가진 집단들과 대화와 타협으로 공동체의 안전을 지키고 상생을 모색해야 할 정치 집단의 문법은 아니다. 한국 스스로 안전과 번영을 책임질 수 있는 가. 한국의 안전과 번영이 국제 관계와 운명적으로 얽혀 있음을 모르지 않는다면, 그런 식의 비이성적 문법으로 국가의 생존을 담보할 수 있다고 믿는다면 위험한 착각이고 어리석은 오만이다. 반사적 이분법만 존재하는 한국 정치에서 정권의 향배가 오른쪽에서 왼쪽으로, 왼쪽에서 오른쪽으로 바뀔 때마다, 대한민국의 외교 안보 정책은 극과 극을 오간다. 세계는 그런 한국과 마주해야 한다. 처음에는 이해하기 어렵다는 시선, 다음에는 경악스러운 시선이었으나 이제는 익숙해졌다. "왜?" "또?" "역시!"

미중 패권 경쟁이 점입가경으로 치닫는 상황에서, 정치는 다른 모든 것을 삼키는 소용돌이가 될 수 있다는 사실을 한국은 알아야 한다. 누구도 감히 넘볼 수 없는 기술력, 어떤 도전도 용납하지 않는 초격차를 유지하고 있는 핵심 산업, 웬만한 충격에도 흔들리지 않을 만큼의 든든한 국가 재정, 이 세 가지를 가졌다고 확신할 수 없다면, 맹목적 이분법을 반복하는 '소용돌이의 정치'는 "세계는 한국을 중심으로 돌아간다"는 착각에 불과하다. 강대국과 안보를 위협하는 세력들이 한국을 어떻게 분석하고 무엇을 노리는지, 어떻게 협상하려는지, 한국은 제대로 모르면서 알려고 하지도 않고 마치 다 아는 것처럼 말하고 행동하는 어처구니없는 희극을 연출한다는 조롱만 살 것이다.

한국에 중국은 무엇인가

중국의 실체에 눈뜨는 선진국들

#1. 2008년 4월 27일, 서울. 그해 여름에 개최되는 베이징 올림픽의 성화 봉송 행사가 예정되어 있었다. 행사는 뜻밖의 암초를 만났다. 시내 곳곳에서 중국의 티베트 탄압에 항의하는 시위대와 친親중국 시위대가 충돌했다. 시위대는 서로 고함을 지르며 대치했고, 격앙한 중국 시위대는 물병, 각목, 돌 등을 반대편을 향해 집어 던지기 시작했다. 현장을 취재하던 사진기자는 날아온 각목에 맞아 이마가 찢어져 인근 병원으로 긴급 후송되었다. 서울시청 잔디광장에서 '티베트 자유' 티셔츠를 입은 미국인, 캐나다인들은 중국 시위대에 포위되어 구타를 당했다. 중국 시위대는 광장 맞은편에서 티베트와 대만 국기를 흔들고 있던 반중국 시위대로 몰려가서 욕설을 퍼붓고 폭

력을 행사했다. 사태를 진정시키려던 한국 경찰은 중국 시위대가 휘두른 흉기에 맞아 머리가 찢어져 병원으로 실려 갔다. 중국 시위대의 다수는 한국에 유학 온 중국 학생들이었다.

#2. 서울에서의 사태는 그 며칠 전 호주의 수도 캔버라에서도 닮은 꼴로 이미 연출되었다. 평화와 화합을 상징하는 올림픽 성화는 티베트 시위대와 오성홍기를 휘두르는 중국인 시위대의 충돌을 맞닥뜨렸다. 반중국 구호를 참지 못하는 중국인 시위대는 의회 의사당 앞까지 몰려와 합법적인 시위를 방해했다. 반대 시위대와 호주 시민들은 불안에 떨었다.

2022년 2월 4일은 베이징 동계올림픽의 개막일이다. 2008년 8월 베이징 하계올림픽에 이은 중국의 두 번째 올림픽이다. 첫 번째 베이징 올림픽이 중국의 경제 대국 부상을 세계에 과시하는 전시장이었다면, 두 번째 베이징 올림픽은 공산당이 영도하는 중국 체제의 우수성을 과시하는 선전장으로 계획되었다. 베이징 동계올림픽은 이미 실질적으로 결정되었던 시진핑 주석의 3연임 결정을 앞두고 열리는 최대의 스포츠 행사였다.

개최국 중국은 변이를 거듭하며 물러나지 않는 팬데믹보다 다른 것을 더 우려해야 했다. EU, 영국, 미국이 베이징 올림픽에 정부대표단을 보내지 말자고 압박하고 있었다. 낸시 펠로시 미국 하원의장이 먼저 불을 지폈다. EU 의회와 영국 의회가 뒤질세라 동조하고 있다. 중국 정부가 홍콩, 티베트, 신장 위구르의 인권 상황을 개선하지 않는다면 정부 대표단이 베이징 올림픽에 가서는 안 된다는 결의안이 속속 의결되었다. 신장 위구르와 홍콩의 인권 문제를 놓고 서방 세계와 중국은 2019년부터 대립각을 세우고 있었다.

선수단의 불참이 아닌 국가 원수, 고위 관료 등 정부대표단의 불참은 올림픽 개최를 위협하지는 않는다. 시진핑이 이끄는 중국 체제에 대한 서방 세계의 외교적 압박이 중국이 개최하는 올림픽이라는 잔치 무대에서 공개적으로 부각된다는 점은 지구촌 잔치의 호스트인 중국에 골칫거리다.

2008년과 2022년의 상황은 확연히 달랐다. 2008년의 서구는 중국에 대한 여유로 넘쳐났다. "세계 평화를 염원한다면서 자신과 다른 생각을 가졌다고 폭력을 행사한 중국인이 올림픽을 개최할 자격이 있는가." "세상 어느 민족이 다른 나라에 가서 그 나라 사람들과 경찰을 폭행할 수 있겠는가." 비난은 거셌지만 올림픽 보이콧으로 연결되지는 않았다. 서구 세계는 중국에 매혹되어 있었기 때문이다. 눈부신 성장을 거듭하면서 세계의 공장으로 우뚝 선 중국은 서구에는 거부할 수 없는 무역과 투자 상대였다. 동시에 서구는 중국과의 거래는 결국에는 중국을 변화시킬 것으로 확신하고 있었다. 서구 민주주의 시장경제의 압도적 우월성이 궁극적으로는 공산당 독주의 권위주의 체제를 무너뜨릴 것으로 믿어 의심치 않았다. 그래서 중국 시위대의 일탈에 대해 문명 세계에 눈뜨지 못한 후진적 행태로 한 수 접어두는 여유를 부릴 수 있었다.

2022년 서구는 더 이상 그런 여유를 부릴 틈이 없었다. 속도는 느리지만 중국이 결국에는 서구가 생각했던 방향으로 개혁되고 개방될 것이라는 믿음은 서구가 스스로 건 주술이었음을 깨달았기 때문이다. 경제를 연결고리로 중국을 변화시키려고 했던 서구의 계획은 실패했다. 오히려 2020년 팬데믹의 소용돌이를 겪으면서 중국과의 경제연결 고리 때문에 서구의 체제 안전이 위협받는 역설적인 상황으로까지 내몰렸다. 팬데믹에서 확연히 드러난 서구 민주주의의 극도의 혼란상은 상대적으로 중국의 디지털 권위주의 체제의 안정성을 부각시켰다. 서구는 찬물을 뒤집어쓴 듯, 중국의 마법에서 깨어났다. 2008년 경험했던 중국 시위대의 폭거는 계몽의 대상이 아닌, 어쩌면 중국의 본질일 수도 있다는 확신이 이 세상을 지배하기 시작했다.

2021년 여름 중국 공산당 100주년을 맞이하면서 중국 공산당은 중국 경제의 전면에 등장했다. 디지털 혁명의 기수로 떠올랐던 중국 빅테크 기업들은 그들의 생사 여탈권을 거머쥔 당의 위세 앞에 안절부절하고 있다. 중국 시장에서의 성패는 경쟁력보다 당의 자비가 결정하는 곳으로 변모하고 있었다. 외국 기업도 예외일 리 없었다. 차이나 리스크는 변수가 아닌 상수가 되었다. 서구는 더 이상 여유를 부릴 틈이 없다. 경제적 이익을 위해서라면 정치적 가치는 잠시 눈감을 수도 있다는 시대는 사라졌다. 미국 바이든 행정부의 민주주의 기술동맹도 서구의 이런 다급함을 적나라하게 드러내고 있었다. 서구 선진국들이 중국의 실체에 눈을 뜨기 시작했지만, 한국은 그런 인식변화의 무풍지대이다. 지금까지 한국 정부는 늘 중국 앞에서 위축되었다.

"한국이 약한 고리다"

2022년 여름, 미국은 한국, 일본, 대만과 함께 반도체 공급망을 구축하자는 제안을 던졌다. 한국 언론은 '미국 칩4 동맹 제의'라고 보도했다. 중국이 보복할 것이다, 아니다 하는 기사가 매일 신문을 장식했다. "제2의 사드 보복?"이라거나 "중국에도 반도체 필요하니 다른 분야 보복할 것" 등 추측성 기사가 쏟아져 나왔다. 중국은 한국만 꼭 집어, "반중국 대열에 서지 말라"고 옥박지르는 상황에까지 이르렀다.

전문가들이 확인해 준 것은 다음과 같다. 미국이 주도하는 반도체 공급망의 탄력성을 확보하기 위한 논의체가 발족될 예정이다. 반도체 기술과 장비에 주도권을 가진 미국이 소재, 제조 분야에 핵심 역량을 가진 한국, 일본, 대만에 참여를 요청했다. 배타적인 동맹으로 발전할지, 어떤 국가가 최종 참여할지, 아직 정해진 것은 없다. 연구

368

개발, 인력 등 의제가 올라 와 있지만, 확대 가능하다. 그런 논의를 위한 회의가 여름의 끝자락에 열린다. 여기까지가 확인된 사실이다.

트럼프를 제치고 바이든이 미국의 새로운 대통령이 된 직후, 그의 첫 번째 주문은 주요 제품의 중국 의존도를 줄이는 방안을 모색하라는 지시였다. 디지털 대전환과 팬데믹 시대의 중첩 속에 미중 경쟁이 가속화되면서 핵심 전략 물자로 등장한 반도체, 배터리, 의약품, 희토류의 중국 의존도를 줄이는 방안은 '가치를 공유하는 국가들과 연합해서 공급망을 재구축하는 것'이라는 결론의 보고서가 바이든의 집무실 책상 위에 놓일 때 '민주주의 기술 동맹'의 탄생은 예정된 수순이었다.

미리 지레짐작으로 중국의 보복을 걱정할 이유는 없다. 만약 칩4가 동맹으로 발전한다면, 동맹국들은 집단적으로 외부의 보복과 도발에 대응하게 될 것이다. 어떤 형태로 칩4가 발전하더라도 중국발 리스크에 대한 집단 대응 전략 모색이라는 의도를 감출 이유는 없다. 오히려 그 의도가 중국에게 한 치의 오차도 없이 명명백백하게 전달되어, 중국 스스로 중국 리스크를 줄이는 노력의 심각성을 인식하는 것이 더 바람직하다. 안미경중 패러다임과 작별하지 못하던 시절, 기술 탈취, 외국 기업에 대한 자의적 차별, 불공정 행위 등 중국 리스크는 애써 외면되거나 감내해야 했다. 이제 상황은 달라졌다. 칩4는 시작일 수 있다. 유럽까지 가세한 칩5도 가능하다.

칩4에 참여하지 않고 중국발 리스크, 미국발 리스크를 협상할 수 있을까? 한국이 배제된 상황에서 다른 국가들이 경기 규칙을 정한다면, 한국은 스스로의 강점을 부각시킬 기회도, 취약점을 보완할수 있는 기회도 모두 놓치는 어리석음 아닌가. 통상대국 한국의 주력산업인 반도체. 신냉전 시대의 도래에 안정적, 탄력적인 공급망을구축하는 것은 미국만을 위한 과제가 아니다. 한국의 생존과 번영을위한 절체절명의 과제이다. 공급망의 안정성 확보에 위협하는 기술탈취, 인력 탈취, 수출 금지 등 행위는 경제 안보를 위협한다. 칩4 참여는 그런 원칙을 집단적으로 천명할 수 있는 절호의 기회였다.

그럼에도 불구하고 한국 정부는 중국 눈치 보기에 급급하다는 인상을 주었다. 선진국이 된 대한민국. 반도체 강국 대한민국. 왜 국제무대에서 힘도 없고 협상력도 없는 국가처럼 행동하는가. 선진국은문제 해결 테이블에 초대받는 자격을 얻은 국가다. 개발도상국을 위한 의자는 그 테이블에 없다. 초대했는데 오지 않는 선진국, 문제 해결에 기여하지 못하는 선진국이라면 선진국 자격이 부끄럽다. 한국의 경제, 문화 수준은 선진국이 되었는데, 정치와 외교는 여전히 그대로다. 이러니까 중국은 한국을 '미국의 동맹국 연계에서 취약한고리'로 생각한다.

370

화웨이 드라마와 대한민국

화웨이 드라마가 막을 내렸다. 2018년 12월 1일 캐나다 밴쿠버 공항에서 화웨이의 최고재무책임자CFO 멍완저우의 체포로 시작된 드라마는 2022년 12월, 그녀에 대한 소송을 미국 법원이 기각하면서 4년간에 걸친 대장정에 종지부를 찍었다. 미국의 대이란 제재 위반 혐의를 받고 있었던 멍완저우는 미국의 요청을 받은 캐나다 당국에 의해 밴쿠버 공항에서 체포되었다. 미국은 멍완저우를 그들의 법정에 세우기 위해 미국으로 송환을 요구했고, 멍완저우는 미국으로의 범죄인 인도를 막아 달라고 맞서면서 공방이 시작되었다. 법리 다툼의 무대는 캐나다 법정이었지만, 더 큰 무대는 미국과 중국의 패권 경쟁이었다.

2018년 그때로 돌아가 보자. 화웨이의 기세는 대단했다. 5G 통신 장비 시장에서 파격적인 가격경쟁력으로 선진국 시장을 공략하면서 통신 장비 시장에서 선두를 달리고 있었다. 미국, 유럽, 한국 등 자유 민주주의 국가들이 주도해오던 통신 장비 시장 아니던가. 더구나 디지털 대변혁이 가져올 새로운 세상의 핵심 기반이 될 5G에서 공산주의 체제 중국의 후발주자 기업이 경쟁 우위를 점하고 있는 사실은 놀라움과 충격으로 받아들여졌다. 미국 하원 정보위원회는 2012년 화웨이, ZTE가 중국 정부와 당의 지시를 따르며, 산업 기밀을 훔치고, 지식재산권을 침해하며, 적성국과 수상한 거래를 하고 있다는 보고서를 펴낸 바 있다. 화웨이 장비의 보안 리스크를 감지한 미국 트럼프 행정부는 화웨이 금지령을 내렸다.

이제는 세상이 다 알게 된 사실이지만, 멍완저우는 화웨이의 창업 자이자 회장인 런정페이의 딸이다. 그동안 베일에 가려져 있던 런정 페이는 은둔의 정적을 깨고 등장하여 미국을 비방했다. 시진핑 주석 까지 나서면서 화웨이 드라마는 미중 패권 경쟁의 한가운데로 떠 올 랐다. 2019년 말, 미국과 중국은 무역전쟁을 휴전하는 합의에 도달 하지만, 멍완저우의 운명은 정해지지 않았다. 2020년 말 미국 대통 령 선거도 지나갔다. 새로운 미국 대통령이 된 바이든의 집권 첫해 인 2021년에 와서야 멍완저우 사태는 출구를 찾았다. 멍완저우가 이 란 사업 관련 허위진술을 했다는 것을 인정하고, 미국은 기소를 미 루었다. 피고인이 합의 조건을 지킨다면, 일정 기간 경과 후에는 소 송이 기각된다는 합의도 도출되었다. 이 타협안을 근거로 멍완저우 는 2021년 9월 캐나다를 떠나 중국으로 돌아갈 수 있었다. 합의에 서 예정한 대로 이번 달 초 미국 법원이 멍완저우에 대한 소송을 기 각했다. 4년에 걸친 드라마가 막을 내리는 순간이었다.

드라마는 막을 내리고 멍완저우는 미국으로의 송환과 법적 처벌 이라는 최악의 사태는 피했다. 멍완저우는 중국으로 귀향했지만, 화 웨이의 운명은 먹구름 속으로 들어가고 있었다. 2019년부터 시작된 화웨이의 공급망 마비를 겨냥한 제재는 바이든 행정부에 와서 더 수위를 높였다. 핵심 반도체 부품을 구하지 못하는 상황으로 화웨이는 내몰렸다. 트럼프 행정부의 화웨이 금지령에 서구국가들은 미온적이었다. 거부할 수 없는 화웨이의 가격을 선택할 것인가, 아니면 잠재적인 안보 리스크 때문에 거부할 것인가를 두고 정책담당자들 사이에 치열한 논쟁이 있었다. 런던, 베를린, 파리 등 자유 진영의 수도에서는 눈앞의 경제적 실리를 마땅히 선택해야 한다는 주장과 트로이 목마를 들여놓는 위험한 도박을 하면 안 된다는 주장이 맞섰다. 처음에는 실리 논리가 안보 논리를 압도했다. 그런 그들도 태도를 바꾸었다. 2019년 홍콩 민주화 시위와 중국의 강경 진압, 2020년 공식화된 팬데믹과 중국의 위선적인 대처가 계기였다.

통신 강국, 자유민주주의 대한민국은 어떠했나. 경제적 실리가 동맹의 안보 우려보다 더 앞섰던 시절이 있었다. 그때만 하더라도 미중 패권 경쟁이 노골화된 것은 아니었다. 트럼프가 대통령으로 등장하고 반화웨이 깃발을 흔들 때, 한국 정부는 기업들 뒤로 숨었었다. 실리 계산에 능숙해야 살아남는 기업에 그들의 전문성과 무관하고 판단영역을 초월하는 국가적 안보 리스크를 계산해서 처신하라는 요구는 어떻게 받아들여야 할까. 2022년 푸틴의 우크라이나 침공 이후 21세기 자유민주주의 대 독재 전체주의 대결 구도는 선명해졌다. 한국의 최대 무역 상대국인 중국은 러시아 편에 섰다. 경제적 실리와 안보 우려의 경중을 비교하고 판단하는 것은 기업과 정부가 함께 풀어야 할 문제로 등장했다. 명완저우 주연의 화웨이 드라마는 막을 내렸지만, 트럼프 주연, 바이든 조연의 기술 통제 드라마는 계속된다.

중국의 사드 보복

중국의 부당한 사드 보복을 당하면서도 문재인 정부는 '대한민국의 자존과 원칙'을 지키는 것을 포기했다. 2014년 한중 FTA까지 체결했던 "서로 최고의 파트너"라고 치켜세우던 한국과 중국 아니던가. 최대의 무역 상대국이 터무니없는 이유로 경제 보복을 받고 있는데 제대로 항의도 못하고, 정당한 맞대응도 못한 채 사태를 방치했다. 이럴 때 쓰라고 만들어 둔 WTO 분쟁 해결 제도를 문재인 정부는 사용하지도 않았다. 그 분쟁해결절차는 강대국의 횡포로부터 회원국을 보호할 수 있도록 만든 국제적인 합의 때문에 생겨난 것인데. 자신의 이익이 심각하게 침해당하는데도 무대응으로 일관하는 한국 정부를 세계는 이해할 수 없었다. 세계인의 눈에 한국은 중국의 속국, 인질, 아니면 단단히 약점 잡힌 나라로 보였다.

"지금은 북핵과 미사일 도발 등으로 중국과의 협력을 유지해 나가는 것이 중요한 시점"이라는 명분 뒤로 문재인 정부는 숨었다. 진정 중국에 그런 기대를 걸고 있었단 말인가. 중국 때문에 한국 경제가 극심한 고통을 당하고 있는데 화도 못 내고 제대로 항의도 못 하고, 손에 쥐어 준 칼도 휘두르지 못하는 상대방에게 감사함을 느끼고 그가 원하는 대로 움직여줄 대국의 지도자가 있을까. 덕과 인이 지배하던 요순시대도 아닌데…. 대한민국 국민이 선택한 그 대통령은 두 달 후 베이징 대학교 연설에서 "한국은 작은 나라지만, 중국몽에 함께 할 것"이라는 충격적인 발언으로 민주주의 대한민국의 시계를 조선 시대로 돌렸다. "중국이 원하는 것을 한국이 알아서 해 주면, 중국은 한국이 원하는 것을 도와줄 거야." 중국을 향한 한국 정치의 기대와 신뢰는 늘 배반당했지만, 한국 정치는 변함없다. 이쯤 되면 맹목적인 신뢰, 일방적인 짝사랑이 아닐까. 중국 눈에 비친 한국은 우스운 나라다.

중국이 WTO에 가입할 때 중국은 비시장경제 지위 국가였다. 이 때문에 수출 시장에서 덤핑 분쟁이 생길 때마다 불리한 위치에 서게 되었다. 시장경제가 아니라는 이유로 그 제품의 정상가격을 수입국이 자의적으로 정할 수 있었다. 중국은 시장경제 지위에 걸맞게 규제 개혁을 약속했다. 2016년까지 그 시한도 정했다. 2005년 한국 정부는 중국에 시장경제 지위를 인정한다고 미리 선물을 안겼다. 11년이나 더 빨리 말이다. 노무현 정부의 결정이었다. 중국으로부터 받은 것은 백두산 호랑이 한 마리와 한국산 김치 검역 완화 약속이었다. 비슷한 가치를 주고받았는지는 논란거리다. 중국에 시장경제 지위가 얼마나 중요한지 알고 있었다면, 그런 식의 주고받기를 하지는 않았을 것이라는 점은 확실하다. 2016년이 지났지만, 미국, EU, 일본 등은 여전히 중국에 시장경제 지위를 부여하지 않았다. 노무현 정부의 선의는 문재인 정부 때 경제 보복으로 돌아왔다.

자유롭고 공정한 선거에 의해 선출된 대한민국 정부는 왜 공산당 일당 독재 국가인 중국 앞에서 늘 작아지는 것일까. 우파건, 좌파

건 집권만 하면 중국 앞에 위축되는 국가로 한국은 국제사회에서 인식되고 있다. 최대의 무역 상대국 중국의 심기를 건드리지 않으려는 소심함, 중국만이 북한에 영향력을 행사할 수 있고, 중국만이 서울과 평양의 중재자 역할을 할 수 있다는 기대를 아직도 가지고 있는가. 한국 정치는 빗나간 정책에 대한 반성은커녕, 남 탓으로 돌리기 급급하지 않은가. 그런 태도로는 세상의 변화에 명민하게 적응할 수 있는 지혜를 만들어 낼 수 없지 않나. 진지한 성찰과 모색이 없는 정치로는 지정학의 귀환, 지경학의 습격 시대에도 여전히 안미경중 찬송가를 부르게 한다.

한국이 중국의 도발에 소극적이고 미온적으로 미적거릴수록 허장성세와 공포로 상대를 제압하는데 이골이 난 중국은 더 한국을 얕볼 따름이다. 1950년 한국전쟁 때 인민 해방군의 참전을 결정하면서 마오쩌둥은 "원자탄이 떨어지면 수류탄으로 대응해라. 미국을 종이호랑이라고 무시하는 것은 전략일 뿐이다. 미국은 진짜 호랑이다"라고 했음을 기억할 필요가 있다. 중국은 세勢가 불리해도 상상을 초월하는 방식으로 맞대응한다. 기만 전술과 선전 공세가 요체다. 국가 이익이 충돌하는 국제 무대에서 상대방의 말을 그대로 믿는 지도자를 가진 국민은 불행하다. 조선 시대 소중화小中華가 한국인의 DNA라는 진단은 망발이다. 경제 기적과 정치 기적을 이루어 낸 민주주의 경제 강국 선진 대한민국은 모든 면에서 중국과 확연히 다르다.

아직도 선택을 묻는 그대에게

"미국과 중국 중 어디를 선택해야 합니까?"

"한국은 미국과 중국 사이에서 어디를 선택해야 합니까?" 트럼프의 관세전쟁으로 시작된 미중 패권 경쟁이 바이든을 지나 트럼프 2기까지 이어지면서, 한국 사회 전면에 부상한 질문이다. 미중 경쟁은 동아시아의 패권을 다투는, 궁극적으로는 세계의 패권을 다투는 21세기 세계사의 향방을 결정짓는 대격돌이다. 미중 사이에 어디를 선택할 것인가라는 질문에 대한 반응은 제각각이다. 일각에서는 질문 자체가 성립되지 않는다는 반응을 보인다. "한국은 이미 동맹인 미국을 선택하지 않았는가! 한국전쟁에서 중국을 상대하여 같이 싸워 대한민국을 지켰고, 경제 발전의 발판을 제공해준 미국이 아니던가!" 반대 주장도 있다. 미국은 지는 해라는 주장이 그 배경이다. 그들은 말한다. 2008년 금융위기는 미국 혼자 세계 경제 문제를 해결할 수 없다는 것을 보여주었다. 2020년 팬데믹을 겪으면서 미국의 무기력한 대응을 보라. 세계 최고의 사망자 50만 명은 미국이 제1차 세계대전과 제2차 세계대전, 한국전쟁, 베트남전쟁에서의 모든 미국인 사망자 수를 능가한다. 고비마다 드러난 미국의 무기력함에 반해 중국의 선전은 눈부시지 않은가. 2008년 세계 경제 위기를 구한 것은 중국이고, 2020년 팬데믹을 가장 먼저 극복한 것은 중국이지 않은가. 한국의 선택은 떠오르는 중국이어야 한다고 그들은 주장한다.

미중 패권 경쟁은 이제 중반전에 돌입하고 있다. 전방위로 확산되는 미중 전략적 경쟁에서 한국의 선택은 자명하다. 한국은 한국의 국익을 선택해야 한다. 경제 강국 민주국가 대한민국의 안전과 번영을 도모할 수 있는 선택을 해야 마땅하다. 제2차 세계대전 후 극도의 혼란기에서 출발한 극도로 빈곤했던 신생 독립국인 대한민국이 여기까지 올 때 좌표가 되었던 시장경제, 외침으로부터 안전한 국가, 자유와 인권은 앞으로도 타협할 수 없는 원칙과 가치가 되어야 할 것이다. 혼돈의 시대를 통과할 대원칙이 정해진다면, 흔들린다 해도 두려울 것이 없을 것이다.

미중 간의 선택을 요구하는 질문은 경제 안보를 내세우는 신냉전 시대를 관통하는 전략적인 질문이 될 수 없다. 가치 공유 동맹을 축으로 공급망이 재구축되는 것이 불가피한 상황인가에 대한 판단이 먼저 있어야 할 것이다. 이념적, 희망적 사고가 아닌 냉정한 현실적인 생각이 요구된다. 그 다음 질문은 어느 한쪽 무역 상대국과의 교류가 과거와 같은 규모와 속도로 지속할 수 없게 되고 심지어 포기해야 할지도 모르는 상황으로 이어진다면 여기에 대한 상쇄전략은 무엇인가 하는 것이다. 잘못된 질문은 잘못된 전략을 만들어 낸다.

틀린 질문을 하면 틀린 답이 나온다

미중 기술 패권의 각축 속에 많은 사람은 한국의 선택을 묻는다. 그러나 핵심을 비켜나갔다. 질문을 바꾸어야 한다. 선택의 문제가 아닌 한국에게는 어떤 기회와 위협이 존재하는가 하는 질문으로 프레임을 바꾸어야 한다. 중국과 한국은 핵심 기술에서 경쟁 관계로 돌입했다. 중국은 최종 제품 조립 단계를 이미 졸업했고, 소재와 부품을 본격적으로 생산하면서 글로벌 가치사슬의 한 허리를 치고 들어왔다. 중국과 한국 경제는 보완 관계를 넘어 경쟁 관계로 넘어간지 꽤 오래 되었다. 반도체, 배터리 모두 중국과 치열한 경쟁을 하고 있다. 한국이 조금 더 앞서고 있지만, 그 격차는 좁혀지고 있었다. 만약 미중 기술 패권 경쟁이 본격화되고 않았다면, 즉 미국 정부가 중국을 정조준해서 견제하려고 하지 않았다면, 한국은 기술 패권과 안보와의 심각한 연계성에 대해 제대로 따져보고 전략을 세울 기회조차 없었을 것이다. 아마도 안미경중이라는 도식적 프레임에 그대로 사로

잡혀서 별 경계심 없이 중국에 거대투자를 계속했을 가능성이 크다.

한국 주력 제조업의 중국 투자가 커질수록, 서로 다른 정치 체제와 이념을 추구하는 한국과 중국의 경제 상호 의존도는 더 커졌을 것이다. 이 과정에서 한국이 중국이 넘볼 수 없는 초격차를 유지하지 못하고 중국을 시장으로만 생각한다면, 한국 경제는 중국이라는 블랙홀로 빨려 들어갔을 것이다. 중국을 북한의 레버리지로 삼으려는 생각은 한국의 좌우 모든 집권 세력의 구상이었지만, 그것은 희망 고문에 불과하다는 것을 시간은 입증하고 있다.

미중 패권 경쟁이 벌어지고 있는 상황은 한국에게 성찰을 요한다. 한국은 어떤 가치를 지향하는지, 한국 경제의 핵심 자산은 무엇인지를 생각하게 만든다. 미국 주도의 반도체 동맹은 이루어질 가능성이 크다. 중국 역시 그냥 물러서지 않을 것이다. 반도체는 중국몽에 치명적으로 중요하기 때문이다. 반도체 없이는 6G로 넘어갈 수 없고, AI와 빅데이터 기술을 실현하는데 너무나 많은 비용이 발생한다. 그렇게 되면 중국은 1980년대 일본처럼 주저앉을 가능성이 농후하다.

중국은 미국 주도 기술 동맹을 와해하려고 들 것이다. 그럼에도 대한민국에의 사드 배치에 대한 두 번째 보복은 쉽지 않을 것이다. 미국이 대놓고 반중국 기술 동맹을 주도하는 상황에서, 중국이 동맹의 약한 고리를 골라서 때린다면 그것은 곧 동맹 전체에 대한 공격이 되어, 중국 대 개별 국가와의 다툼에서 중국 대 동맹 전체와의 다툼으로 확대될 가능성이 높다. 중국이 원치 않는 상황이다. 결국,

380

중국은 그들 나름의 방식으로 반도체 굴기를 해야 한다. 불가능하지는 않지만, 쉽지도 않을 것이다.

미중 기술 패권 시대에 미국과 중국 사이에서 한국의 선택만으로 한국의 문제가 해결되지는 않는다. 그 질문에 갇혀서는 미래로의 길은 좁아 보인다. 과장된 위협을 냉정하게 평가하고 기회를 어떻게 활용할 것인지를 고심해야 한다. 민주주의 기술동맹의 탄생은 한국의 핵심 기술 자산을 확장하고 중국과의 격차를 벌릴 수 있는, 놓칠 수 없는 천금 같은 기회다.

한국의 전략 공간 확대하기

2022년 11월 중순 인도네시아 발리에서 개최된 G20 정상회의는 한때 세계 경제 위기의 소방수를 자임했던 G20이 이제는 그 존재 의미를 완전히 상실했음을 여실히 보여주었다. 푸틴의 우크라이나 침공의 여파로 인한 곡물과 에너지 공급 교란, 공급 장애가 지속되면서 시작된 물가상승, 실물경제를 희생시키더라도 당장의 급격한 물가상승을 때려잡으려는 의도를 숨기지 않는 미국의 대폭 금리 인상 행보, 다른 주요국들의 연쇄적인 고금리 고육 지책, 경기 침체와 물가 상승이 동시에 진행되는 스태그플레이션이 세계 경제를 어디로 끌고 갈지 시장은 혼동과 불안에 휩싸여 있지만 G20은 비상 경제 대응책을 내놓지 못했다.

G20 정상회의는 2008년 미국발 금융위기가 세계 금융위기로 번질지 모른다는 극도의 공포가 팽배하던 시절, 위기를 극복하기 위한 정치적 결단으로 탄생한 국제 회의체다. 미국은 서구 선진 민주주의들의 집합체인 G7만으로는 경제 위기를 감당할 수 없다고 직감했다. 이미 세계 경제에서 덩치가 커진 중국 등 신흥국들의 협조와 공조 없이는 1930년대의 대공항이 21세기에 반복될 개연성이 크다고 판단한 미국 부시 행정부는 선진국과 신흥 개발도상국의 주요 국가들로 구성된 G20 정상회의를 소집했다. 2008년 말 워싱턴 D.C., 2009년 런던, 피츠버그, 2010년 토론토에서 연이어 개최된 G20 정상회의에서 세계 주요 20개국 정상들은 같은 목소리를 반복했다. "혼자만 살겠다고 관세를 높이고 자국 제품에만 보조금을 지불하는 등의 보호주의 조치는 모두가 공멸하는 길로 간다. 더 이상의 보호주의 장벽을 쌓지 마라." 미국의 증권시장 폭락으로 시작된 1930년대 대공항이 전 세계를 강타하면서 그렇게 길게 이어졌던 이유를 G20 정상들은 경쟁적 보호주의 장벽 쌓기에서 찾았고, 같은 실수를 되풀이하지 않겠다는 결연한 의지를 말과 행동으로 보여주었다. 극도의 공포에 질려 있던 시장은 G20 정상회의에서 보여준 주요국들의 정치적인 결연한 공조 덕분에 비로소 안도할 수 있었다. 그 결과 2008년 미국발 금융위기는 세계적인 경기 침체를 가져왔지만, 불행 중 다행으로 21세기 대공항으로 발전하지는 않았다.

그로부터 14년 후, 2022년 G20 정상회의는 다시 세계에 드리운 경제 위기의 그림자에 겁에 질린 시장을 안정시키는 그 어떤 의미 있는 것도 보여주지 못한 채 허무하게 막을 내렸다. 위기가 다가오고 있음을 알리는 요란한 사이렌이 요란하게 울리는데, 위기를 극복하기 협력을 모색하기는커녕 서로 자국 체제의 우월성 과시로 일관했다. G20 초기의 결연한 공동 대처는 사라지고, 경제 대국 미국과 중국은 서로를 견제하는 데 모든 시간을 쏟았다. 미국과 중국이 대만, 인권을 두고 조금도 물러서지 않고 설전을 벌이면서 자신들의 정치 체제의 우위를 부각하는 상황은 2008년 G20 정상회의가 출범할 때만 해도 상상하기 어려웠던 미래였다. 어쩌다가 여기까지 왔을까. 이런 상황의 변화는 한국의 경제 외교 전략에 어떤 의미를 주는가.

신냉전의 본격화는 G20의 존재 의미를 박탈하고 새로운 형태의 글로벌 거버넌스를 요구한다. 한국의 집권 세력이 지난 세월 무수히 저질렀던 전략적 사고와 행동의 부재-양자택일적 선택지로 자신의 상상력을 제한하는 것, 희망과 가능성을 구분하지 않는 지적 단순함, 객관적 증거와 관찰에 근거하여 기존의 가설을 재검증하고 수정하는 학습 능력의 부재 등-를 습관적으로 반복해서는 안 된다는 외침이다.

신냉전의 본질은 자유 민주주의 체제와 전체주의 체제의 격돌이다. 20세기 냉전에서 다른 체제 간의 경제적 교류는 없었지만, 21세기 신냉전이 시작되는 지금 자유 민주주의 진영의 기업들은 전체주의 국가들과 무역, 투자로 이미 깊숙하게 연결되어 있다. 냉전 종식 후 세계를 휩쓸었던 세계화 30년 동안에 걸쳐 진화되고 구축된 얽히고설킨 경제교류 네크워크를 날카로운 칼로 단번에 잘라 낼 수 없는 상황이다. 하지만 기존 네트워크를 지속한다는 것은 이미 '경제의 무기화' 전략을 구사하는 전체주의 국가에 칼자루를 쥐어주는 격이다. 경제와 안보가 따로 놀 수 없는 신냉전 시대 국가 경영의 고민이 바로 여기에 있다.

20세기 냉전에서 미국이 주도한 자유 진영이 승리할 수 있었던 것은 유럽 재건을 위한 대규모 원조와 세계 최대 시장 미국을 동맹국들과의 무역에 개방한 덕분이다. 동맹국들의 경제 성장과 번영이 이어졌고, 상대 진영의 국가들에는 좌절, 질투, 이탈을 초래했다. 자유 민주주의 이념을 외치는 것만으로 냉전의 승패가 결정된 것은 아니었다. 21세기 신냉전 초입에 미국은 다시 자유 민주주의, 시장 경제, 법치, 인권의 가치를 내걸었다. 하지만 전체주의 시장의 마법에 걸린 다른 동맹국들의 마음을 다잡기에는 역부족이다. 전통적 동맹인 선진 자유 민주주의 국가들의 연합체인 G7만으로는 신냉전의 격랑을 헤쳐가기에는 역부족이다. 미국과 중국, 어디에도 속하지 않은 '글로벌 사우스'의 힘도 무시할 수 없을 만큼 커졌다.

식물화된 WTO. 미국이 주도했지만 협정이 체결된 후 스스로 탈퇴했고, 분열된 미국 정치 때문에 돌아갈 길이 차단된 CPTPP. 2008년 미국발 세계 금융위기를 차단하는 데 결정적인 공헌을 하면서 글로벌 경제 운영의 지휘부로 부상했던 G20는 이제 문제 해결이 아닌 대립과 반목의 장으로 전락했다. 미국이 주도했던 글로벌 경제 규칙 운영의 장들은 제대로 작동하지 않고 있다. 이제 어떻게 할 것인가. 혼돈의 시대, 명료한 비전과 일관된 행동 지침을 내릴 수 있는 글로벌 경제 운영의 지휘부는 어디일까. 자명한 결론은 G7의 확대 개편이다. 바로 여기에 신냉전 시대의 생존과 번영을 도모할 한국의 전략적 공간이 있다.

외교 공간을 한반도와 그 주변을 뛰어 넘어 전 세계로 확장하고, 개발도상국 발전 원조, 기후 변화, 지속 가능한 에너지 생태계, 글로벌 디지털 규범, 우주 개발 등 글로벌 이슈에 글로벌 플레이어로 등장한 대한민국. 반도체, 배터리, 방산에서 한국을 빼고는 그림을 그릴 수 없는 상황이라면 거기에 걸맞은 역할이 부여되어야 하지 않겠는가. 한국의 G7 확대 개편 참여는 자연스러운 논리적 귀결이다.

한국은 G7 확대 참여에 적합한 다른 국가들을 찾아서 연합해야 한다. 명분과 실리를 모두 충족하는 국가는 어디일까. 효과적인 디리스킹 전략을 위해서는 선진 민주주의 국가면서 다양한 광물 자원 보유국인 호주를 빼고서는 그림이 그려지지 않는다. 서구 진영만의 리그가 아님을 보여주기 위해서는 글로벌 사우스의 대표 주자를 영입해야 한다. 인구, 시장에서 중국의 유일한 대체 가능국으로 인식되는 민주주의 체제의 인도가 답이다. 이미 실리콘 밸리의 대표적 빅테크 기업은 인도 출신 CEO들의 무대가 되었다. 디지털 기술 경영

역량을 입증한 인도까지 합세한다면, G7은 G10으로 확대할 수 있다. 냉전 종식 직후 북방 외교로 한국의 전략적 공간을 확장했던 기억이 이제는 아득하다. 21세기 향방을 좌우할 변곡점에서 한국 외교의 상상력과 실행력에 베팅해도 좋을까?

경제 안보 시대, 한중일 FTA 가능할까

모두 반도체 공장을 짓겠다는 세상

2019년 마지막 회의 이후 5년 만에 한일중 정상회의가 2024년 5월 서울에서 개최되었다. 한일중 정상은 "고유의 가치를 지닌, 자유롭고 공정하며 포괄적이고 높은 수준의 상호 호혜적인 FTA 실현을 목표로 하는 3국 FTA의 협상 속도를 높이기 위한 논의를 지속할 것"이라고 선언했다. 3국 FTA를 추진해 보자는 논의는 2012년으로 거슬러 올라가지만 의미 있는 진전은 없었다. 21세기 신냉전이 초반전을 지나 중반전을 향하고 있는 시점에서, 정치 경제 체제가 다른 한국, 중국, 일본이 포괄적이고 높은 수준의 한일중 FTA를 만들어 낼 수 있을까?

한일중 정상회의가 개점 휴업 상태이던 지난 5년 동안 국제 통상 환경은 지각 변동을 겪었다. 전세계에서 가장 경쟁적인 가격과 속도로 소재와 부품을 확보해서 가장 싼 비용으로 대량생산이 가능한 곳에서 최종 조립, 생산하게 설계되었던 글로벌 공급망은 분절화되기 시작했다. 팬데믹 때 마스크 대란의 경험은 비용 최소화를 지고 지선의 가치를 신봉하던 글로벌 공급망의 치명적 취약성을 노출시켰다. 원천 기술만 가지고 있으면 최소 비용으로 생산할 수 있는 다른 국가에 공장을 세워야 이윤을 극대화한다는 세계화 시대의 경영 방식은 팬데믹을 지나면서 흔들리기 시작했다. 자국이 통제할 수 있는 영토 안에서 공장을 가동하는 것이 새로운 생존 방식으로 자리 매김했다. 경제적 효율성 대신 정치적 통제가 국가경영의 새로운 문법으로 등장했다.

과거에는 상상할 수 없었던 '반도체 산업의 미국 회귀'가 진행되고 있다. 임금, 에너지 요금, 운송 인프라 등에서 경쟁열위에 처한 미국에 반도체 공장들이 하나, 둘 세워진다는 것은 공상과학 영화가 아닌 현실이다. 엄청난 규모의 보조금으로 자국 내에 투자를 유치하려는 '신산업 정책'의 시대가 도래했다. 미국이 먼저 시작했고, EU와 일본이 망설임 없이 뒤따랐다. 반도체 산업의 최강자로 등극한 대만의 TSMC가 미국 애리조나에 공장을 짓고, 일본 구마모토에 공장을 완공하고 제품을 생산하기 시작했다. 삼성전자는 미국 텍사스에 축구장 800개 규모의 공장용지를 확보하고 반도체 공장을 건설하고 있다.

첨단 산업의 자국 기업 키우기의 원조는 중국이다. 중국제조

2025가 WTO에 반한다면서 맹비난하던 미국, EU, 일본이 아니던가. WTO 다자 체제의 핵심 대주주이던 그들이 스스로 다자 체제를 허물고 있다.

20세기 후반, 신생 독립국들이 보조금에 기대어 국내 산업을 성장시키려던 산업 정책을 비효율적인 정치 게임으로 낙인 찍었던 선진국 엘리트들은 21세기 자신들의 신산업 정책은 경제 안보를 확보하기 위한 전략 게임으로 옹호하고 있다. 그들의 후안무치를 내로남불로 비난한다고 해서 달라지는 것은 아무 것도 없다. 자국의 이익 앞에 기존에 합의했던 국제 질서쯤은 안중에도 없는 것이 현실이다. 신산업정책의 보조금을 WTO 위반으로 제소해도 그 심리를 진행할 법정이 열릴 수 없는 상황으로 전락했다.

2001년 시작한 WTO의 첫 번째 다자 무역 자유화 협상이던 도하 아젠다DDA는 20년을 넘긴 현재까지 타결되지 못하고 있다. WTO가 본연의 목적을 달성하지 못하고 망가지게 된 이면에는 경제 대국들의 자국중심주의 때문이다. 사정이 이럴진대 한일중 정상이 "WTO를 중심으로 한 개방적이고 투명하며 포용적이고 비차별적이며 규칙에 기반을 둔 다자 무역 체제에 대한 지지를 재확인한다"고 선언한 것은 비현실적이란 평가를 피할 수 없다.

다자체제를 허무는 데 앞장 선 국가들에 왜 한국이 면죄부를 주어야 하나. 경제선진국으로 올라선 대한민국이 지금까지의 성장을 가능케 했던 다자 체제의 식물화 위기를 극복하려면, 명분론에 집착하지 말고 냉정한 현실 인식을 앞세운 실리론을 전면에 앞세워야 한다.

한국이 서둘러 타결했던 한중 FTA의 경우를 돌이켜 보자. 세계 최대경제국인 미국, EU로 상대로 각각 포괄적이고 수준 높은 FTA를 체결했던 한국은 정작 최대의 무역 상대국이던 중국과 FTA 협상을 추진하면서 놀랍게도 포괄적, 수준 높은 FTA 추진을 스스로 포기했다. 중국 농산물이 본격적으로 수입되면 한국 농업이 궤멸된다는 반발과 저항에 위축되었다. 수입농산물로 소비자 선택의 폭을 넓히고, 안전성 심사 강화로 식품 주권을 지켜내겠다는 생각은 뒷전으로 밀려났다.

미국, EU와 FTA를 체결한 유일한 제조업 강국이라는 협상의 유리한 고지를 중국 시장의 지렛대로 활용하기는 커녕, 세계 시장에서 강자들과 경쟁하면서 성장해 온 한국의 저력과 자신감은 중국 앞에서는 봄날의 안개처럼 사라졌다. 중국의 '만만디' 전략에 끌려다니면서 한국의 비교우위가 돋보이는 서비스, 투자 분야 협상이 진전을 보지 못하게 되자, 조급해진 한국은 상품 분야 위주의 제한적 무역 자유화만을 담은 협정을 서둘러 타결했다. 서비스와 투자는 후속 협상(2단계)의 과제로 넘겼다. 한중 FTA가 '수준 미달의 미완성'이란 힐난을 받아도 변명하기 어려웠다.

그로부터 10년이 세월이 흐른 지금, 2단계 협상은 진전 없이 겉돌고 있다. 중국은 무성의, 무관심으로 다시 '만만디'로 일관하고 있다.

중국에 투자한 한국 기업들이 투자 유치 때 중국의 약속과는 달리 새로운 규제에 손발이 묶이면서 투자손실이 이어지는 상황에 처하기도 했다. 게다가, FTA 체결 상대국에 무역 보복도 서슴지 않았다. 서둘러 FTA를 체결하면서까지 한국은 중국에 북한 핵 문제 해결에 역할을 해주기를 기대했지만 기대는 빗나가고 북한 핵 위협은 가중되어갔다. 북 핵 위협에 한국이 자위 방위책으로 도입한 사드 설치에 중국은 무역 보복을 가했다. FTA는 무용지물이었다.

한일중 FTA, 지금으로선 공염불

"말이 아닌 행동을 보라"는 명제는 국제 관계를 성찰하는 근본이다. 다자 무역 체제를 지키려는 의지, 개혁과 개방에 대한 중국의 의지가 퇴보한 지금, 포괄적이고 높은 수준의 한중일 FTA는 공염불에 불과하다. 설령 천신만고 끝에 포괄적이고 수준 높은 FTA를 만들어 내더라도 그것은 호혜적이지 않고, 바람직하지 않을 위험이 크다. 무역이 '너도 살고 나도 사는' 상생의 수단이 아닌, '내가 살기 위해 너를 해치려는' 무기로 둔갑할 수 있는 위험한 시대이기 때문이다. 이른바 무역의 무기화의 시대가 도래했다.

체제가 다른 국가끼리 무역과 투자가 활발해질수록, 국경을 넘나드는 상품과 돈과 사람이 더 많아질수록, 국가 간의 분쟁이 줄어든다고 믿던 시대가 있었다. 무역이 평화로 가는 길을 낸다는 믿음은 자유주의 국제 질서의 이념적, 철학적 근간이 아니었던가. 주류 경제학은 '수출을 하는 이유는 수입을 하기 위해서'라고 설파하지 않았던가. 자신이 잘할 수 있는 것에 더 특화하여 생산을 확대하고 수출하는 이유는 자국에는 아예 없는 자원, 엄청난 비용이 드는 제품을 수입하기 위해서라고.

그 믿음과 가르침은 미국과 중국이 본격적으로 21세기 패권 다툼을 하면서 퇴색하고 타당성을 상실해갔다. 무역 의존도가 심화될수록 상대 국가의 무기화 위협에 노출되는 상황에 이르렀다. 중국은 일본과 동중국해 영토 분쟁이 발생하자 희토류의 일본 수출을 금지했다. 전자제품, 의료기기 제조에 없어서는 안 된다는 그 희토류였다. 사드 설치를 이유로 중국은 단체 한국 관광을 중단하고, 한류가 중국에서 된서리를 맞았다.

한일 FTA라는 상상력

경제 안보 시대에 핵심 소재의 공급망 안정성을 확보하고 무역의 무기화를 방지하는 전략에 지혜를 모으고, 단호한 결기로 대처해야 미래를 열 수 있다. 이런 관점에서 그동안 방치되었던 한일 FTA에 다시 주목할 필요가 있다. 한국은 주요 무역 상대국 가운데 유일하게 일본과는 양자 FTA를 체결하지 못했다. 2004년 협상중단 이후 협상 재개의 시도는 있었지만, 한일 FTA의 필요성에 대한 비전과 전략은 한국과 일본 모두 부족했다. 무역 자유화에 수세적이던 일본은 TPP에 참여하면서 적극적인 통상정책으로 전환했다. 중국의 비시장 경제 체제가 세계 경제에 초래하는 구조적, 행태적 문제와 도전에 정면으로 대처하겠다는 판단 때문이었다. 트럼프가 미국을 TPP에서 탈퇴시켰지만 일본은 나머지 협상 참여국과 함께 협정을 지켜냈다. 그렇게 살아남은 CPTPP는 무역의 무기화 시대에 한국이 고려할 수 있는 중요한 선택지였다. 한국의 CPTPP 참여에 대한 논의는 무성했지만 다음 단계로 진전되지는 못했다. 미국 없는 CPTPP 참가의 실리에 대한 회의적 시각도 있다. 그러하다면 한일 FTA를 추진해 보는 것은 어떨까.

경제 안보 시대에 자유 민주주의, 시장 경제 체제를 공유하는 한국과 일본이 함께 시대적 파고를 헤쳐갈 수 있는 전략 공간을 확보할 수 있다. 당장 가능하지 않은 한중일 FTA는 미루고 포괄적이고 수준 높은 한일 FTA 추진을 우선순위에 둘 것을 제안한다. 목표는 원대하게 설정하고, 실행은 현실적으로 추진하는 것이 바람직하다. FTA란 용어에 집착할 필요는 없다. 처음부터 포괄적이고 수준 높은 한일 FTA를 목표로 협상하지 않아도 좋다. 한일 관계를 미래 지향적으로만 설계하기에는 과거의 그림자에 대한 한국과 일본의 국내 정치의 간격이 너무 크기 때문이다. 소재와 부품에 강점을 가진 일본과 제작에 강점을 가진 한국, 한일 양국의 제조업의 공급망의 안전성을 확보하는 것이 가장 우선적으로 추진할 과제이다. 한일 양국이 윈윈win-win 할 수 있는 기회를 포착하지 않을 이유가 있을까.

한국에 던지는 세 가지 질문

트럼프가 경제학 원론만 들었어도

트럼프 2기 출범은 통상 대국 대한민국에 높은 장벽이 세워지는 것을 의미한다. 그의 세계관과 대통령 시절 행적, 그리고 선거 공약들을 반추해 보면 어떤 일들이 벌어질지 예감할 수 있다. 19세기 후반에서 20세기 초반 사이 미국의 산업혁명을 주도하면서 영국을 제치고 미국을 세계 최고의 경제 대국으로 올려놓은 철강, 자동차 등 전통제조업 분야의 영광을 되찾자는 "Make America Great Again"을 외쳤던 트럼프 아니던가. 한국의 자동차 미국 수출이 미국 자동차의 한국 수출을 압도한다는 이유로 원원win-win의 성공 사례로 평가받던 한미 FTA를 쓰레기통에 집어 던져버렸던 그다. NAFTA 역시 같은 이유로 재협상의 운명을 맞았다. "중국이 21세기 무역 질서 규칙을 쓰게 할 수는 없다"는 신념으로 오바마 미국 대통령이 천신만고 끝에 타결시켰던 21세기 최대 규모의 무역 협정인 환태평양 동반자 협정도 같은 운명에 처했다. 미국이 경쟁력을 갖춘 서비스 분야의 수출을 늘리고 외국이 경쟁력을 갖춘 철강, 자동차는 수입을 늘려, 서비스 분야 일자리를 늘리고 제조업 분야는 소비자 후생을 증대시켜 원윈win-win하자는 비교 우위에 입각한 무역 정책은 트럼프에게는 조롱거리로 전락했다. 비교 우위 논리는 잘나가는 미국의 파워 엘리트만 더 잘나게 할 뿐, 미국 중서부 지역의 전통적 제조업 노동자에게는 좌절과 재앙만을 안겨준다는 그의 선거 유세에 지난 오랜 세월 민주당을 향해 표를 주었던 노동자들까지 트럼프에게 몰표를 던지지 않았던가.

트럼프 2기는 MAGA 2를 예고한다. MAGA라는 트럼프의 경제관은 다분히 시대착오적이다. 그가 만약 경제학 원론을 수강하는 학생이라면 그의 답안지는 F를 받을 운명이다. 관세를 올려서 미국 제조업자들의 일자리를 보호하고 국가 재정을 두둑하게 한다는 것은 환상에 불과하다. 인상된 관세 덕분에 보호되는 일자리가 생기기는 하겠지만, 인상된 관세만큼 수입 가격이 증가되어 소비자 후생이 감소한다. 그 수입 제품을 자신의 다음 생산 활동에 사용하는 생산자의 가격 증대는 더 심각하다. 관세로 유지되는 산업 보호 효과 논쟁은 이미 20세기 후반에 종결되었다.

서구보다 늦게 산업화의 길로 들어선 국가들이 예외 없이 관세 보호 정책을 추진했지만, 관세 보호 정책으로 일관한 국가는 모두 실패했다. 산업 기반이 취약한 초기에는 보호 정책으로 시작했지만 국내 시장보다 더 큰 세계 시장에서 뼈를 깎는 혁신과 도전으로 경쟁력을 키운 국가만이 살아남았다. 한국의 산업화로의 전환이 세계 경제사에 획기적인 사례로 새겨지게 된 이유다. 미국 철강, 자동차 산업이 관세만으로 보호되지 않는 이유는 혁신과 도전에서 다른 국가에 밀리기 때문이다. 명백한 이 사실을 그동안 미국의 정치가, 경제관료들은 그들의 실패를 인정하고 교정하기보다는 상대방의 불공정 경쟁 때문이라고 비난하기에 바빴다.

스스로 관세맨이라 자임했던 트럼프. 그가 돌아온다면 모든 품목의 수입 관세가 인상될 것이라는 관측이 지배적이다. 트럼프 스스로도 공언한 바 있다. 평생 최고의 협상가로 자부해 온 트럼프의 입장에서는 관세 인상이라는 카드는 그 자체가 분명 목적은 아닐 것이다. 세계 최대의 미국 시장을 무기로 고관세 카드를 흔들면서 상대국에 통 큰 양보를 얻어내려고 하는 것이다. 그래서 트럼프 1기의 통상 정책이 상호주의에 기반한 공정 무역이 아니었던가. 문제는 통 큰 양보인지 아닌지를 결정하는 힘이 트럼프에게 있다는 현실이다.

수출은 좋은 것, 수입은 나쁜 것이라는 중상주의 세계관에 젖어 있는 트럼프에게는 어떠한 설교도 가르침도 소용이 없을 것이다. 지금은 고인이 된 일본의 아베 수상은 2016년 11월 미국 대선에서 트럼프가 당선되었다는 소식을 듣고 자신의 모든 것을 건 TPP가 위기에 처했음을 직감했다. TPP를 살려야겠다는 절박함에 뉴욕의 트럼프 타워까지 그를 찾아가 설득했지만, 트럼프는 집권 첫날 미국을 TPP에서 탈퇴시켰다. 아무런 토론도 심의도 없이 트럼프 서명 하나로 미국은 TPP에서 허망하게 퇴장했다.

철강 수입이 미국의 안보를 위협한다는 논리를 내세워 모든 국가로부터의 철강 수입 관세를 전격적으로 인상했던 트럼프. 동맹 국가의 철강이 어떻게 안보를 위협할 수 있느냐고 EU의 거센 항의와 외교 공세, 학계와 연구계의 비판, 언론의 비난에도 트럼프는 개의치 않았다. 철강 수입 관세 인상에 이어 자동차 수입 관세 카드까지 꺼내 들 태세였던 트럼프. 트럼프 2기는 시대착오적인 드라마의 재방송을 예고한다. 통상대국 대한민국 앞에 세계 최대의 시장 미국의 장벽이 더 높아지게 된다. 한국은 준비되어 있는가.

과거의 성공이 미래를 보장하지 않는다

세계 역사서에 경제 기적의 장을 쓰면서 선진국에 진입한 대한민국. 추격과 추월의 시간은 끝나고 이제는 가보지 않은 길을 가야 하는 대한민국. 그 앞은 또 다른 난관이 가로막고 있다. 신냉전이 촉발한 글로벌 공급망 분절화는 세계를 무대로 여기까지 올라 온 대한민국의 기반을 흔들고 있다. 세계가 인정하는 제조업 강국이자 역동적인 자유민주주의 국가이지만, 지금이 대한민국의 절정이 아니려면, 밀려오는 트럼프 스톰을 뚫고 지나가야 한다. 정신 차리지 않으면 여기가 끝일 수 있다. 새까맣게 닥쳐오는 스톰에 밀려나고 흔들리고 추락하면 코리아 피크Korea Peak는 예정된 미래이다. 한때 선진국이었던 국가로 기억될 위기로 내몰리지 않으려면, 세 개의 질문에 답을 구해야 한다.

첫째, 한국을 여기까지 오게 했던 자유무역 다자 체제는 붕괴되었다. 단기간에 복원될 가능성은 희박하다. 그 체제의 설계자인 미국이 스스로 체제의 효과성과 정당성에 의문을 가진 지 8년이 되었고 2025년 이후도 상황은 달라지지 않을 것이다. 그럼에도 여전히 자유무역 다자 체제 만세를 외치고 있다. 그 집의 설계자이고 응원단장이던 미국은 그 집을 떠났다. 동업자였던 유럽도 짐을 챙겨 같이 나갔다. 나중에 세 들어 온 중국이 주인 행세를 하고 있다. 자유무역이 사라진 다자 체제에 무슨 희망이 남아있는가. 각자도생 만이 대안이라면 한국의 미래는 너무 암울하다. 더 희망적인, 동시에 현실적인 자유무역 다자 체제의 대안은 무엇인가. 그 대안에서 한국은 어떤 역할을 할 수 있나.

둘째, 개방된 세계 경제를 지향하던 미국은 자신의 성벽을 쌓고 있다. 그 성벽 안으로 투자를 원한다. 바이든은 보조금이란 당근으로, 트럼프는 관세라는 채찍으로. 미국은 제조업 르네상스를 꿈꾼다. 중국으로 향하던 한국의 투자는 이제 미국으로 몰리고 있다. 2023

년 미국의 최대 투자국은 대한민국이었다. 신규 투자에서 대한민국은 2023년 미국의 최대 투자국이 되었다. 공장을 짓는 신규 투자는 인수 합병을 통한 투자와는 구별된다.

세계화 시대에 범접할 수 없는 수준의 금융과 서비스 선진국이 된 미국에서 제조업 생태계는 사라졌다. 공장을 짓겠다고 해도 건설 자재, 현장 공사 인력 확보, 비용 부담 등 많은 난관이 기다리고 있다. 공장이 완성된다 해도, 정상적인 운영에 돌입하기까지는 또 다른 어려움을 극복해야 한다. 미국 조선 산업의 무너진 생태계를 생각해 보면 그 어려움이 어떤 것들인지 어렵지 않게 상상할 수 있다. 그런 미국에서 반도체, 배터리, 자동차, 조선 등 한국 제조업의 핵심 분야가 투자 효과를 거두기 위해, 한국 정부와 국회는 미국과 얼마나 어떤 협상을 할 것인가. 미국으로 떠난 투자와 한국에 남겨진 기업이 상생하는 생태계를 만들기 위한 전략은 무엇인가.

셋째, 중국은 더 이상 한국과의 보완적, 분업적 산업 생태계에서 협력하는 무역 상대국이 아니다. 중국은 지난 20여 년간 한국의 최대무역국이었다. 미중 신냉전이 본격화되면서 한국의 무역에서 중국의 위상은 예전 같지 않다. 중국과의 무역은 하강 곡선을 그리는 반면, 미국과의 무역은 상승곡선을 그린다. 수출만 놓고 보면 2023년 미국은 중국을 제치고 한국의 최대 수출 국가가 되었다. 사드 보복으로 확인된 중국의 '무역 무기화' 위협으로부터 탈출해야 한다. 미중 신냉전 속 공급망 개편 전략으로 '차이나+1'과 '한국의 미국 투자 급증' 등 지정학적 충돌이 발생하자 그 영향력이 경제 수치로 확인되고 있다.

중국 경제가 정점을 찍었고 미국을 가까운 시간에 추월할 가능성은 멀어지고 있지만, 중국의 비대칭적 기술력과 군사력은 위협적이다. 경제 안보의 시대에 그 위협은 더 두렵게 다가온다. 중국이 한국과 보완적 경제 구조일 때 중국은 한국의 최대 무역 상대국이었다. 중국이 성장할수록 더 많은 한국제품이 중국으로 수출되었다. 한국은 중국으로부터 무역 흑자를 누렸다. 중국의 산업 구조가 한국과 유사해지고, 중국과 한국이 세계 시장에서 같은 산업에서 경쟁하면서, 한국이 누리던 무역 흑자는 사라지고 있다. 최근 한국은 처음으로 중국에 무역 적자를 기록했다. 그런 중국을 한국은 어떻게 할 것인가. 한미일 공조와 강화는 여전히 유효한 한국의 대중국 전략인가. 한미일 공조만으로 충분한가. 불확실성의 먹구름이 세상을 짓누르고 있다. 먹구름이 거두어지기를 하늘에 기도만 할 수는 없지 않은가. 더 이상 미룰 수 없는 숙제에 대한 해답을 찾아야 한다.

방어는 최선의 전략이 아니다

언제까지 기울어진 운동장에서 게임을 할 텐가

한미 FTA를 폐기하겠다는 트럼프의 강공에 밀려 한국은 한미 FTA 개정 협상에 응할수밖에 없었다. 한미 FTA를 미국 트럼프 대통령은 일자리 도둑job killer으로 몰아쳤다. "한미 FTA를 폐기하겠다"는 트럼프의 초강수에 밀려 한미 FTA 개정 협상 테이블에 앉을 수밖에 없었다. 2025년 백악관에 다시 귀환하는 트럼프는 자신이 재협상한 한미 FTA를 다시 조준하고 있다. 한국이 미국에 누리는 무역수지 흑자가 많다는 이유로. 그것도 그가 애지중지하는 자동차의 무역수지 적자가 압도적이기 때문에.

한미 FTA에 대한 한국과 트럼프는 코끼리의 서로 다른 면만 보고 있는 걸까. 한국 측은 호혜적인 협정이라고 주장하지만, 미국 측은 오로지 제조업의 무역수지 적자에만 관심 있다. 자동차는 태풍의 눈이다. 미국은 그들의 자동차를 한국에 더 많이 팔고 싶은 생각 못지않게, 한국에서의 미국으로 수출은 줄이는 대신 미국에서의 투자를 늘려 일자리를 확보하겠다는 생각이다.

거세어지는 트럼프의 통상공세에 직면한 한국기업들의 선택지는 그리 많지 않다. 미국으로의 수출 의존도를 줄이든지 대미 투자를 늘리든지. 미국을 포기할 수 없는 기업은 투자를 늘릴 수밖에 없고, 미국을 포기할 수 없는 대기업들의 늘어나는 대미 투자는 그만큼 한국 청년에게도 돌아올 일자리가 사라진 것이다. 이쯤 되면, FTA는 왜 필요한지, 통상정책은 왜 존재하는지 궁금해 진다.

그러면 어떡할 것인가? 트럼프가 쏘아 올리는 통상 폭탄은 모두 제조업 분야에 떨어지고 있다. 한국제 전자 제품, 반도체, 철강, 선박을 더 많이 해외에 수출하는 것을 목표로 운용되어온 지금까지의 통상정책으로는 역부족이다. 트럼프의 관세 채찍을 피하려 미국으로 '닥치고 투자'만 늘린다고 해법인가? 그 투자는 한국에 만들어 낼 일자리의 미국 수출 아닌가?

제조업과 서비스라는 양 날개

한국 제조업의 항로 앞에 세 개의 파도가 밀려오고 있다. 신냉전의 파도, 인구 절벽의 파도, 기후 변화의 파도다. 미중 신냉전의 도래는 중국의 추격에 쫓기던 한국에 시간을 벌어주는 기회라고 한다. 저출산 고령화는 비좁은 국토에서 치열한 인구압박과 경쟁에 시달려온 한국인들에게 라이프스타일을 바꿀 기회라고 한다. 기후변화는 화석 연료 중심 제조업 강국에서 친환경 제조업 강국으로의 변신의 기회라고 한다. 그렇게 말하는 이들은 미래를 앞서 가본 선지자일까. 기회를 포착하려면 기민해야 하고 변화를 실현하려면 거의 혁명적인 노력이 있어야 함을 우리는 알고 있지 않은가.

한국 정부가 2023년 발표한 수도권 첨단 산업 단지 조성 구상은 신냉전 시대 진퇴양난의 고뇌에 처한 한국 제조업의 고민을 여실히 보여준다. 안보와 연계된 핵심 제조업의 중국 투자는 지속하기 어렵고 미국 투자도 까다로운 상황에서 핵심 생산 역량을 대한민국 내에 확보하는 것은 주권국가라면 마땅히 해야 할 일이다. 미래를 걱정한다면 여기에만 머물 여유가 없다. 더 큰 그림을 그려야 한다.

세계 주요 선진국이 보조금을 앞세워 집 나간 제조업 찾아오기 게임에 열중하고 있다. 그들과 같은 게임을 해서는 승산이 없다. 신냉전 본격화 시대에서 경제 안보의 중요성을 고려하면, 자국의 통제 영역 안에 제조업 역량을 확보하려는 선진국의 움직임은 그들의 숙제를 푸는 것이다. 제조업 역량을 갖춘 한국은 초격차를 유지하려는 노력과 동시에 다른 선진국에 비해 취약한 산업구조의 약점을 보완해야 한다.

세계 수준의 제조업에 비해 후진적인 서비스산업은 한국산업 구조의 오래된 약점이다. 한국의 국내총생산GDP 대비 제조업 비중은 25%다. G7의 어느 국가보다 높고, OECD의 모든 회원국보다 높다. 독일 19%, 일본 20%, 미국 11%, OECD 평균 13%와 비교해 보라. 반면 서비스산업의 GDP 비중은 한국 57%, 일본 69.5%, 독일 62.9%, 미국 77.6%, OECD 평균 71%다(세계은행 2021년 통계). 한국 내 일자리의 70% 이상이 서비스 산업에서 만들어지는 데 반해 서비스 산업의 GDP 비중이 60%에 미치지 못하는 것은 서비스 산업의 열악한 생산성을 의미한다. 서비스산업 근로자가 제조업 분야의 글로벌 기업 근로자보다 임금수준이 낮을 수밖에 없는 구조적인 이유다.

1987년 민주화 이후 집권한 역대 어느 정부도 서비스 산업을 미래로 여기고 진지하게 다루지 않았다. 제조업 수출 전략으로 선진국 반열에 오른 국가들 가운데서 한국처럼 국가 경제정책이 여전히 제조업에만 집중되어 있는 경우는 없다. 제조업이 아무리 커져도 GDP의 30%를 넘기는 선진국은 없었다. 일자리의 대부분은 서비스 산업에서 나온다. 선진국으로 진입한 모든 국가는 서비스 산업 강국이다. 서비스 산업의 생산성이 올라가지 않고는 고임금과 높은 복지 수준을 동시에 실현할 수 없다. 한국이 제조업 강국이 된 비결은 글로벌 시장을 향한 경쟁을 거듭하면서 좁은 내수의 한계를 극복했기 때문이다. 왜 같은 일이 서비스 산업에는 벌어지지 않는가. 서비스 산업도 글로벌 전략으로 빅뱅을 시도할 수 있다. 시작은 정부의 의지와 전략이다.

관광 대국이 된 일본의 경우

관광 주변국에서 관광 대국으로 변신한 일본의 경우는 정부 주도 서비스 산업 혁신의 현장을 보여준다. 10년 전만 하더라도 일본을 찾는 외국 관광객 수는 한국보다 적었다. 2005~2011년까지 연간 600만~800만 수준에 머물던 일본의 외국 관광객 수는 2012년부터 급격한 상승 곡선을 그렸다. 2014년 1,300만 명을 돌파해서 그해 한국의 1,400만 외국인 관광객 수에 근접하더니, 2015년에는 1,900만 명을 넘겨서 1,300만 명 수준에 머문 한국을 추월했다. 2016년에 일본은 2,400만 명의 외국 관광객을 유치하여 1,700만 명의 한국과의 격차를 벌렸다. 2018년에는 3,000만 명을 돌파했다.

교통 시설 이용은 복잡하고, 영어는 잘 통하지 않고, 많은 상점에서 신용카드 결제가 되지 않는 불편함에도 불구하고 일본이 세계 10대 관광 대국으로 부상한 비결은 무엇일까. 엔저로만 설명되지 않는 그 무엇인가가 있지 않을까. 2012년 일본 정부의 담대한 구상에서 해답의 실마리를 찾을 수 있다. 이미 인구절벽, 지방 쇠락의 위기에 직면한 일본은 일본 경제의 활로를 지방의 매력을 세계에 파는 것에서 찾기로 했다. 지방만의 매력을 발굴해내고 그것에 스토리를 입히고 상품으로 만들었다. 그 노력의 결실은 숫자가 증명하고 있다.

서비스 산업의 글로벌 산업으로의 도약은 인구 절벽으로 내몰리는 한국 경제의 돌파구 찾기가 될 수도 있다. 수도권과 지방간의 격차를 해소할 수 있는 균형 발전으로 이어질 수 있다. 세계적인 한류 열풍은 서비스 산업 글로벌화의 결정적인 계기가 아닌가. 갈라파고스로 조롱받던 일본도 했는데, 왜 한국은 못할까. 도전정신이 불꽃처럼 타오르지 않는가.

일자리 만드는 통상 비전

역풍이 불 때마다 흔들리는 경제 체질을 튼튼하게 하려면 대한민국 스스로 통제할 수 있는 또 다른 날개를 달아야 한다. 한국은 세계적인 제조업 강국이지만, 지정학과 지경학이 난무하는 신냉전 시대에는 대외 환경의 변화에 심각하게 노출되어 있다. 제조업이라는 하나의 날개만으로 신냉전의 거친 바람을 돌파하기는 쉽지 않다. 기장의 기술과 경험에 운명을 맡길 수 있을까. 난기류를 만날 때마다 승객들은 불안에 떤다. 새는 좌우 양 날개로 하늘을 난다. 제조업과 서비스, 두 개의 날개가 있어야 신냉전의 거센 바람을 돌파 할 수 있다.

저성장 추세, 저출산 고령화 사회 한국은 통상을 일자리 창출의 블루오션으로 만들어야 한다. 세계적인 제조업 강국으로 성장한 대한민국이지만 일자리의 70%는 서비스업에서 만들어진다. 서비스 산업을 고급화시키고, 수출화하여 일자리 혁명의 블루오션으로 만드는 통상비전이 필요하다. 그 블루오션은 세계를 홀리고 있는 K팝, K드라마, K푸드, K컬쳐에 있다. 대한민국을 전 세계 소비자들의 지갑을 열 수 있는 매력적인 소비 공간, 생활 공간, 교육 공간, 문화 공간, 의료 공간으로 탈바꿈시킨다면 만들어질 고급 일자리는 무궁무진하다. 한국의 서비스 수출은 OECD 평균 절반 수준에 그치고 있다. 그만큼 기회가 많다는 역발상이 필요하다. 세계를 한국으로 끌어들이는 비전을 세우고, 온라인과 오프라인이 통합되는 인류사에 유례없는 파도에 올라타야 한다.

한미 FTA 협상이 한창일 때, 일본 농무성 차관 일행이 찾아왔다. 한국이나 일본이나 모두 농업이 같은 처지인데, 일본도 못하는 농업 개방을 한국은 왜 하려는지 물었다. 2006년 10월 중문에 모인 시위대도 같은 생각을 했을 것이다. 한미 FTA 되면 다 망한다던 제주 감귤 산업은 오히려 더 강해졌다. 제품 혁신, 품질관리, 온라인 판로 개척이 이어졌다. 개방의 파고가 생존본능을 더 강하게 자극했기 때문이다. 통상 대국 한국에서 아직까지 서비스 빅뱅은 없었다. 서비스 빅뱅이 이루어지면 청년 실업의 탈출구, 중소기업의 든든한 성장 사다리가 생기고, 창업을 꿈꾸는 이에게는 더 큰 기회의 창이 열린다. 그 블루오션은 한국을 기다리고 있다.

★ ★ ★ ★ ★

TRUMP
AGAIN

참고 문헌

중앙일보 〈최병일의 퍼스펙티브〉

- · 트럼프의 통상 폭탄, 서비스 빅뱅이 돌파구다 2018.02.05

중앙일보 〈최병일의 이코노믹스〉

- · 중국을 더는 이대로 둘 수 없다는 게 미국의 초당적 합의 2020.03.31
- · 미국이 희토류 채굴 재개하면 중국의 시도 성공 못 해 2021.03.30
- · 산업·통상·안보 연계된 민주주의·기술동맹 눈앞에 2021.06.01
- · 경제대국 넘어 중국체제 우수성 알리는 선전장 될 것 2021.08.17
- · 비용 최소화는 옛말, 부품·소재 공급망부터 넓혀야 2021.11.23
- · G20 세계화 시대 끝났다, 자유주의 가치동맹 굳어져 2022.11.22
- · 제조업 강국만으로는 미래를 준비할 수 없다 2023.03.28
- · 자원의 호주-인구의 인도와 손잡고 G10 가입 추진해야 2023.06.27
- · 고관세 카드 흔들며 통 큰 양보 얻는 게 트럼프 목적 2023.11.28
- · 한일 FTA 우선 추진해 전략 공간 확보해야 2024.06.03.

한국경제신문 〈다산 칼럼〉

- · '화웨이 보안 리스크' 대비책 있나 2018.12.20
- · 다자무역체제라는 철 지난 유행가 2021.04.16
- · '주고받는 방식' 달라지는 한미동맹 2022.05.12
- · '화웨이 드라마'가 던지는 질문 2022.12.05.

참고 문헌 및 도서

- · 서정건, 2024, 미국 대통령 선거와 양극화 정치, EAI
- · 최병일, 2006, 《한미 FTA 역전 시나리오》, 랜덤하우스코리아
- · 최병일, 2014, 《1%에 사로잡힌 나라》, 프리이코노미북스

· 최병일, 2019, 《미중전쟁의 승자, 누가 세계를 지배할 것인가? 미국 편》, 책들의정원
· 최병일, 2023, 네이버 〈열린연단〉, 미중관계와 패권경쟁의 미래
· Adam Entous and Evan Osnos(2018), "Jared Kushner is China's Trump Card", The New Yorker, January 20, 2018
· Bob Davis and Lingling Wei(2019), "How the U.S. and China Settled on a Trade Deal Neither Wanted", Wall Street Journal January 14, 2020
· Brands, Hal and Michael Beckley, 2022. Danger Zone: The Coming Conflict with China. Norton
· Choi, Byung-il and Jennifer Oh, 2021. Politics of East Asian Free Trade Agreements: Unveiling the Asymmetry between Korea and Japan. Routledge
· Economic implications of revoking China's permanent normal trade relations(PNTR) status, Megan Hogan, Warwick McKibbin, and Marcus Noland September 2024
· Rafael Reif, July 14, 2020, "I'm the President of M.I.T. America Needs Foreign Students" New York Times
· Steve Benen(2019) "Stumbling on Trade with China, Trump Runs to Jared Kushner(Again)", MSNBC, December 5, 2019
· WSJ Wall Street Journal 2024.12.13 Trump to Europe: Overseeing a Ukraine Cease-Fire Would Be Your Job

트럼프 어게인

초판 1쇄 발행 · 2025년 1월 20일

지은이 · 최병일
펴낸이 · 김동하

편　집 · 양현경
마케팅 · 김서현
디자인 · 김수지

펴낸곳 · 책들의정원
출판신고 · 2015년 1월 14일 제2016-000120호
주　소 · (10881) 경기도 파주시 산남로 5-86
문　의 · (070) 7853-8600
팩　스 · (02) 6020-8601
이메일 · books-garden1@naver.com

ISBN · 979-11-6416-238-3 (03320)